구름에 달 가리운
방금 전까지 인간이었다

ぼんぼん彩句

옮긴이 이규원

한국외국어대학교에서 일본어를 전공했다. 문학, 인문, 역사, 과학 등 여러 분야의 책을 기획하고 번역했으며 현재 전문 번역가로 활동중이다. 옮긴 책으로 미야베 미유키의 『이유』, 『얼간이』, 『하루살이』, 『미인』, 『진상』, 『피리술사』, 『괴수전』, 『신이 없는 달』, 『기타기타 사건부』, 『인내상자』, 『아기를 부르는 그림』, 덴도 아라타의 『가족 사냥』, 마쓰모토 세이초의 『마쓰모토 세이초 걸작 단편 컬렉션』, 『10만 분의 1의 우연』, 『범죄자의 탄생』, 『현란한 유리』, 우부카타 도우의 『천지명찰』, 구마가이 다쓰야의 『어느 포수 이야기』, 모리 히로시의 『작가의 수지』, 하세 사토시의 『당신을 위한 소설』, 가지야마 도시유키의 『고서 수집가의 기이한 책 이야기』, 도바시 아키히로의 『굴하지 말고 달려라』, 사이조 나카의 『오늘은 뭘 만들까 과자점』, 『마음을 조종하는 고양이』, 하타케나카 메구미의 『요괴를 빌려드립니다』, 아사이 마카테의 『야채에 미쳐서』, 『연가』, 미나미 교코의 『사일런트 브레스』, 오타니 아키라의 『바바야가의 밤』, 미치오 슈스케의 『N』, 아라키 아카네의 『세상 끝의 살인』 등이 있다.

구름에 달 가리운

방금 전까지 인간이었다

ぼんぼん彩句

미야베 미유키

이규원 옮김

북스피어

일러두기

* 작게 표시된 본문의 주는 옮긴이 주입니다.
* 괄호로 표시된 주는 원저자의 주입니다.
* 가급적이면 책의 뒤쪽에 있는 '작가의 말'을 먼저 읽고 소설을 감상하시는 것도 좋겠습니다.

ぼんぼん彩句

산산이 지는 것은 여물고자 함이니 복사꽃 ⊙ 007
외국서 찾아온 사위가 장인의 묘석을 닦네 ⊙ 035
구름에 달 가리운 방금 전까지 인간이었다 ⊙ 057
장미꽃잎 지는 새벽 두 시 누군가 떠나가네 ⊙ 087
창밖 베란다에 키운 여주 커튼 열매는 두 개 ⊙ 119
메마른 해바라기 불러보니 돌아보는 꽃 있네 ⊙ 153
날선 가위여 꽃밭의 맨드라미 목을 자르리 ⊙ 169
프레젠트 코트 머플러 무톤 부츠 ⊙ 199
어스름한 저녁 이끼 낀 묘석에 새끼도마뱀 ⊙ 229
푸르른 겨울날 먼 길 나섰다 만난 장송행렬 ⊙ 249
올해도 같은 밥 같은 찬을 먹는 따뜻한 봄날 ⊙ 287
산을 내려가는 여행 역마다 꽃이 피어나네 ⊙ 313

작가의 말 ⊙ 345
하이쿠 작자 약력 ⊙ 351
편집자 후기 ⊙ 355

산산이 지는 것은
여물고자 함이니 복사꽃

산산이 지는 것은 여물고자 함이니 복사꽃

봄이 무르익지 않은 휴일, 이와사 아키코가 평소 인연이 없던 시내 백화점까지 나간 것은 아만다 페리의 그림책 원화전을 보기 위해서였다.

"아쉽지만 나는 시간이 없으니 엄마나 다녀와. 굿즈샵에 그림 엽서가 있으면 기념으로 사오고."

딸 미쓰하도 이 그림책 작가의 팬이니까 같이 가자고 권해보았지만 아니나 다를까 깨끗이 거절하기에 혼자 가게 되었다.

25년 전 미쓰하의 세 살 생일에 책을 좋아하던 남편 쇼조가 고른 선물이 아만다 페리의 대표작 『서랍 속의 왕국』이었다. 미쓰하가 몹시 좋아한 건 물론 아키코도 그 색채 선명하고 발랄한 세계에 매혹되어, 그 후로 쭉 모녀가 함께 페리 작품을 좋아했다.

일본에서 페리의 본격적인 원화전이 개최되는 것은 이번이 처음이다.『서랍 속의 왕국』 원화는 한 점도 빠짐없이 전시되어 있었다.

〈세 번째 서랍의 목장에서 노니는 양들〉

〈다섯 번째 서랍의 늪에 숨은 굶주린 악어 떼〉

〈일곱 번째 서랍의 깊은 숲에서 길을 잃고 우는 공주님〉

〈아홉 번째 서랍의 동굴에서 잠든 도적〉

〈열한 번째 서랍의 벼랑 끝에서 울부짖는 늑대〉

〈열세 번째 서랍에 우뚝 솟은 사악한 마법사의 성〉

세 식구의 추억을 끄집어내며 아키코는 찬찬히 감상했다.

미쓰하도 오면 좋았을 텐데. 한 번 더 권해볼까. 그런 생각을 하자니 부아가 치미는 건 어쩔 수 없었다.

시간이 없다고? 물론 그러시겠지.

미쓰하는 일에 치여 산다. 본업인 회사 근무만 해도 한 달에 보름 정도는 정시에 퇴근하지 못할 만큼 바쁜 것 같은데 주말이면 편의점 아르바이트까지 한다. 거기다 집안일도 혼자 해결하니 1년 365일이 24시간 풀가동 상태다. 언제 과로로 쓰러져도 이상할 게 없다.

이게 다 그자 탓이라는 걸 알면서도 아키코가 할 수 있는 일은 그저 속을 끓이다 가끔 넌지시 충고하는 것이 전부이다. 스물여덟 살에 결혼 6년차인 성실한 미쓰하는 자기 뜻으로 지금의 인생을 선택했으니까—선택하고 말았으니까.

내내 사악한 마법에 걸려 있는 것이다.

엄마로서가 아니라 연애 경험이 있는 한 명의 여자로서 아키코는 그렇게 확신하고 있었다. 적어도 미쓰하가 가끔은 그 사내와 떨어져 몸을 편안히 하고 머리를 식히면 좋을 텐데.

불과 5분 전까지 아키코는 그렇게 생각했다.

지금은 다르다. 그 아이가 오지 않길 잘했구나. 나 혼자여서 다행이야. 신이시여, 이런 행운을 주셔서 감사합니다. 내 눈길을 이끌어주셔서 감사합니다.

원화전 회장은 백화점 7층에 있었다. 그 층에는 고급스런 일식 식기나 공예품을 파는 매장도 있지만 아키코와는 인연이 없는 곳이다. 승강기를 타고 지하 1층 식품매장에나 내려가 볼까—하며 매장 통로를 걸어갈 때 색채 선명한 수입 그림접시나 값비싼 티 세트가 진열된 선반 옆에 얼핏 낯익은 얼굴이 있었던 듯한 기분이 들었다.

아키코는 걸음을 멈추고 한 발짝 뒤로 물러서 시선을 집중했다.

틀림없다. 와일드스트로베리 티포트 옆에 낯이 익은 정도가 아니라 아주 잘 아는 얼굴이 있었다.

미쓰하의 남편 쓰치야 유이치다.

통로 쪽으로 튀어나오듯이 서서 티포트 진열 선반 뒤쪽에 놓인 크리스털 제품을 들여다보는 중이다. 아키코가 있는 쪽으로 얼굴을 향한 채.

몸이 통로로 나와 있는 까닭은 그의 팔에 매달린 동반자가 크리스털 제품 진열 선반 바로 앞에 서 있기 때문이다.

얼른 고개를 숙인 아키코는 옆으로 비켜 접시와 찬합이 진열된 선반 뒤에 숨었다.

—어떡하나.

들키지 말아야 해.

동료가 권해서 구입했지만 거의 써본 적이 없는 꽃가루 방지용 고글이 백에 들어 있었다. 그것을 꺼내 썼다. 늘 한데 묶어 뒤로 넘기던 머리를 풀어 어깨 위로 내리고 앞머리를 발처럼 늘어뜨렸다.

유이치 팔에 매달린 여자가 미쓰하일 거라는 희망적인 예측도 있었다. 미쓰하 혼자 벌어서 집세며 생활비며 유이치 학비까지 간신히 충당하는 현실이니 명품 매장을 어슬렁거릴 여유가 있을 리 없지만, 부부가 함께 페리 원화전을 보러 왔는지도 모른다.

미쓰하는 남편과 같이 관람하고 싶어 엄마의 제안을 거절했던 거야—.

"○△×로구나, 유 짱은."

이내 젊은 여자의 쿡쿡거리는 웃음소리가 들려와 아키코의 희망을 산산이 부숴버렸다.

호칭이 달달하네. 유 상도 아니라 유 짱이라니.

유이치와 동반 여성이 크리스털 제품 진열 선반 앞에서 통로로 물러났다.

여자는 봄 분위기가 물씬한 프린트 블라우스에 까만 미니스커트를 입고 굽 높은 하프부츠를 신었다. 분하지만 그런 패션이 잘 어울리는 미인이다. 유이치의 팔에 자신의 팔을 끼워 넣으며 몸을 바짝 밀착시킨다.

유이치는 커터셔츠에 청바지, 그 밑에 스니커를 신은 것 같은데, 저건 고급 가죽 제품 아니었나? 작년 성탄절에 미쓰하가 저 자에게 선물한 것일 텐데?

—엄마, 염치없는 부탁을 해서 미안한데 만약 엄마가 성탄절 선물을 줄 거라면 돈으로 줄 수 있을까? 유 상이 갖고 싶어 하는 가죽 스니커 사는 데 돈이 조금 모자라거든.

유이치는 여자 것으로 보이는 파우더핑크 봄 코트와 자신의 검은 가죽 재킷을 한데 모아 옆구리에 끼고 있었다.

저 재킷도 미쓰하가 선물한 것이다. 결혼을 하고 나서 유이치의 신변잡화는 전부 미쓰하가 사주고 있다. 그리고 저자는 한 번도 사양한 적이 없다.

—싼 게 비지떡인데, 그런 걸 왜.

아키코의 뇌리에 얼얼하게 남은 기억이 살아났다. 저 재킷이 터무니없이 비싼 탓에 미쓰하는 자기가 입을 봄 상의를 그 가게에서 구입하지 못하고 나중에 양판점에서 샀는데, 그걸 본 저자가 그렇게 말했던 것이다. 싼 게 비지떡.

—한소리 들었네.

항변도 없이 얌전히 풀이 죽은 미쓰하를 아키코는 꼭 안아 주고 싶었다. 동시에 멱살을 쥐고 목이 떨어져나가라 흔들어주고 싶었다.

너, 언제까지 저런 자한테 속고 살 거니?

기억과 함께 분노도 되살아나 시야가 피로 빨갛게 물드는 기분이었다. 어찔어찔 현기증이 와서 아키코는 진열 선반 가장자리를 붙들었다.

정신 차려, 아키코. 충격으로 백화점 매장에서 주저앉으면 곤란하다고. 행동해, 아키코.

마음속 명령에 충실히 따라 아키코는 딸의 남편을 미행하기로 했다.

도중에 스마트폰으로 사진을 찍고 동영상도 찍었다. 유이치와 여자는 바짝 밀착해서 걸으며 남의 눈을 의식하지 않고 둘만의 세계에 빠져 있었고, 아키코는 신중하게 거리를 두고 따라갔으므로 들킬 염려는 전혀 없었다.

두 사람이 대로를 벗어나 조용한 뒷골목에 있는 호텔로 들어가는 장면까지 확인했다.

호텔은 아담하고 프런트도 작았다. 너무 바짝 추적하다가는 일을 그르칠 수 있다. 아키코는 추적을 중단하고 가까운 역으로 걸음을 돌렸다. 관자놀이가 지끈지끈 쑤셨다. 미행하는 내내 어금니를 꽉 물고 있던 탓이다.

지방도시에 출장을 갔다가 교통사고로 사망할 당시 이와사 쇼조는 서른둘의 젊은 나이였다. 외동딸 미쓰하의 새 신부 모습은

커녕 란도셀초등학생용 책가방을 멘 모습도 볼 수 없었다.

운명은 쇼조에게 잔혹했다. 일찍이 부모를 여의고 친척집을 전전하면서도 멋지게 성장하여 아키코를 만나 결혼하고 미쓰하도 태어나 마침내 행복해졌다 싶었는데, 음주운전 차량에 목숨을 빼앗긴 것이다. 당시 아키코는 쇼조가 너무나 불쌍해서 남편을 여읜 슬픔에 빠지기보다 내내 분노해 있었다.

아키코도 가정환경은 좋지 못했다. 부모는 부부싸움이 그치지 않았고 경제적으로도 힘들었다. 그런데도 아버지에게는 따로 여자가 있어서, 아키코가 취직하자 기다렸다는 듯이 이혼한 후로 소식이 딱 끊겼다. 어머니는 친척을 의지하며 홀로 고향으로 돌아가 그럭저럭 평온하게 지냈다. 그 어머니도 타계한 지 4년이 된다.

아키코는 중학 시절부터 신문배달을 했고 공립 고등학교에 진학할 때도 학비를 제 힘으로 마련했다. 졸업하자마자 신용조합에 취직하고, 직장 선배 소개로 쇼조를 만났다. 기술계 고등전문학교중학교 졸업 후 진학하는 5년제 교육기관를 졸업하고 정밀기계부품 회사에서 일하던 쇼조는 3첩짜리 단칸방에 살며 쥐꼬리만 한 월급을 떼어 학자금 대출을 갚고 있는 형편이었다.

두 사람은 진지하게 교제하다가 그 융자금을 다 갚았을 때 결혼했다. 결혼식을 올릴 여유는 없었지만 양쪽 직장 선배와 친구들이 소소한 축하연을 열어주었다. 그때 사진이 지금도 쇼조의 영정과 함께 불단에 놓여 있다.

두 사람은 결혼하고 반년 만에 미쓰하를 얻었다. 조금 성급했어, 아직 모아 놓은 돈이 얼마 안 돼—아키코는 초조했지만 쇼조는 크게 기뻐했다. 나이도 먹을 만큼 먹은 어른이 진짜로 하늘을 향해 두 팔을 벌리고 만세 삼창을 하는 장면을 아키코는 처음 보았다.

그리고 겨우 4년 뒤 쇼조가 뜻밖의 화를 당해 불귀의 객이 되고 아키코와 미쓰하만 남았을 때도 주위 사람들은 다시 힘이 되어 주었다.

쇼조의 상사가 일찌감치 실력 있는 변호사를 소개해주어서 아키코는 사고 보상 교섭으로 고생하지 않을 수 있었다.

출산 전에 퇴직한 신용조합에 계약사원으로 복귀할 수 있었던 것도 선배의 배려 덕분이었다.

살고 있던 사택을 서둘러 비워줘야 했지만, 어린 미쓰하를 안고 수많은 절차와 신청 과정에 짓눌릴 지경인 아키코를 대신하여 쇼조의 동기들이 일손을 나누어 셋집을 알아봐 주었다.

—나나 당신이나 집안 덕은 못 봤지만 그걸 다 벌충하고도 남을 만큼 좋은 상사와 친구들이 많아.

언젠가 쇼조가 그렇게 말한 것이 생각나 아키코는 이삿짐을 꾸리며 울었다. 박스를 뒤집어쓰고 소리 내어 울었다.

그런 인생이었다. 의지할 데 없고 힘겨운 일이 많아도 늘 도와주는 사람이 있었다.

아키코는 미쓰하에게 그런 사람들한테 감사하라고 가르쳤다.

엄마도 너도 언젠가 그렇게 될 수 있도록 노력하자고 말했다.

그런 식의 교육이 좋지 않았던 걸까.

아키코는 타인의 선의를 너무 쉽게 믿었다. 운 좋게 사악한 인간을 만나지 않았을 뿐인데 미쓰하는 이 세상이 선의로 가득 차 있다고 생각하는 것 같았다.

다만 소소한 변명이 허용된다면 쓰치야 유이치도 미쓰하 앞에 나타날 때는 정상적인 청년처럼 보였다고 말하고 싶다.

흥신소는 단 2주 만에 일을 잘 처리해주었다.

"이와사 씨가 스마트폰으로 촬영해둔 게 큰 도움이 됐습니다."

담당 조사원이 칭찬해 주었다.

"게다가 조사 대상이 전혀 경계심이 없어서…… 이렇게 말하기는 뭣하지만, 완전히 거저먹기였습니다."

보고서를 훑어본 아키코도 그 내용이 틀림없다고 판단했다. 유이치는 미쓰하에게 외도를 들키리라는 생각이 눈곱만큼도 없었다.

미쓰하가 나를 의심할 리 없다, 다른 여자 냄새를 맡을 가능성은 요만큼도 없다, 미쓰하는 나를 철석같이 믿으니까, 처음 만났을 때부터 지금까지 언제나.

미쓰하는 현립 고등학교에서 정보공학 전문학교로 진학하여 의료기기를 취급하는 상사에 취직했다. 업무는 영업사무인데, 일을 배우고 기술을 닦아나가려면 공부할 것이 산더미처럼 많았다.

해외 제조사와 소통하기 위해서는 영어도 능숙해야 했다.

그래서 비즈니스영어학원에 등록했는데, 그때 유이치와 만나고 말았다.

그는 수강생이 아니라 기초문법과 작문을 가르치는 강사였다. 유명 사립대의 문학부 영문과를 졸업했다.

—사실은 법대에 가고 싶었어. 어릴 때부터 변호사가 꿈이었으니까.

그러나 사시를 목표로 하게 되자 언제 취직할 수 있을지 알 수 없었다. 부모를 걱정시키고 싶지 않아 한번은 다른 길을 택하기도 했지만,

—막상 사회에 나와 보니 꿈을 끝내 포기할 수는 없다는 걸 깨달았어. 한 번밖에 없는 인생이잖아. 후회는 하고 싶지 않아.

그래서 신졸채용으로 들어간 회사를 그만두고 시급제 강사로 일하며 사시 합격을 목표로 공부하고 있다.

—나도 학원에서 배우고 있으니 사회인 학생이란 점에서 미쓰하와 나는 동료네.

아키코가 땅콩만 하게 작아져서 딸 주머니에 숨어들어가 어디든 따라다닐 수 있었다면 이 시점에서 충고했으리라.

아무리 강사와 수강생 사이라지만 만나서 딱 두 번째 되는 날 반말을 하는 남자는 위험한 거야. 게다가 그 사람은 무직이니 '사회인 학생'도 아니잖아. 그런 구분을 애써 모호하게 넘기는 사람이라면 믿어서는 안 돼.

그러나 두 사람의 교제는 순조롭게 발전하고 말았다. 어느 시절에나 자식 이기는 부모는 없다.

아키코는 간절히 바랐다. 자신의 우려가 알리바이 확실한 사람을 오인 체포하는 얼빠진 형사의 추리처럼 잘못된 것이기를.

그런데 마침내 혼담이 오고가 유이치 쪽 부모를 만나보니 그가 자기 나이를 모호하게 밝혀 왔다는 사실이 드러났다. 미쓰하는 상대를 다섯 살 연상으로 알고, 또 그렇게 듣고 있었지만, 아키코가 그쪽 부모와 이야기해 보니 재수를 한 데다 대학 재학 중에도 2년이나 꿇었다는 사실이 무심결에 드러났다. 사실은 여덟 살이나 연상이었던 것이다.

"여덟 살이나 차이난다고 하면 아저씨처럼 생각할까봐."

유이치는 얌전히 말하며 불안한 미소를 지었다. 거짓말할 생각은 없었어.

그의 부모도 빙긋이 웃었다. 나쁜 사람들은 아니었다. 운 좋게 공부 잘하는 아들을 얻어 그 장래를 순진하게 기대하고 있을 뿐. 유이치는 머리가 좋으니까 뭐든 원하는 대로 해주면 된다. 우리 아들은 절대 잘못을 범하지 않는다. 부모가 훈계한다는 건 당치 않은 이야기다⋯⋯ 이렇게 살아왔다.

이 넓은 세상에 유이치만큼 머리 좋은 사람은 발에 차이게 많다. 그걸 모르는 너그러운 부모와, 그 부모의 기대를 결코 피하지 않는 좋은 아들.

기대에 부응한 것은 아니다. 피하지 않을 뿐.

쓰치야 집안 세 사람의 웃음에 미쓰하도 덩달아 미소 지으며 말했다.

"저는, 유 상이 아저씨라고 해도 변함없이 좋아했을 거예요."

그 순간 아키코는 운명의 경보기 소리를 들었다. 딸의 연애를 막지 못한 어머니 귀에만 울려 퍼지는 날카로운 경고음을.

교제하고 2년 2개월 만에 두 사람은 결혼했다. 스물두 살 신부와 서른 살 신랑. 기념사진만 찍고 식은 올리지 않았다.

"지금은 일단 미쓰하가 참아줘야겠어. 장모님, 죄송합니다. 제가 변호사가 되면 친구들을 다 불러서 반드시 성대하게 결혼식을 올릴게요."

그 말에 미쓰하는 눈물을 지었다.

아키코의 마음에는 그 눈물 한 방울만 한 크기의 신뢰도 없었는데.

아키코도 아직은 바라고 있었다. 자기 생각이 잘못된 것이기를. 자기가 유이치와 맞지 않을 뿐이지 실은 미쓰하가 옳았던 것이기를.

결혼하고 반년도 지나기 전에 유이치는 영어학원 강사 아르바이트를 때려치웠다.

"역시 사법고시는 일하면서 틈틈이 공부한다고 합격할 수 있는 게 아니야. 유 상은 사법고시 준비에 전념했으면 좋겠어. 확실하게 지원하겠다고 내가 제안한 거야."

미쓰하는 아키코에게 그렇게 말했다.

걱정하지 마, 엄마. 나, 적당히 괜찮은 급료를 받고 있으니까.

유이치의 부모는 이 소식을 듣고 아들을 위해 멋진 책상을 사주었다고 한다.

"그래, 잘됐구나."

그렇게만 말하고 아키코는 가슴에 담겼던 말을 삼켜버렸다. 그러고는 급할 때 쓰라며 미쓰하에게 5만 엔을 쥐어주어 돌려보냈었다.

그날 밤 유이치의 전화를 받았다.

"보내주신 용돈으로 미쓰하가 마쓰자카 소고기를 사와서 오늘 저녁 호화스럽게 스키야키를 먹었습니다."

그저 그뿐인 사례 전화였다. 사죄는 없었다. 해명도 없었다. 장모님, 제가 백수가 되어 따님에게 기대어 지내게 되었으니 부디 너른 이해를 부탁합니다. 그렇게는 말하지 않았다.

어머니의 가련한 경보기가 다시 울려댔다.

현실은 가혹하다. 미쓰하의 급료와 약간의 잔업수당 가지고는 두 사람의 생활이 제대로 될 수 없었다. 1년이 지나고 2년이 지나면서 그것은 곁에서 봐도 명확해졌다.

지출 중에 가장 큰 것은 유이치의 학원 수강료였다. 강좌 선택이나 조합에 따라 다르지만 1년에 대략 90만 엔에서 100만 엔이 들었다.

그 '대강'의 금액도 미쓰하는 좀처럼 밝히지 않았다.

엄마는 걱정하지 말라니까, 어떻게든 될 거야.

“너야말로 그런 걱정 하지 않아도 돼. 네가 액수를 말해도 엄마 박봉으로는 도와줄 수도 없으니까.”

유이치가 무직이 되고 세 번째 맞는 정월, 미쓰하 혼자 새해인사를 하러 왔을 때 그렇게 말하자 그제야 액수를 말했던 것이다. 작년에는 98만 엔이었어. 올해는 다답식 시험 강좌 몇 개를 통신제로 바꿀 거니까 90만 엔도 안 될 테지만.

“예비시험이라면 합격률이 높은 해라도 4퍼센트 정도야. 작년에는 3.7퍼센트였어. 유 상이 정말 애쓰고 있지만 워낙 좁은 문이라서.”

다분히 변명처럼 들리는 미쓰하의 말에서 아키코 귀에 무겁게 걸린 것은 네 글자뿐이었다. 예비시험.

미쓰하가 돌아가자 아키코는 스마트폰으로 검색해보았다.

좀 더 일찍 알아봤어야 했다.

유이치는 사법시험에 도전하는 게 아니었다. 그 한 단계 전에 사법시험 치를 자격을 얻기 위한 ‘예비시험’을 준비하고 있었던 것이다. 더구나 그 시험조차도 계속 떨어져 벌써 몇 년이나 제자리걸음을 하고 있었다.

합격률은 분명히 4퍼센트 전후였다. 좁은 문이라는 말은 거짓이 아니다. 그렇다고 용서할 수 있는 것은 아니었다.

응석도 어지간히 받아줘야지.

이제 그만 현실을 직시하렴.

하지만, 하지만, 그래도.

어쩌면 진짜 합격할지도 몰라. 사악한 마법에 늘 따라다니는 주문이다.

그해도 이듬해도 예비시험 결과가 미쓰하 식으로 말하면 '바람직하지 않아' 유이치는 학원을 바꾸었다. 새로운 학원은 수강료가 더 비싸서 미쓰하는 주말 아르바이트를 시작했다.

"요즘은 회사도 관대해서 제대로 신고만 하면 부업도 인정해주니까 다행이야."

전혀 다행이 아니었다. 마침내 '시간이 없어' 만날 수도 없게 되고 전화 통화도 느긋하게 할 수 없게 되었다. 미쓰하에게 보낸 문자나 라인에 며칠이나 응답이 없거나 유이치가 대신 응답을 하는 일도 있었다.

'별고 없으시다니 다행입니다, 장모님. 저희도 건강합니다.'

전혀 진심이 느껴지지 않는 안부 문자들 틈새로 그자와 그쪽 부모가 지칠 줄 모르고 짓던 싱글벙글 웃음이 비치고 있었다.

아키코는 캄캄한 벽에 머리를 부딪힌 기분이었다.

미쓰하, 거기 있니?

네 귀에는 이 경보음이 안 들려?

엄마는 확실하게 듣고 있어. 이 배가 곧 폭파되니까 10분 안에 피하라고 외치고 있어.

"아만다 페리전 갔다가 기념품 사왔다. 간만에 얼굴 좀 보고 싶으니 잠깐 건너오지 않을래?"

마침 히나마쓰리잖니. 네가 태어날 때 아빠가 아사쿠사바시에 몇 번이나 드나들며 점원이 얼굴을 다 익힐 정도로 고르고 고른 히나 인형을 꺼내서 장식해두었다. 보러 오렴.

스마트폰 너머에서 들리는 미쓰하의 목소리는 오늘도 힘이 없지만, 의외로 두말없이 그렇게 하겠다는 대답이 돌아왔다.

"이번 주 토요일, 아르바이트하는 편의점이 매장 리뉴얼 때문에 임시휴업 한대."

간만에 엄마랑 점심 먹고 싶어. 곧 아빠 생일이기도 하고—라고 말했다.

"살아 계셨으면 쉰일곱이시네."

"그래. 정년을 코앞에 두었겠지."

아키코는 남편 영령에 감사했다.

미쓰하를 불러줘서 고마워요.

"그럼, 지라시스시 준비할게."

"우와! 유 상도 엄마 지라시스시가 일본 최고라고 했거든."

아니, 유이치까지 부르는 건 아니야.

"히나마쓰리니까 유이치 상에게는 집을 봐달라고 하렴."

"아냐. 이번 주 주말은 유 상도 스케줄이 있대. 민법 강좌로 친해진 사람들과 집중 강화합숙을 하기로 했대."

토요일에 1박 2일로 가마쿠라의 오래된 료칸에 틀어박힐 예정이라고 한다.

"그래?"

아키코 뇌리에 프린트 블라우스에 미니스커트를 입은 여자의 웃는 얼굴이 떠올랐다.

미쓰하 남편을 '유 짱'이라고 부르던 여자.

집중 강화합숙이란 건 거짓이다. 유이치는 그 여자와 숙박 여행을 위해 어디론가 가려는 것이다. 흥신소 조사원 보고에 두 사람이 지난주 서점에서 여행 잡지나 가이드북을 찾고 있었다는 내용이 있었다. 여행을 계획하고 있을 가능성이 있음, 이라고.

아키코는 흥신소 조사원에게 연락해서 추가 조사를 부탁했다.

"너무 예뻐서 사버렸어."

토요일 오후, 미쓰하는 복숭아꽃을 선물로 들고 왔다.

"역전 꽃집?"

"맞아. 절반 이상이 피어버려선지 반값으로 할인하더라."

옹골찬 가지에는 봉오리의 절반 정도가 아니라 7할이나 활짝 피어 있었다.

"화사해서 좋네."

쇼조가 미쓰하를 위해 고른 히나 인형은 귤 상자만 한 케이스에 인형에서 다양한 도구류까지 전부 담겨 있는 사랑스러운 것이었다. 키 큰 유리병에 복숭아꽃 가지를 꽂아 나란히 장식하자 작은 케이스에 담긴 작은 공주님을 지키는 세계수처럼 보였다.

"아빠, 오랜만에 인사드려요."

미쓰하는 불단에 향을 올리고 영원히 서른두 살인 아버지의 웃는 얼굴 앞에 두 손을 모았다.

그리고 모녀는 늦은 점심 식탁에 앉았다. 지라시스시에 맑은 국, 삼치석쇠구이에 유채무침. 디저트는 사쿠라모치였다. 식탁에서 이런저런 이야기를 나누었다. 아키코는 내내 아만다 페리전 이야기를 했고 미쓰하는 의료기기 업계의 뒷이야기나 편의점에서 살 수 있는 의외로 전문적인 디저트에 대하여 이야기했다.

흥신소 조사보고서가 담긴 봉투는 텔레비전 받침대 밑에 넣어두었다. 아키코도 처음부터 그걸 딸에게 들이댈 생각은 없었다.

사쿠라모치 접시를 물리고 녹차를 새로 탄 뒤 아키코는 자세를 고쳐 앉았다. 그러고는 사진을 띄운 스마트폰을 미쓰하 앞에 내밀었다.

"미안해. 실은 너한테 할 얘기가 있어. 이거 좀 봐볼래?"

미쓰하의 표정이 확 굳었다.

"뭔데?"

"아만다 페리전 보러 갔을 때 유이치를 우연히 봤어."

아키코는 스마트폰 화면을 손가락으로 가리켰다. 미쓰하는 엄마 손가락 끝으로 시선을 내렸지만 손을 내밀어 스마트폰을 집어 들려고 하지는 않았다.

"이거 한 장만 있는 게 아냐."

미쓰하는 눈을 조금 크게 뜨고 아키코 얼굴을 보았다. 아키코가 잠자코 있자 그제야 천천히 눈앞의 스마트폰을 집어 들었다.

"동영상도 있어. 잘 봐봐."

미쓰하는 화면을 스크롤하여 다른 사진들을 보았다.

한 장, 또 한 장. 그리고 다시 처음으로 돌아가 다시 다음 한 장.

스마트폰 조작을 주뼛거리는 기미는 없다. 동영상이 재생되고 음성이 작게 흘러나왔다.

"……이란 애는 ……하잖아."

"유 짱이 ○△×니까."

밝게 터지는 남녀의 웃음소리.

쇼조를 여의고 나서 모녀가 살아온 아파트. 남향 투룸. 미쓰하는 여기서 결혼해 나갔다. 벽지 얼룩에도 추억이 서려 있다.

그런 실내에 빙하가 삐걱거리는 소리가 들려왔다. 현실을 깎아내는 무서운 침묵의 소리.

문득 정신을 차리고 보니 아키코는 식은땀을 흘리고 있었다. 이상하다.

이럴 리가 없는데.

딸은 전혀 충격을 받지 않았다. 딸 눈에 떠오른 것은 믿기 힘들지만 이해의 눈빛 그리고—,

수치의 눈빛.

왜지? 뭐지?

답은 하나밖에 없었다.

"……알고 있었구나."

아키코 말에 고개를 느리고 크게 끄덕인 미쓰하는 스마트폰을 테이블에 내려놓았다.

“죄송해요.”

속삭이는 듯이 작은 소리로 말했다.

“엄마를 실망시키고 있다는 거, 나도 알아.”

“화 안 나니? 유이치 상은 너를 배신했어.”

“그렇게 심각한 거 아니야. 외도니 불륜이니 하는 건 아니야.”

“그럼, 뭔데?”

“기분전환.”

믿고 싶지 않지만 아키코의 딸은 그렇게 말했다. 입가에는 미처 억제하지 못한 일그러짐. 하지만 눈은 웃고 있다.

기분전환이라면 지금 엄마가 일하는 지점에서도 매일 하고 있어. 창구를 닫은 뒤 모두 라디오체조를 하지. 기분전환이라는 말은 그럴 때 쓰는 거란다, 딸아.

“불합격이 계속되자 유 상도 어쩔 수 없이 기가 죽을 때가 있대. 그럴 때 집에서 내 얼굴을 보면 더 주눅이 들고 괴로워서…….”

“다른 여자랑 놀고 싶어진대?”

“그런 식으로 말하지 마. 하지만 어디까지나 그냥 노는 것뿐이야. 언제나 세 달 정도면 끝나거든.”

아키코의 세계가 반전되었다.

복숭아꽃 가지에서 연분홍 꽃잎이 한 닢 떨어졌다.

“지금 뭐라고 했니?”

언제나. 언제나라니, 무슨 말이지?

"이 여자가 네 번째야."

호흡을 흐트러뜨리지도 않고 미쓰하가 말했다.

"대학 동창의 친구라든지, 단골가게에서 종종 만나던 단골손님이라든지."

언제나, 시작되면 바로 알 수 있었어. 유 상은 뭘 감추질 못하는 사람이니까.

"끝나면 유난히 응석을 부리고, 기념일도 아닌데 선물을 사주기도 하니까, 아, 헤어졌구나, 하고 알 수 있어."

그냥 그뿐이야— 하고 아키코의 딸은 웃었다.

희미하지만 따뜻한 웃음.

지하 납골당을 비추는 촛불.

이것이 꺼지면 완전한 암흑이 된다.

유이치 뒷조사가 '거저먹기'였던 것은 미쓰하가 눈치 챌 리가 없다고 우습게 보고 있기 때문이 아니었다. 눈치 챘다고 해도 미쓰하는 요만큼도 흔들리지 않을 것임을 알고 있기 때문이다.

하지만 나는 용서할 수 없다. 미쓰하의 엄마니까.

"지금도 그자는 이 여자와 같이 있는 게 틀림없잖니."

떨리는 목소리로 아키코는 호소했다.

"아, 아니, 아냐. 그렇진 않아."

십대 소녀로 돌아간 말투로 부정하며 미쓰하는 손을 살살 저었다.

"오월 초에 시험이 있는걸. 강화합숙은 진짜야. 지금은 막판 총력전 기간이야."

하지만 그 여자와 데이트를 하지 않았나. 호텔에 들어가지 않았나.

아키코의 등으로 땀이 흘러 떨어진다.

"언젠가 유 상이 변호사가 되면 이런 것도 다 추억이 될 거야. 쓴웃음을 지으며 아련하게 떠올릴 수 있겠지. 나는 알아. 서로 사랑하니까 유 상을 믿을 수 있어. 걱정하지 마, 엄마."

이렇게 야위고, 이렇게 얼굴이 상하고, 일에 치어 몸이 나빠졌는데, 그래도 걱정하지 말라고 한다.

서로 사랑하니까 믿을 수 있다고.

몸 속 깊은 곳에서 절망이 치밀어 올라 아키코의 숨통을 조였다.

"언젠가, 그자가 정말로 꿈을 이루면, 너는 어떻게 될지 알고 있니?"

스스로도 놀랄 만큼 낮고 갈라진 목소리가 나왔다. 엄마가 고향에 돌아온 딸에게 건네는 목소리가 아니다. 거의 저주였다.

"한 푼도 안 벌고 너한테 기대서 공부해 왔으니 너한테 면목이 없어서라도 다른 여자한테 도망칠 거다. 거리낌 없이 그렇게 해버릴 남자야. 꿈을 이루면 틀림없이 널 버린다. 너는 그자가 떠올리고 싶지 않은 과거의 약점 자체가 돼버릴 테니까!"

마주 앉아 응시하는 미쓰하의 눈 속에는 엄마로서 아키코가 한 순간도 예상한 적이 없는 마음의 빛깔이 떠올랐다.

그것은 연민.

4년에 불과했던 결혼 생활. 진짜배기 부부가 되기도 전에 남편을 여의고 말았다. 함께 산을 넘고 물을 건너는 경험을 쌓지 못하고 얼마 안 되는 추억의 잿불을 안고 홀몸이 되었다.

그 후로 오랜 세월, 남자를 사랑한다는 것이 무엇인지 잊고 살아온 여자.

딱하게도 당신은 몰라.

내 마음도, 우리 부부의 사랑도 진실도.

가련하고 고독한 엄마.

"미안해."

눈길을 피하며 미쓰하가 중얼거렸다.

"언젠가 엄마도 알게 되는 날이 분명히 올 거야. 부탁이니까 그때까지 시간을 줘."

고개를 숙이는 딸 앞에 아키코는 흥신소 조사서가 든 봉투를 던져주었다.

"이거 봐봐."

읽어보렴, 한 글자도 빠뜨리지 말고.

"이게 현실이야. 네 눈으로 확인하고 이제 그만 몽상을 멈춰."

미쓰하는 봉투는 건드리지 않고 의자를 뒤로 밀며 일어섰다.

"돌아갈래. 내일 편의점이 이른 근무조야. 잘 먹었어."

복숭아꽃 가지에서 꽃잎 여러 장이 한꺼번에 떨어졌다. 세계의 한구석이 부서진 것처럼.

이 공주님은 왜 일곱 번째 서랍에서 미아가 되었을까.

"당신은 어떻게 생각해?"

예전에 쇼조와 이야기한 적이 있다. 미쓰하를 재운 뒤 부부가 함께 『서랍 속의 왕국』을 보면서.

그 물음에 아키코는 놀랐다.

"굳이 그런 해석이 필요할까? 그냥, 서랍 속에 다양한 풍경이 있고, 사람과 동물이 있는 것뿐이잖아."

그런가? 쇼조는 말했다.

"내가 보기에는, 사악한 마법사에게 납치된 공주님이 어렵게 탈출해서 가족이 기다리는 자기 성으로 돌아가는 이야기 같거든."

듣고 보니 '첫 번째 서랍' 페이지는 성의 첨탑에서 바라본 풍경이었다.

"첫 번째 서랍은 이 세상의 봄과 가을."

극채색 세밀화로 봄꽃과 가을 과실과 나무열매들이 충실하게 그려져 있다.

다음의 '두 번째 서랍'은 병사가 지키는 성문이다.

〈두 번째 서랍에서 당신의 이름을 묻는 문지기〉

—나는 이 성의 공주예요.

세 살 때 아빠가 사다 준 그림책을 미쓰하는 결혼으로 독립할 때 가져가지 않았다. 유이치와 사는 아파트의 서가는 그의 참고서나 법률서로 가득했으니까.

지금 남편 영정이 미소 짓는 불단 앞에서 아키코는 그 페이지를 펐다.

〈세 번째 서랍의 목장에서 노니는 양들〉

〈다섯 번째 서랍의 늪에 숨은 굶주린 악어 떼〉

〈일곱 번째 서랍의 깊은 숲에서 길을 잃고 우는 공주님〉

〈아홉 번째 서랍의 동굴에서 잠든 도적〉

〈열한 번째 서랍의 벼랑 끝에서 울부짖는 늑대〉

〈열세 번째 서랍에 우뚝 솟은 사악한 마법사의 성〉

이와사 아키코는 울지 않았다.

아직 딸을 잃은 것은 아니라고 믿고 있으니까.

서랍은 열세 단. 인생은 길다.

산산이 지는 것은 여물고자 함이니 복사꽃 ◎각카

외국서 찾아온 사위가 장인의 묘석을 닦네

외국서 찾아온 사위가 장인의 묘석을 닦네

"어머니, 컨디션 안 좋으십니까?"

차를 내리자 카를로스가 서툰 일본어로 걱정해주었다.

유우키 고토코는 큰 손수건으로 연방 얼굴의 땀을 닦아냈다. 에어컨 덕분에 몸은 식었지만 머리와 얼굴은 여전히 달아올라 있다. 그래서 조금 어지럽기까지 하다.

소싯적부터 여름이 고역이었지만 일흔두 살이 된 지금은 이 계절이 더욱 힘겹다.

"어머, 정말, 안색이 안 좋으시네."

운전석에서 내린 사나에가 차 앞을 돌아와 고토코의 얼굴을 들여다보았다.

"내 운전이 거칠어서 멀미하시는 거 아냐?"

고토코는 손을 가볍게 저었다.

"그게 아냐, 요샌 시도 때도 없이 얼굴이 달아오르게 되었을 뿐이다. 나이 들면 자율신경도 늙어."

사나에가 백에서 장례용 까만 부채를 꺼내 고토코의 얼굴에 부쳐주기 시작했다. 카를로스는 트렁크를 열고 꽃다발을 담은 커다란 종이가방을 꺼내더니 다시 몸을 숙이며 뭔가를 찾는 듯했다.

"뭐 해?"

카를로스가 트렁크 안으로 상체를 집어넣다시피 한 채 대답했다. "어머니에게, 파라솔."

사나에가 웃었다. "지난주 해수욕 때 가져갔던 거? 안 돼. 비치 파라솔이잖아."

그는 어깨를 살짝 으쓱하고 고토코에게 미소를 지어보이며 작은 소리로 말했다.

"미안해요."

이게 어디 사과할 일인가. 고토코로서는 카를로스의 마음씀씀이가 사무치게 기뻤다.

일행이 이러는 동안 다카아키 가족이 탄 승용차가 주차장으로 들어왔다. 그가 좋아하는 독일차인데 오늘도 반짝반짝 윤이 난다. 고토코의 타계한 남편과 이 아들은 외모나 기질은 별로 닮지 않았지만 독일차 사랑과 깔끔 떠는 기질은 꼭 닮았다.

"오빠, 또 길을 헤맸던 거야?"

사나에가 놀리자 뒷좌석에서 튀어나온 아이들이 대답했다.

수영장에서 노는 걸 몹시 좋아하는 까맣게 탄 여자아이와 남자

아이다.

"아즈가 오줌 마렵대서 휴게소에 들렀어요."

"나도 눴어요!"

통통한 토트백을 메고 조수석에서 내린 아쓰미가 까만 레이스 양산을 펼쳤다.

"기다리시게 해서 죄송해요."

운전석에서 내린 다카아키는 비쩍 마른 몸으로 기지개를 켜더니 그 참에 요란하게 하품까지 하며 여름 하늘을 올려다보았다.

"아아, 푹푹 찌네."

"오봉이잖아요."

고토코에게 양산을 씌어주며 아쓰미가 말했다.

"여기는 그늘이 전혀 없으니 어서 가요."

재잘거리는 아이들을 앞세워 고토코네 가족은 공원묘지 입구를 향해 걷기 시작했다. 주차장 아스팔트와 가지런히 주차된 다양한 형태의 차량들이 한여름 햇살을 반사한다. 고토코의 땀은 여전히 관자놀이에서 볼을 타고 똑똑 떨어지고 있다.

"엄마, 시원한 데서 잠시 쉬시는 게 어때요?"

사나에가 걱정하며 말했다.

고토코의 죽은 남편 유우키 가쓰노리의 묘가 있는 공원묘지는 보기에는 시원한 잔디로 둘러싸여 있다. 하지만 그늘을 드리울 나무가 부지 주위에만 있을 뿐이고, 잔디는 아스팔트 못지않게 볕을 반사한다.

"관리동은 어떠니? 거기 카페가 있지 않을까?"

아쓰미가 고개를 끄덕였다. "네, 있어요. 저희가 먼저 묘를 청소할 테니까 어머니와 식구들은 거기 가 계세요한국의 성묘는 잔디 관리가 중심이지만 일본에서는 다양한 묘석에 낀 때와 이끼를 솔 따위로 제거하는 것이 중심이다."

"아녜요, 청소라면 나랑 카를로스가 할게요. 그치?"

사나에가 카를로스를 돌아다보았다. 가뭇가뭇한 피부에 잘 어울리는 새하얀 셔츠를 입은 카를로스는 한손에 꽃다발 종이가방을 들고 아쓰미의 토트백까지 메고 있다. 그 안에는 아이들이 갈아입을 옷이나 좋아하는 장난감, 그림책 따위가 들어 있을 것이다. 아이들을 데리고 다니자면 어딜 가나 짐이 커지게 마련이다.

"평소 제때 성묘를 하지 못해 불효를 하고 있잖아요. 이럴 때라도 저희가 하게 해줘요."

카를로스도 고개를 끄덕인다. 외국에서 온 사위는 아직 일본어가 유창하지 못하지만 듣기라면 불편함이 거의 없는 듯했다.

"그럼 나랑 셋이서 가서 닦자. 아쓰미, 어머니와 이 녀석들을 카페로 데려가서 파르페라도 먹고 있어."

이 녀석들이라고 한 묶음으로 부른 고토코의 귀여운 손주들은 여섯 살 아즈사, 그리고 막 네 살 생일을 맞은 쇼타로다. 파르페라는 말이 즉시 마법과 같은 힘을 발휘했다.

"우와! 파르페다, 파르페!"

"나는 소프트 아이스크림!"

팔짝팔짝 뛰는 아이들 옆에서 아쓰미가 다카아키에게 곁눈으로 눈총을 주었다.

"성묘가 먼저죠."

"뭐 어때. 아버지도 단 걸 좋아하셨는데."

"지금 그런 얘기가 아니잖아요."

아쓰미는 집안 교육을 엄격하게 받고 자랐는지 이런 가족 행사 때도 태평한 다카아키보다 훨씬 예의범절에 까다롭다. 고토코로서는 며느리의 그런 모습이 마음에 들지만, 지금은 아들 편을 들어야 하나 며느리 편을 들어야 하나.

"파르페, 먹어."

카를로스가 빙글빙글 웃으며 아이들에게 말했다.

"초코 파르페, 맛있어."

아즈사와 쇼타로가 더욱 기뻐한다.

사나에가,

"자, 그렇게들 합시다" 하며 손뼉을 짝 쳤다.

일단은 모두 관리동으로 들어가고 아쓰미가 아이들과 카페에 자리를 잡았다. 다카아키와 사나에와 카를로스는 관리동 직원에게 청소 도구를 빌려 묘지에 가기 위해 관리동을 나갔다.

오봉 휴가철인지라 관리동에나 공원묘지에나 사람들이 많이 와 있다. 태반이 가족 동반이다. 카페도 절반 이상 자리가 차서 사람들 담소하는 소리가 통층 천장과 넓은 창유리에 반사되고 있다.

그 와중에도 고토코의 며느리는 평소처럼 눈치가 빨라 묘지를 내다볼 수 있는 창가 소파석을 확보해 주었다. 다카아키와 사나에와 카를로스가 자갈 깐 보도를 지나 고토코 남편의 묘가 있는 쪽으로 걸어가는 모습이 보인다. 아이들이 손을 흔들자 제일 먼저 카를로스가 알아차리고 손을 크게 흔들어 주었다.

"할머니, 뭐가 좋아?"

"할머니는 시원한 홍차면 돼. 아즈 짱은 마음에 드는 걸로 주문하렴."

"그럼, 바나나 파르페! 마마는 후르츠 파르페로 할래?"

메뉴판에 얼굴을 바짝 대고 열심히 살피는 손주들 앞에서 아쓰미가 고토코에게 고개를 숙였다.

"저까지 덩달아 여기서 쉬어서 죄송해요."

"무슨 소리니."

고토코는 정말 개의치 않는다. 딸 사나에 부부는 비행기를 타야 하는 곳—더구나 바다를 건너야 하는 곳에 살아서 오봉 성묘도 제대로 챙길 수 없다.

그래서 고토코는 일상의 소소한 일을 며느리에게 의지하고 있다. 가끔은 딸을 부린다고 해서 벌 받는 거 아니냐. 사나에도 고토코와 같은 생각이기 때문에 제 입으로 그렇게 말했을 것이다.

아니, 어쩌면 다른 이유가 있었던 걸까.

"어머니, 실은 나중에 말씀드릴까 했던 건데……."

아쓰미가 작은 소리로 이야기를 꺼냈다.

주문을 마친 아이들은 다시 카페 창유리에 달라붙어 이쪽에 등을 보이고 있다. 이 공원묘지는 완만한 구릉의 비탈에 자리하여 꼭대기에 위치한 관리동에서 보는 전망이 좋다. 파란 하늘과 흰 구름, 푸른 언덕, 그 밑자락에 자리 잡은 주거지. 신칸센 고가와 고속도로도 보인다. 꼭 디오라마를 보는 것 같다.

다카아키가 처를 묘지 청소 작업에서 깨끗이 제외시킬 때 고토코도 직감한 게 있다.

"셋째 아이?"

그렇게 묻자 아쓰미가 기쁜 얼굴로 고개를 끄덕였다.

"10주차예요."

"오, 잘 됐구나. 축하한다."

다카아키와 아쓰미는 사내 연애로 결혼했다. 아쓰미는 잔업 없는 부서로 옮기고 산휴와 육아휴가를 쓰며 가정을 알뜰하게 꾸리고 있다.

고토코의 죽은 남편은 기업 전사의 표본 같은 사람이어서 휴일에도 집에 있던 적이 거의 없다. 집안일을 도운 적도 없다. 고토코는 전업주부였고 육아도 거의 혼자 맡았다. 시절이 시절이라 그게 당연하다고 생각해 왔으므로 며느리의 만능 슈퍼우먼 같은 모습에는 절로 고개가 숙여졌다.

"또 바빠지겠구나. 입덧은 어떠니?"

"저는 운이 좋은 것 같아요. 이번에도 거의 없어요."

아즈사 때도 쇼타로 때도 아쓰미는 입덧이나 컨디션 난조로 고생하지 않았다. 출산휴가 직전까지 출근했고 출산도 금방 끝난

순산이었다. 분명히 운이 따르는 엄마다. 하지만 세 번째도 그럴 거라고는 장담할 수 없다.

"몸 잘 챙겨라."

"네, 고맙습니다."

때깔 고운 파르페가 나오자 아이들이 환성을 올렸다.

"어서들 들어. 나는 아무래도 세수 좀 하고 와야겠다."

아쓰미에게 세면소 표시를 가리키며 고토코가 의자에서 일어섰다. 셋째 손주 소식을 죽은 남편이 얼마나 기뻐할까 생각하니 가슴이 멘다. 그 감정을 며느리에게 드러내서 신경 쓰게 만들고 싶지 않았다.

세면소는 관리동 안쪽에 있었다. 그리로 가는 통로는 한쪽이 다 유리로 마감되어 있어 카페 창가와 마찬가지로 묘지를 내다볼 수 있다.

동쪽 B구획 7번열 25번. 죽은 남편의 묘를 청소하는 다카아키 일행의 모습이 티스푼만 한 크기로 보였다.

손잡이 달린 물통에 스펀지를 적셔가며 카를로스가 가쓰노리의 묘석을 닦고 있다. 다카아키는 주변 잡초를 뽑고 사나에는 지나치게 큰 꽃다발을 일단 푼 다음 다시 묶고 있다.

가족 풍경이구나— 하고 고토코는 생각했다. 이 세상에 무엇보다 소중한 내 가족.

여보, 또 이렇게 당신 만나러 모두 왔어요. 고토코는 마음속으로 죽은 남편에게 말했다.

세면소에 들어가 차가운 물을 얼굴에 끼얹으니 개운했다. 파우더 룸으로 옮겨 스툴에 앉아 화장 파우치를 꺼내는데 누군가 다가오는 발소리가 들렸다.

"어머나, 유우키 씨."

옆에 멈춰 서서 고토코에게 알은 체하는 여성은 청회색 비단 기모노에 흰 바탕에 은사로 수를 놓은 하카타오비를 두르고 머리도 정성스럽게 세팅한 모습이다.

차분한 색채로 통일했다고 하지만 공원묘지에 오는 사람치고는 조금 지나치게 꾸몄다고 고토코는 생각했다.

"오랜만이네요, 모리구치 씨."

모리구치 부인은 고토코가 남편과 함께 이전 집에 살던 시절, 이웃으로 교류하던 사람이다. 동년배인데다 생활수준도 대체로 비슷해서 이렇다 할 갈등 없이 무난하게 어울리기에 알맞은 상대였다. 함께 마을회 임원을 맡은 적도 있다.

"안녕하셨어요. 성묘 오셨군요."

부인의 기모노에서 훈향 냄새가 난다.

"네. 날이 무척 덥네요."

우연이지만 고토코가 입은 원피스도 푸른빛이 도는 연회색이다. 컬러가 비슷한 만큼 기모노에 밀린다는 사실이 역력히 드러나서 고토코는 기분이 상했다.

"그간 통 연락을 못 드렸네요."

"저야말로."

“성묘는, 남편분—이군요.”

모리구치 부인은 삼가는 듯 천천히 입술을 움직이며 물었다. 굳이 물을 것까지 있나. 달리 누구 묘를 찾겠는가.

“네. 아이들과 손주들도 같이 왔습니다.”

“그럼, 그 외국인 사위분도? 변함없이 단란하시니, 좋군요.”

모리구치 부인은 립스틱을 짙게 발라 입술에 솔 자국이 남아 있었다.

“저희도 가족이 다 왔어요.”

모리구치 부인은 고토코 뒤로 돌아 들어가 안쪽 스툴에 앉았다.

“다행히 남편도 깨끗하게 회복해서 지팡이 없이 걷고 있답니다.”

모리구치 부인은 기모노용 백에서 얇은 콤팩트를 꺼내 화장을 고치기 시작했다. 빈말로라도 윤곽이 뚜렷한 얼굴이라고는 할 수 없고, 솔직히 말하면 주먹코를 하고 있다. 하지만 지금은 그 콧대가 드높이 솟아 있는 것처럼 느껴졌다.

모리구치 부인이 끈적끈적한 투로 말했다.

“그게 다 ‘요람’ 덕분이에요.”

고토코는 말없이 미소로 응하고 화장 파우치를 핸드백에 넣었다.

“먼저 실례하겠습니다.”

“네, 그럼.”

모리구치 부인의 넙데데한 얼굴에 웃음이 번지고 작은 눈이 옴찔옴찔 깜빡거린다. 큰 입을 벌려 고토코를 비웃지 못하는 대신 눈꺼풀로 웃는 것처럼 보였다.

땀을 흡수해 축축해진 내의의 감촉보다 그 웃는 얼굴이 더 불쾌해서 고토코는 핸드백 손잡이를 꽉 쥐었다.

지금으로부터 30년 전, 일군의 과학자들은 오랜 심해조사 끝에 아메바 형태의 신생물에서 인체를 이루는 모든 조직의 세포로 분화할 수 있는 이른바 '만능세포'를 발견했다. 이로써 재생의학 분야에 커다란 돌파구가 생겨나 장기나 상피조직, 신경세포, 조혈세포 등을 배양하는 기술이 비약적으로 향상되었다.

몇 단계 동물실험을 거쳐 곧 인체 임상실험이 시작되고 그 놀라운 성공률과 높은 치료율에 전 세계 의학계가 환희로 들끓었다. 당시 텔레비전이나 신문이 얼마나 야단법석이었는지를 고토코도 잘 기억하고 있다.

'요람'은 이 만능세포를 이용한 국영 재생이식의료 전문기관의 통칭이다. 죽음이 임박한 환자를 마치 갓난아기 같은 새로운 몸으로 다시 태어나게 해준다고 해서 누가 먼저랄 것도 없이 그렇게 부르게 되었다. 일본에는 다섯 군데가 있고 현재 여섯 번째와 일곱 번째 시설이 속속 건설되고 있다. 치료받기를 희망하는 사람들이 줄을 서 있기 때문이다.

인간 체세포의 세포핵을 받아들여 원하는 장기나 조직을 만들어주는 이 만능세포는 '미러클 시드'라 불린다. 기적의 씨앗. 그 본체인 아메바 형상의 생물은 대체로 일반 시민의 연민이나 감정이입을 불러일으킬 만한 대상이 못 된다.

그래서 더욱 다행이었다. 소나 돼지, 개, 고양이 같은 동물과는 다르다. 보통 사람들이 친근하게 여기는 동물의 형상을 하고 있지 않다. 응고되다 만 듯 부들부들한 젤리 같은 것을 산 채로 해체하여 세포를 얻는 데 죄책감을 느낄 필요가 없었으니까.

인간 체세포 클론을 만드는 것은 오랫동안 국제조약으로 엄격하게 금지되어 왔다. 가령 실험을 위해 난자를 제공하거나 구하는 것도 윤리적으로나 도의적으로 허용되지 않았다. 그러나 미러클 시드는 인간이 아니고 인간에 가까운 생물도 아니다. 그것이 인간 체세포의 대역이 되어 주고, 더구나 거의 모든 인체 부위를 만들 수 있다고 하니 실로 기적이고 전 인류에게 복음이었다.

미러클 시드 덕분에 주요 선진국 시민의 평균수명은 쉽게 백세를 넘겼다. 사고나 재해로 장애를 가진 사람, 치매를 앓는 사람도 높은 확률로 건강한 신체를 되찾을 수 있게 되었다.

게다가 일본에서는 자국민이 이 최첨단 치료 기술의 은혜를 누릴 뿐 아니라 의료기술이 상대적으로 뒤처진 국가의 부유층을 환자로 끌어들임으로써 의료산업은 일대 성장산업이 되었다. 뛰어난 인재와 자금이 모이고 그 결과 연구가 더욱 발전하는 선순환을 통해 '요람'은 제 역할을 충실히 해내며 윤택해졌다.

기적의 30년.

그러나 이 상황을 모두가 쌍수 들어 환영한 것은 아니었다.

발견 당초부터 일부 해양생물학자 사이에 강한 반대론이 있었다. 미러클 시드는 특정 배지에서 배양하면—즉 성장시키면 꼬리가 달린 몸길이 1센티미터 정도의 개구리 같은 형태가 되기 때문이다. 그것들은 무리지어 양분을 섭취하기도 하고 외부의 적에 맞설 때는 의사소통을 하며 행동하기도 한다. 더군다나 그 수준까지 성장한 미러클 시드 무리 속에서는 번식도 이루어졌다.

미러클 시드는 인간에게 마냥 편리하기만 한 세포덩어리가 아니었던 것이다. 심해라는 가혹한 환경에 놓였기 때문에 아메바 형상으로 존재했을 뿐, 생물로서 성장 가능성이 충분할뿐더러 높은 지능을 가진 존재인지도 모른다.

그런 사실에 눈감은 채 생물학 연구 대상으로 삼는 것을 선불리 중단하고 의료 '재료'로만 취급하는 것이 과연 옳은가. 도덕적으로 옳지 못한 게 아닌가.

미러클 시드가 만능세포로서 안전한가, 라는 점도 장기적으로 보면 아직 확실하지 않다. 10년 정도가 아니라 100년쯤 지나기 전에는 심각한 부작용이나 생각지 못한 결함이 있는지 여부를 확인하기가 어려우니까. 그런데도 성급하게 전문 의료기관을 설치하고 임상환자를 수용하는 데까지 추진해버리는 것은 경거망동 아닌가.

또 하나, 가장 심각한 윤리적 문제가 여기에 더해진다. 미러클 시드를 이용한 인체 부위의 재생 연구가 이대로 진행된다면 조만간 인류는 한 명의 완전한 인조인간을 제조하는 기술을 얻는 단계에 도달하리라.

이는 그림의 떡이 아니다. 실제로 미러클 시드를 발견하고 불과 13년 뒤 아시아의 어느 나라에서는 실험 배양에 성공했다는 (비공식) 발표가 있었다. 북미나 아프리카 대륙의 모처에는 전문 시설이 가동되고 있다는 소문도 들렸다. '가동'. 무슨 공장 같지 않은가.

미러클 시드 인간의 탄생. 아니, 제조다. 그것은 용서받을 수 있는 행동일까.

유우키 가쓰노리도 이 반대파—라고 할 만큼 강경하지는 않았으니 신중파라는 말이 어울릴까. 여하튼 일을 너무 서두르면 안 된다는 의견을 가지고 있었다.

30년 전에는 한창 일할 나이였던 가쓰노리와 고토코 부부는 다행히 건강을 타고났다. 양가 부모도 첫 '요람'이 건설되기 전에 천수를 마쳤다.

미러클 시드가 내려주는 기적적인 은혜의 장단점에 대해 두 사람이 처음으로 자기 몸을 통해 생각할 기회를 가지게 된 것은 9년 전 일이다.

그해 일본에 두 번째 '요람'이 설립되었다.

정기검진에서 가쓰노리 몸 깊은 곳에 둥지를 튼 난치병을 발견했다. 아슬아슬하기는 하지만 조기 발견이었다.

그 무렵 자원봉사 활동을 위해 남미에 가 있던 사나에가 전력

회사 기사로 일하는 카를로스를 만나 교제하게 되었다.

가쓰노리는 병을 극복하기 위해 일반적인 수술과 화학요법을 택했다. 이 시점에서 '요람'에 대한 그의 견해는,

—아직 전혀 믿을 수 없다.

라는 단계여서 부부는 별 이견 없이 그 방법을 선택할 수 있었다.

그러나 6년 후 일단 나았던 가쓰노리의 병이 재발했다. 이번에는 심각해서 병세와 진행 속도로 볼 때 일반적인 치료는 효과가 없어 보였다.

보통사람이라면 망설이지 않고 '요람'에 의지하리라. 아니면 호스피스를 찾던가. 부부는 비정한 양자택일에 직면하고 말았다.

오랫동안 외국 생활을 하다가 해당 지역의 자연과 문화에 완전히 매혹되어 일본어학교 교사라는 직업을 얻고 카를로스와 국제결혼까지 하게 된 사나에는 이미 남편의 모국 국적을 취득한 상태였다.

가쓰노리와 고토코 두 사람뿐이었다면 둘의 상의로 충분했을 텐데.

지난 6년간 가쓰노리는 미러클 시드라는 생물의 가능성을 무시하고 인류를 위한 희생물로 삼는 것은 잘못이라는 신념을 견지했다. 고토코로서는 사상이나 신념보다 남편이 살아주었으면 하는 바람이 있었다.

이 경우에는 부부의 견해가 다르더라도 상관없지 않으려나. 어

느 한쪽이 더 강하게 주장했을 때 그쪽 의견을 따르면 되니까.

그러나 사나에와 카를로스의 국제결혼이 문제를 복잡하고 감정적인 것으로 만들었다.

미러클 시드 의료에 반대하는 세력은 일본에서야 소수파지만 세계적으로 보면 쉽게 경시할 수 없는 규모가 된다. 종교적 믿음 아래 조물주가 당신 모습대로 창조한 인간을 인간이 만들어서는 안 된다는 금기를 지키려는 국가들이 있었기 때문이다. 이에 따라 몇몇 국가 간에 단교나 경제교류 단절이 일어났고 여태껏 해소되지 않고 있다.

이 문제는 그만큼 뿌리가 깊다. 아울러 개개인에게도 많은 영향을 미치는 민감한 사안이기도 했다.

사나에의 경우가 바로 그랬다.

카를로스의 모국은 군부가 집권한 일당독재국가이다. 국가 원수도 국민도 창조주를 믿는 일신교의 경건한 신자이며, 그들 눈에 미러클 시드는 악마의 사도나 다름없었다.

이미 카를로스와 결혼하여 해당 국가의 시민이 된 사나에는 아버지가 미러클 시드로 병을 치료하면 즉시 체포 투옥될 상황이었다. 물론 카를로스 역시 동일한 죄목으로 부부 모두 총살형에 처해질 가능성이 있었다.

평정을 잃은 사나에는 카를로스와 이혼하고 귀국하겠노라 고집을 부렸다. 결혼 전에 아버지 병세를 더 자세히 알렸어야 했다, 내가 경솔했다, 미안하다. 카를로스는 울면서 사죄하는 사나에를 위로하고 사랑하는 사나에의 결단을 받아들이겠다고 말해주었다.

두 사람의 비장한 결단을 거부한 것은 가쓰노리였다.

—나는 카를로스처럼 신앙이 깊은 사람은 아니다. 그의 모국이 특정 종교로 국민을 속박하는 것은 옳지 않다고 생각한다. 하지만 나의 결심은 그것과는 전혀 다른 이유에서 비롯되었다.

'요람'에는 들어가지 않겠다. 이것이 천수라면 받아들이겠다. 미러클 시드에 의지하는 것은 옳지 않다. 이런 나의 확신에 충실하겠다.

냉정하게 그리고 평온하고 부드럽게 가쓰노리는 말했다.

—사나에나 카를로스나 하늘을 우러러 한 점 부끄러울 게 없는 아이들이다. 가슴 펴고 당당하게 살아라. 부디 행복해라.

그로부터 반년 남짓 뒤 가쓰노리는 하늘의 부름을 받았다.

가족 내 갈등과 논쟁이 없었던 것은 아니다. 그 과정에서 다카아키가 감정적이 되거나 사나에가 눈물이 마르도록 울기도 했다. 그래도 최종적으로는 모두가 가쓰노리의 결단을 받아들이고 따랐다.

가장 많이 망설이고 머뭇거린 사람은 고토코였다. 가쓰노리의 쇠고집을 누구보다 잘 안다. 남편이 마음을 굳힌 이상 더는 아무리 설득해도 소용없다. 하지만 만약 사나에가 카를로스와 맺어지지 않았다면? 카를로스만 없다면 당신도 사상 신념 따위는 젖혀두고 오래 살고 싶겠지?

딱 한 번, 병상에 누운 가쓰노리의 손을 꼭 쥐고 평정심을 잃은 채 그렇게 설득한 적도 있다. 그때도 남편의 대답은 분명했다.

"죄책감에 짓눌려 사느니 죽는 게 나아."

그래서 고토코도 결단했던 것이다.

묘석 청소가 끝났다며 사나에가 부르러 왔다. 고토코는 며느리를 챙겨주고 싶고 며느리도 시어머니를 챙겨주고 싶어, 두 사람은 한 양산 아래 바짝 붙어 힘이 넘치는 아즈사와 쇼타로를 데리고 묘지로 향했다.

관리동 출입구에서 모리구치 집안 사람들과 마주쳤다. 모리구치 부부와 아들 내외에 꼬마들이 셋이었다. 모리구치 씨는 고토코의 기억에 있는 모습보다 한결 수척하고 작아 보였다. 그래도 과연 지팡이 없이 정정하게 걷고 있다.

고토코가 가쓰노리를 여의었을 때 '요람'이 있는 세상인데 그런 병으로 죽는 사람은 바보다, 라고 뒤에서 비웃던 부부다. 동네의 소문 네트워크는 치밀하고 빠르다. 고토코가 슬픔에 짓눌려 있었기에 망정이지, 그렇지 않았다면 모리구치 집안을 가만두지 않았을 것이다.

가쓰노리의 1주기가 지나자 고토코는 다카아키와 상의하여 집을 팔고 아들 내외가 사는 곳 근처에 아담한 아파트를 마련해서 이사했다. 이사를 앞두고 작별인사를 다닐 때 모리구치 씨가 가쓰노리와 같은 병으로 입원했다는 것을 알았다.

—우리 남편은 죽지 않아요. 죽게 내버려두지 않을 겁니다. 머리가 굳어버린 과학자들의 헛소리를 믿고 하나밖에 없는 목숨을 버릴 만큼 어리석지 않으니까.

모리구치 부인이 주위에 그렇게 말하고 다닌다고 슬쩍 일러준 사람도 있었다.

그때를 마지막으로 다시는 만나지 않겠다고 생각했는데.

모리구치 집안이 이 공원묘지와 인연이 있다는 것은 알지 못했다. 참 재수 없는 인연도 다 있지.

아니면, 이게 시련인 걸까. 운명을 관장하는 것이 신령님인지 하늘인지 모르지만, 그게 누구든 지금 나를 시험하는 걸까—.

고토코는 몸속에서 뭔가가 꿈틀거리는 듯한 기분을 느꼈다. 마치 뱀처럼 차갑고 강인한 무언가가.

"어머니, 덥지 않으세요?"

카를로스가 두텁고 커다란 손바닥을 부채처럼 저어 고토코의 얼굴에 바람을 보내주었다.

그 너그러운 표정. 맑은 눈동자. 사랑하는 딸이 사랑하는 이 외국 남자는 가쓰노리와 고토코의 결단이 올발랐기 때문에 지금 여기 있는 것이다.

지켜주세요, 여보.

여름 하늘 아래 고토코는 걷는다. 마음을 함께하는 가족과 함께, 내심 기도하면서.

내 마음은 지금 이 기도에 사로잡혀 있다. 언제나 되어야 진정으로 해방될까.

그것은 인류에게 복음이던 미러클 시드가 역시 지옥의 사도에 불과했다는 사실을 알게 될 때다. 인류가 다시 병고의 족쇄에 묶일 때다.

그래도 좋다. 그래도, 고토코는 기도하지 않을 수 없다.

외국서 찾아온 사위가 장인의 묘석을 닦네 ◎에리카

구름에 달 가리운
방금 전까지 인간이었다

구름에 달 가리운 방금 전까지 인간이었다

혹시 언니에게 애인이 생긴 거 아냐? 하는 생각을 막연히 하고 있었다. 패션잡지를 사 오질 않나 화장품을 바꾸질 않나 면도기 들고 정성스레 제모하질 않나.

그래도 처음 그 말을 들었을 때는, 오오, 드디어 우리 소심이 언니에게도 봄이 오려나— 하며 고개를 끄덕였다. 이건 언니를 무시해서가 아니다. 분명히 말하지만 나는 언니를 소중하게 생각한다.

우리는 다섯 살이나 차이 나는 자매인데다 일찌감치 각방을 쓰고 생활 패턴도 달라서 평소 그리 끈끈한 사이는 아니다. 그래서 심하게 싸운 적이 없다.

언니가 고등학교 입시와 대학 입시로 신경이 예민해져 있을 때 나는 질풍노도의 시기여서 늘 엄마와 다투거나 아빠에게 꾸중을 들어, 언니가 "너무 시끄러워 공부를 못 하겠어!"라며 울어버린 일이 있었지만 그 뒤로는 대체로 평화로운 자매 관계였다. 나는 성미가 급하고 말이 많은 데 반해 언니는 너그럽고 편안한 유형이라 서로 잘 맞았는지도 모른다.

지금은 내가 중3 수험생, 언니는 스무 살 대학생. 5년 차이가 성인과 청소년이라는 신분으로 구분되어 언니가 더욱 편안하게 나를 지켜봐 준다는 느낌이다. 공부하다 모르는 게 있으면 어찌나 잘 가르쳐주는지. 수학의 증명이나 국어의 지문 해석에서 문제를 충분히 읽지도 않고 금방 답을 작성하기 때문에 틀리는 거야, 라며,

"미노리는 왜 이렇게 성미가 급할까."

빙글빙글 웃는 한편으로 곤혹스러워한다.

언니는 장기출장이 잦아 전 세계를 돌아다니는 아빠와 성실한 커리어우먼이어서 유급휴가는커녕 대체휴가까지 잔뜩 쌓여 있는 워커홀릭 엄마를 대신하여 거의 나의 보호자 역할을 해주었다. 학기 초의 학부모 면담도 솔직히 언니가 와주어서 상담이 한결 편했고, 그것은 나중에 엄마도 인정했다.

"노리카가 미노리를 나보다 더 잘 아는구나. 엄마만 갔으면 어떡할 뻔했니."

"반차 내시게 해서 죄송해요."

"그렇게 사과하지 마. 내가 더욱 자격 미달 엄마가 되는 것 같잖니."

엄마는 풀이 죽어 그날 저녁 고급 이탈리안 식당에서 한턱 냈다. 처음에는 합창서클 연습이 있어서 참석할 수 없다고 했던 언니는 조금 늦긴 해도 결국 참석했다. 우리는 셋이서 호화롭고 행복한 디너 시간을 가졌다.

식당 분위기나 요리나 정말 최고였다!

"아빠 염장 좀 질러야겠다."

엄마가 테이블에 앉아 있는 우리를 촬영하기에 나도 장단을 맞춰 브이 사인을 했다. 그러자 뜻밖에 언니도 백에서 스마트폰을 꺼내는 바람에 깜짝 놀랐다.

"웬일이야?"

"응. 인스타그램에 올리려고."

엄마나 나나 외계인이라도 쳐다보는 듯한 눈이 되었을 것이다. 왜냐하면 언니는 "프라이버시 보호에 무심한 사람처럼 보일까 두려워"하며 SNS를 전혀 하지 않았고 일기도 종이 일기장만 쓰는 사람이기 때문이다. 합창서클의 트위터 계정도 구경만 할 뿐 직접 업로드하는 일은 없었다.

"누구 보여주려고?"

와인으로 기분이 흐뭇해진 엄마가 쑥 치고 들어왔다.

"혹시 남자 생겼니?"

언니 얼굴이 새빨개졌다. 분명 와인 탓이 아니다.

"어쩐지" 하고 내가 말했다. 그러자 이번에는 언니가 깜짝 놀랐다.

"미노리는 알고 있었어?"

"왠지 그런 거 아닐까 했어. 다만 애인이 생긴 건지 썸 타는 사람이 있는 건지는 알 수 없었지만."

두 가지는 엄청 다른 거니까.

"막 사귀기 시작한 참이야. 이제 겨우 한 달쯤."

그렇다면 봄 방학 때부터인가.

"한창 설렐 때네. 누가 먼저 고백했어?"

엄마는 뭘 모른다. 언니가 먼저 고백할 리 없잖아.

"그 사람, 내 친구 애인의 친구야. 초봄에 스키장 갔을 때 소개받고……."

"어떤 남잔데?"

둘이 바짝 붙어 웃고 있는 사진을 보여주었다. 지난 주말 영화 보러 갔을 때 로비에서 찍은 거라고 한다.

"토요일이라고? 그래서 언니가 열심히 머리를 말았던 거구나."

"미노리는 그런 것까지 보고 있었니?"

창피하게—하며 언니가 몸을 움츠린다.

"훈남이네." 엄마가 짐짓 입맛 다시는 시늉을 했다. 그런 고약한 반응은 곤란해, 엄마라는 사람이.

"후지모토 다쓰야라고 해. 친구와 같은 대학에 다니는 3학년인데, 합격하기가 제일 어렵다는 정보공학과야."

안경 쓴 남자였다. 말끔한 인상의 얼굴. 키는 크지만 흔히 말하는 멸치남이다. 하지만 북부 출신이어서 스키는 엄청 잘 탄다고.

스키 초보자인 언니를 졸졸 따라다니며 가르쳐주었다고 한다.

"흐음. 이 다쓰야 군이 숫기 없는 우리 딸을 변신시키고 있단 말이지."

"나, 그렇게 변했어?"

언니가 살짝 불안해해서 내가 얼른 고개를 저었다.

"확 바뀌어서 이상하다거나 하는 게 아냐. 밝아졌다는 의미야."

"그래? 그런가……."

언니가 웃는 얼굴이 반갑다. 엄마는 테이블에 팔꿈치를 괴고 빙글빙글 웃었다.

"알콩달콩 마음껏 즐기세요. 우리 가족에게는 마음 내킬 때 소개해 주면 되니까. 단둘이 멀리 여행할 때는 미리 말하고."

언니는 고개를 끄덕였다. "네. 다쓰야 씨는 내가 남자와 일대일로 만나는 게 처음이라고 해도 웃거나 하지 않았어. 너무 상냥하고……."

"젊은 신사네."

인스타그램을 하게 된 것도 그의 권유였다고 한다.

—노리카가 가족이나 친구와 즐겁게 지내는 모습을 보면 기쁠 테니까.

"유후우!"

엄마, 상당히 취했네.

"우리 사진도 찍어서 올릴래? 간접적인 가족 소개가 되겠지."

"괜찮겠어요?"

물론 싫을 리가 없다. 언니를 가운데 두고 식당 점원에게 부탁해서 모녀 세 사람이 가장 멋지게 웃는 얼굴로 찍었다.

“아빠한테는 당분간 비밀로 해둘게. 충격으로 쓰러지면 회사에 민폐잖니.”

나는 어릴 때부터 왈가닥에 말주변이 좋아 친구도 많지만 싸움도 잦았고, 남친도 쉽게 만들었다가 금세 차버리고, 그때마다 한바탕 소동을 일으키는 시끄러운 동생이었다. 반면에 언니는 내성적이고 얌전하고 소심해서, 스펙이 꽤 좋은 미인인데도 왠지 남자가 다가오지 않아 지금까지 내내 외톨이였다. 아빠가 애지중지하는 공주님인데, 갑자기 이 소식을 들으면 불쌍한 아빠는 하룻밤 새 백발이 되어버릴 거다.

그 후 엄마나 나는 노리카의 행복은 나의 행복, 이라며 우호적으로 지켜보기로 했다. 언니와 다쓰야 씨의 관계는 순조롭게 발전 중인지, 황금연휴 즈음에는 당일치기 여행을 다녀오더니 여름방학이 시작되는 8월이 되자 처음으로 아침에 귀가하는 사건이 일어났다. 남친은 많았어도 진지한 이성교제는 해본 적이 없는 내가 이런 말을 하는 것도 이상하지만, 언니의 순정 정도에 비추어 이것은 거의 신칸센 속도라고 본다.

다쓰야 씨는 상냥하지만 강압적인 면도 있는 게 아닐까, 하며 살짝 걱정도 했지만 하루가 다르게 예뻐지고 살짝 요염한 인상도 풍기는 언니를 보며 걱정은 접어두기로 했다. 지나가던 사람이 자기도 모르게 뒤돌아볼 정도로 언니는 반짝반짝 빛나는 미녀가 되었다.

"이상한 남자가 따라오지 않을까 무서워졌어."

"만약 그런 일이 생겨도 다쓰야 씨가 물리쳐주겠지."

언니는 매주 몇 번씩 도시락을 싸서 등교했다. 대개 두 사람분인데, 다쓰야 씨와 함께 먹는 모양이다. 종종 "반찬을 많이 만들어서"라며 내 도시락에도 넣어준다. 과연 영양관리사를 목표로 영양학을 공부하는 사람이 조리한 만큼 균형이 잘 잡혀 보기도 좋고 맛도 좋았다.

마침 그 즈음부터 언니가 종종 나의 패션아이템을 빌려달라고 말하기 시작했다. 우리는 체격이 비슷해서 사이즈에는 문제가 없지만 취향이 서로 달라 지금까지 그런 일이 없었는데, 이것도 남자 때문에 생긴 변화인 걸까.

"취향이 변했어?"

내가 좋아하는 캐주얼 계열에도 도전해볼 마음이 생겼나?

"그래. 모험해보고 싶어졌어."

그런데 실제로 내 옷이나 액세서리를 언니가 착용하고 보니 '노리카 스타일'이 되는 것이었다. 공주님 노선은 그대로인데 발랄한 맛이 살짝 가미되었다는 인상이다.

"미노리도 내 옷이나 액세서리 중에 마음에 드는 게 있으면 써봐."

하지만 언니의 패션아이템은 내 몸에서 제대로 살아남지 못했다. 흐음, 감각의 차이일까, 기운 빠지네.

올여름 나는 수험생 처지임에도 학원에서 알게 된 남학생과 친해지고 그게 곧 삼각관계로 변해 싸우고 결국 관계는 파탄, 주위 사람들까지 휘말려드는 등 (심각한 수준은 아니지만) 민폐를 끼쳐서 요컨대 내 한 몸 처신하는 데도 여념이 없었다.

아빠는 몇 년 공들인 프로젝트가 거의 완성 단계에 들어가 평소보다 더 바빴고 엄마도 변함없이 일벌레여서 부부 모두 자기 일로 경황이 없었다.

그래서 아무도 눈치채지 못했다. 찬란한 미녀로 변신해 행복이 넘쳐야 할 언니가 종종—정말 미세한 변화이긴 했지만, 얼굴이 어두워지곤 한다는 사실을.

나와 엄마가, 이제 언니는 젊은 젠틀맨 다쓰야 씨에게 맡겨두었으니까, 하며 언니에 대해 방심하고 있었던 점도 있다. 언니가 수척해지기 시작할 때도 본래는 조금 살이 있었으니 연애를 해서 예뻐지는구나, 라고만 생각해 엄마가,

"노리카, 혹시 다이어트라도 하니? 그럼 이제 중단해야 할 것 같구나. 더 빼면 아픈 사람처럼 보이겠어."

그렇게 충고하는 것으로 끝내버렸다.

나중에 곰곰이 생각하니 우리가 눈치 챌 기회는 여러 번 있었다. 가령 대학에 입학하고 바로 시작한 카페 아르바이트를 그만두고 서점 아르바이트로 바꾸었는데 그 일도 금방 그만두었고, 그것 때문에 서점 사람과 전화 통화를 하면서 언니가 연방 사과했던 것이다. 성실하고 꼼꼼한 언니는 카페에서 아르바이트할 때

는 점장의 인정을 받아 시급도 좋았다. 친구도 일하던 카페였는데,

"대학에서 다니기가 불편해서."

라는 새삼스러운 이유를 댔었다. 그 뒤 서점에서는 정말로 1주일 정도밖에 일하지 않았고, 그래서 정중하게 사과하는 걸 거라고 생각했다.

"무슨 일이야?"

"아무것도 아냐. 다만 나는 손님을 상대하는 아르바이트가 별로 맞지 않는 것 같아서."

그 후 한동안 언니는 아르바이트를 하지 않았다. 여름방학이 끝날 즈음 친구의 친구 부탁으로 그 집 동생(중학교 입시를 앞둔 초등학생)의 가정교사로 일하게 됐고 잘 가르치고 있는 것처럼 보여서,

"언니는 가르치는 능력이 있다니까."

하며 넘겨버린 나는 정말이지 바보였다.

여름방학이 끝나고 2학기가 시작되자 마침내 나도 '수험생'이란 처지를 뼈저리게 느껴야 했다. 말썽이 있던 학원을 다른 학원으로 바꾸면서 먼저 학력 테스트를 거쳐야 해서 9월 중순 일요일은 오전부터 학원 교실에 틀어박히게 되었다.

테스트가 끝난 것은 오후. 나로서는 꽤 잘 봤다고 생각했고 집으로 돌아가기 전에 맥도날드에서 런치나 사먹을까 싶었는데 언

니에게서 문자가 왔다.

'시험 끝났어? 근처에 있으니까 차나 마시고 집에 함께 가자.'

그곳은 언니가 다니는 여대 바로 옆이었다. 언니도 합창서클 연습이 있다며 이른 아침에 집을 나섰었다. 1학년 때도 그랬지만, 합창서클은 10월 대학 축제 때 콘서트를 해서 이 시기부터 연습 스케줄이 꽉 차게 된다.

교차로에 있는 커다란 서점 앞에서 만나기로 하고 이어폰으로 좋아하는 음악을 들으며 기다리는데 횡단보도 건너편을 걸어오는 언니가 보였다. 혼자가 아니었다. 안경 쓰고 키가 훤칠한 남자가 나란히 걷고 있었다.

다쓰야 씨다! 나는 가슴이 철렁했다. 이런 꼴로 첫인사를? 엄마보다 먼저 내가 인사를? 이게 맞는 순서인가 하고 안절부절못하며 스마트폰을 집어넣고 머리를 매만지고 옷매무시를 단정하게 하는 나.

언니와 다쓰야 씨는 손을 잡고 있었다. 다쓰야 씨가 뭐라고 말하자 언니는 응, 응, 하며 듣는 모습이다. 아직은 살짝 어색한 인상을 풍기는 것이 귀엽네— 하고 생각하는데 언니와 눈길이 마주쳤다.

"여기!"

나는 손을 흔들고 다가오는 다쓰야 씨에게 꾸뻑 고개를 숙였다.

"안녕하세요. 처음 뵙습니다."

다쓰야 씨는 남자치고는 목소리가 가는 느낌이다. 체구와 어울리니까 이상하지는 않다. 스트라이프 셔츠에 청바지, 가죽 스니커. 검은 테 안경은 클래식한 디자인, 보스턴 타입이라고 하던가?

"많이 기다렸니?" 하고 언니가 방긋 웃었다. "다쓰야 씨, 동생 미노리예요."

"언니가 신세 많이 지고 있죠."

다쓰야 씨는 아이돌처럼 상큼한 미소를 지었다. "천만에, 내가 늘 노리카에게 신세만 지고 있어요."

오오, 언니를 그냥 이름으로만 불렀다. 왠지 마음이 설레는데 언니가 이상한 말을 했다.

"봤죠? 정말 동생이잖아요."

다쓰야 씨에게 살짝 건네는 작은 목소리. 그 말에 다쓰야 씨가 전혀 반응이 없어, 혹시 못 들은 걸까, 하고 나는 생각했다.

언니는 잠깐 눈을 깜빡이고 나를 쳐다보았다. "시험은 어땠니?"

"꽤 잘 본 것 같아."

그럼 축하해야겠군요, 하고 다쓰야 씨가 말했다.

"어디서 차를 마실까. 미노리 씨는 좋아하는 가게 있어?"

"이쪽 학원으로 막 옮긴 참이라 아직 잘 몰라요."

"그럼, 우리가 늘 만나는 카페에 가도 좋을까?"

"네!"

그곳은 분위기가 차분한 카페로, 간접조명에 스테인드글라스가 예뻤다. 내부에 클래식음악이 흐르고 있다.

"멋진 카페네요."

박스석에 앉으며 내가 말하자 다쓰야 씨는 안경테를 잡으며,

"노리카는 합창서클 회원 주제에 클래식 음악을 잘 몰라. 그래서 공부를 위해 여기서 만나고 있지."

부드러운 말투로 가만히 말했다.

우리 부모님은 늘 바빠 우리 자매와 느긋하게 대화하기가 쉽지 않다. 하지만 고민이 있어서 상담을 청하면 반드시 들어주고, 이상한 짓을 하면 꾸짖어주고 뭔가를 열심히 하거나 작은 일이라도 결과를 내면 칭찬해 준다.

다른 것은 다 제쳐놓고라도 우리 부모님은 어떤 일에 대해서도 결코 '~주제에'라는 말은 하지 않는다. 처음 만나 10분도 안 된 언니의 남자친구 입에서 그런 말이 나왔다는 사실에 나는 '뭐지?' 하고 생각했다.

그러고는 언니 얼굴을 보며 더욱 '뭐지?' 하고 생각했다. 언니가 나를 피하려는 것처럼 눈길을 내리고 말았기 때문이다.

"여긴 비엔나커피가 일품이야."

다쓰야 씨는 메뉴판을 보지도 않은 채 우리 의견을 묻지도 않고 주문했다. 그리고 때마침 카페에 흐르기 시작한 오페라 명곡(이라고 한다)과 그 아리아를 부르는 가수에 대하여 장황하게 설명하기 시작했다.

언니나 나나 잠자코 들었다. 곡이 바뀌어도 다쓰야 씨의 해설은 계속되고 비엔나커피가 나와도 해설을 끊기가 미안해 나는 커피 잔에 손을 댈 수 없었다. 물론 언니도 양손을 무릎에 놓고 다쓰야 씨 해설을 듣고 있었다.

다쓰야 씨만 비엔나커피를 마셨고, 잔이 비었을 즈음 내가 오늘 치른 테스트와 새로 다니는 학원이 화제에 올랐다.

"2학기에 학원을 바꾸다니 별로 좋은 생각이 아니군. 전에 다니던 데서는 쫓겨난 거야? 노리카도 머리가 좋지 않지만 너는 진짜 머리가 나쁜 모양이구나."

말투는 나긋나긋하지만 하는 말은 위에서 내려다보는 듯한 비난과 욕설이다. 목소리가 부드러워서 듣는 쪽은 더 부아가 치민다.

"노리카 동생은 내 동생이기도 하니까 좀 더 제대로 해주지 못하면 내가 부끄럽잖아."

그런 말까지 줄줄이 듣고 있자니 화가 나기보다 어이가 없었다. 점점 움츠러들던 언니가 뭐라고 대꾸해주려는 것을 내가 눈짓으로 말렸다.

다쓰야 씨, 이런 남자였어? 언니도 전혀 행복해 보이지 않는다. 나는 화가 나서 참을 수 없을 지경이었다. 언니와 함께 여기서 나가고 싶었다. 언니를 이 남자 곁에 남겨두고 먼저 나가는 건 절대로 싫었다.

한 시간 남짓 만에 이렇게 생각하는 나는 역시 성미가 급한 건가? 너무 성마른가? 하지만 불쾌한 건 불쾌한 거다.

—적당한 구실 없을까?

마침 그때 언니와 내 스마트폰에 거의 동시에 라인이 들어왔다. 나는 별 생각 없이 바로 스마트폰을 꺼냈지만 언니는,

“미안해요. 뭔가 왔나 봐요.”

다쓰야 씨에게 그렇게 말하고 나서 스마트폰을 보았다. 그래서 내가 먼저 라인 내용을 읽었다.

순간 온몸의 피가 얼어붙는 기분이었다.

“언니, 레이코 짱이 죽었대!”

라인은 엄마가 올린 것이었다.

‘레이코 짱’은 엄마의 엄마, 즉 외할머니였다. 우리는 친가 쪽 할머니가 두 분 있어서(전처 할머니와 후처 할머니) 그냥 ‘할머니’라고 하면 헷갈리니까 그 앞에 이름을 붙인다. 하지만 나고야 시내에서 큰외삼촌 부부와 사는 외가 쪽 레이코 할머니는 특히 우리 자매와 사이가 좋아 언젠가부터 ‘할머니’를 빼고 그냥 레이코 짱이라고 부르게 되었다.

라인 내용은 레이코 짱이 오후 1시 지나서 장 보러 나갔다가 쓰러져 구급차에 실려가 그대로 숨을 거두었다는 소식이었다.

내가 라인을 보는 앞에서 언니가 엄마에게 전화했다. 스마트폰을 만지는 손이 바르르 떨렸다.

“엄마? 노리카예요.”

통화 내용이 궁금해 나는 테이블을 돌아 언니 옆에 바짝 붙어

손을 맞잡았다. 2인용 시트에 언니와 나란히 앉아 있던 다쓰야 씨는 몸을 조금 틀어 공간을 만들어주려는 시도조차 해주지 않았다.

"네, 네. 알았어요, 바로 갈게요."

전화 저쪽에서 엄마는 평정을 잃고 울고 있었고, 그래서 제1보를 라인에 올린 거라고 했다. 과연 처음 얼마 동안은 심하게 흐느껴 울어서 무슨 말인지 알아듣기 힘들 정도였다.

언니는 전화를 끊자마자 내 손을 잡고 일어섰다.

"다쓰야 씨, 우리를 많이 아껴주시던 외할머니가 갑자기 돌아가셨어요. 당장 돌아가 엄마와 함께 외가로 가야 해요. 실례할게요."

언니 눈은 눈물로 젖고 목소리도 떨렸다. 나도 더는 참지 못해 눈물이 방울방울 흘러나왔다.

그러자 언니 옆에 떡하니 앉은 자세 그대로 다쓰야 씨가 말했다.

"거짓말하지 마."

순간 나는 눈물이 뚝 그칠 만큼 놀랐다.

언니 얼굴이 이내 창백해졌다.

다쓰야 씨의 길쭉한 얼굴은 가면처럼 매끈해져 있었다. 표정근이 다 죽고 그 위에 피부만 들러붙어 있는 것처럼.

그 눈이 언니를 쳐다보았다.

"방금 전화, 남자한테 온 거지."

나는 다 알아, 라고 이어서 말했다.

"노리카는 몰래 바람피우고 있어. 나의 무엇이 불만이야. 너 같은 여자는 아무리 잘해줘도 만족하질 않아."

나는 눈이 휘둥그레졌다. 눈동자가 튀어나올 판이다.

뭐야 이건. 이 사람, 무슨 소리 하는 거야?

"스마트폰 좀 보자."

다쓰야 씨가 손을 내밀자 이번에는 내가 언니를 끌어당겨 테이블에서 떼어냈다. 얼른 백팩을 잡고 언니 팔짱을 끼고 통로로 나왔다. 언니는 온몸이 뻣뻣하게 굳어 다리가 엉겼다. 다쓰야 씨를 쳐다보며 입술만 떨 뿐 아무 말도 하지 못했다.

그래서 내가 대신 말했다.

"이상한 소리 하지 말아요."

다쓰야 씨가 나를 보았다. 방금까지 내가 이 자리에 있었다는 사실을 잊고 있었다는 듯이 '뭐야, 이건?' 하는 표정이었다. 그건 내가 할 소리다!

"왜 언니가 그런 거짓말을 하죠? 당신, 이상해요."

미노리— 하고 언니가 속삭이며 나를 밀었다. 가자, 여기서 나가자.

"노리카, 스마트폰 내놔 봐."

다시 언니를 쳐다보며 다쓰야 씨가 응석부리듯 손을 내밀었다.

나는 뒷덜미의 머리털이 곤두서는 것을 느꼈다. 다쓰야 씨는 빙글빙글 웃고 있었다.

"기회를 줄 테니까 스마트폰 내놔 봐. 바람피우고 거짓말했다는 걸 솔직하게 말하고 빌면 용서해줄게."

뭐가 그리 잘났는지 주위 사람들이 다 듣도록 당당한 목소리로 말했다. 통로 너머 옆 테이블에 앉아 있던 중년 커플이 아연한 얼굴로 우리를 번갈아 보고 있었다.

"거짓말 같은 거 하지 않아요. 바람도 피우지 않았고."

떨리는 목소리를 쥐어 짜내어 언니가 말했다. 그 말꼬리를 물고 늘어지듯 다쓰야 씨가 말했다.

"늘 거짓말만 하지. 이 날라리, 지금 당장 상대 남자에게 전화해서 다시는 만나지 않겠다고 말해!"

목소리가 조금 기이하게 뒤집혔다. 눈빛도 싸늘해져 있다.

언니는 자세를 바로하고 단호하게 말했다.

"몇 번을 말해도 믿지 않는군요. 그럼 이제 됐어요, 우리 만남은 여기까지예요."

그래, 잘 됐네! 내가 속으로 승리 포즈를 취한 순간, 다쓰야 씨가 자리에서 펄쩍 뛰어나와 언니의 뺨을 후려쳤다. 고개가 확 꺾일 정도로 강렬한 따귀.

옆 테이블 남자가 다쓰야 씨와 우리 사이로 끼어들어 주었다. 여자도 일어나 우리를 지켜주려는 듯 앞으로 나왔다.

"무슨 짓입니까. 점원을 부르겠어요."

여자의 강한 목소리에 다쓰야 씨가 조금 위축되었다. 그 틈에 나는 언니를 강하게 끌어당기며 출입구 쪽으로 뛰어갔다. 언니는

백을 할퀴듯이 열고 지갑에서 천 엔짜리 두 장을 꺼내,

"죄송합니다, 죄송합니다!"

라고 카운터에 있는 점원에게 말하며 출입구 옆 계산대 옆에 돈을 놓고 뒤도 돌아보지 않은 채 둘이서 밖으로 도망쳐 나왔다.

첫 교차로를 다 건널 때까지 나는 호흡조차 잊고 있었다. 언니가 손을 들어 지나가던 택시를 세우고 구르듯이 올라타자 그제야 숨을 쉴 수 있었다. 언니 입가가 찢어져 피가 났다. 따귀 맞은 뺨이 빨갛게 상기되어 있다.

내가 울기 시작하자 언니도 울었다. 서로 부둥켜안고 흐느껴 우는 우리를 운전사가 돌아다보았다.

언니가 한 손에 쥐고 있던 스마트폰에서 착신음이 울렸다. 일단 그쳤다가 다시 시작된다. 화면을 보니 다쓰야 씨의 전화였다. 언니는 스마트폰을 무음 모드로 바꾸고 백에 던져 넣었다.

우리가 역에 도착해도, 전차를 타도, 몸을 떨고 눈물을 흘리며 집으로 돌아가는 내내 언니의 스마트폰은 집요하게 붕붕붕 진동하고 있었다.

엄마와 언니와 나 셋이서 신칸센을 타고 나고야로 향할 때 언니가 그제야 사실을 밝혔다.

다쓰야 씨가 그렇게(이상하다고 할까 별나다고 할까 위험하다고 할까) 변한 것은 두 사람이 연인이 된 직후부터였다고 한다. 처음에는 다정한 신사였지만 질투가 너무 심하고 금세 화를 내고

불만이 많고 언니를 깔보고 멸시하고 툭하면 비난하고 비웃는 위험하고 이상한 사람으로 변해버렸다. 언니가 (뭔가 단어를 신중하게 골라 완곡하게) 한 마디라도 대꾸하면 금세 발끈해서 손을 쳐들거나 때리는 시늉을 한다. 큰소리로 화를 낸다. 물건을 집어 던지거나 부수거나 의자를 발로 차기도 한다.

"쉴 새 없이 라인을 보내서 내가 어디서 무얼 하는지 확인하려 들고……."

언니가 인스타그램을 시작한 것도 다쓰야 씨가 시켜서였다.

"처음에는 인터넷에서라도 매일 노리카를 보고 싶기 때문이라고 해서 나도 기뻤지만."

그것이 점차 노골적인 감시가 되었다.

"내 행동을 지켜보지 않으면 불안해서 못 견디겠대."

—내가 눈을 떼면 금세 다른 남자를 꼬실 게 틀림없으니까.

뭐야 그게, 너무 끔찍하잖아. 질투 정도가 아니라 완전히 망상에 빠져 있다.

"젠틀맨 가면 밑에는 몬스터가 숨어 있었구나."

엄마는 모친의 부고에 너무 울어서 여전히 눈이 퉁퉁 부어 있었지만, 언니의 고백에 놀라 팔팔하게 살아났다. 귀한 딸이 남자에게 이런 일을 당하고 있었는데 지금까지 알아채주지 못한 내가 눈뜬장님이었구나, 하며 몹시 험악한 표정이 되었다.

"엄마는 아무 잘못 없어. 내가 숨겼으니까. 부끄럽기도 하고 조금 참으면 언젠가 다쓰야 씨도 원래 모습으로 돌아와 주지 않을까 해서…….”

달라지지 않아, 하고 엄마는 말했다.

“아내나 애인에게 그렇게 행동하는 남자는 뼛속까지 그런 성격인 거야. 진짜 연인이 되었으니까 이제 본색을 드러내도 노리카가 도망치지 못할 거라고 쉽게 보고 저 하고 싶은 대로 다 하기 시작한 거네.”

그 말을 들으며 나도 퍼뜩 떠올렸다.

“카페와 서점 아르바이트도 남자 손님이 오니까 안 된다고 그만두게 한 거야?”

정말 그랬다. 어렵게 잡은 가정교사 아르바이트도 언니가 가르치는 초등학생의 아버지와 이상한 관계가 되려고 하는 거 아니냐고 트집을 잡기에,

“그 집에 폐가 될 것 같아서.”

계속할 수 없겠다고 생각하던 참이라고 한다.

더욱 놀란 것은 다쓰야 씨가 그렇게 함부로 하면서도 언니에게 자주 돈을 우려내고 있었다는 것이다.

“데이트 비용도 늘 내가 냈어.”

더구나 그냥 빌붙은 것이 아니라, 사전에 언니에게 현금을 받아두었다가 지불할 때 다쓰야 씨가 카드로 결제하여 자못 자기가 지불하는 척 행동했다. 때로는 지갑을 빼앗기기도 했다고 한다.

“미노리한테 옷과 액세서리를 빌리게 된 것도 용돈이 바닥나서 뭘 살 수 없었기 때문이었니?”

엄마의 추측도 사실이었고, 거기다 진짜 진짜 진짜 심한 사실이 있었다.

"내가 옷을 몇 벌만 돌려 입거나 매일 똑같은 액세서리를 하고 나오면,"

—그거 남자가 사준 거지.

"화를 내고 소란을 피우니까 그 사람을 만날 때는 똑같은 것을 하고 나갈 수 없었어."

값비싼 레스토랑 같은 곳도 멋대로 예약하고 자기 물건을 카드로 척척 사고 그 대금은 언니에게 청구했다.

—전부 너를 위해 사는 거니까 고맙게 생각하고 네가 돈을 내는 게 당연하지. 그런 것도 모르냐?

"아직도 연락을 시도하고 있을까."

신칸센 차창 밖으로 후지산이 보이는 곳까지 왔을 때 언니가 백에서 스마트폰을 꺼냈다. 잠금을 풀어 보니 착신 기록과 메일이 산더미 같았다. 우리와 헤어진 뒤 두 시간 동안 쉴 새 없이 연락을 시도한 것이다.

"지금은 안 하고 있네. 포기했나."

언니가 부재중 통화 기록을 열어보거나 문자 보기를 무서워해서 엄마와 내가 확인했다. 내용은 카페에서 피우던 소란의 반복이었고, 중간 중간 눈물로 호소하는 듯한 내용이 섞여 있었다.

'화내서 미안해' '노리카를 사랑해서 그랬어' '바람피우는 노리카가 잘못한 거야' '반성해 줄 거지? 서로 사과하고 다시 만나자'

'노리카 없이는 못 살아' '용서 안 해주면 죽어버릴 거야'

부재중 통화도 분노해서 소리를 지르는가 하면 우는소리를 하는 내용이었다. 나는 남자가 그렇게 질질 짜는 소리를 처음 들어서 하마터면 토할 뻔했다.

"절대로 답신하지 마. 전화도 받지 마."

언니에게 스마트폰을 돌려주며 엄마가 말했다.

"노리카, 이 녀석과 헤어질 거지?"

언니는 망설임 없이 고개를 끄덕였다. "네."

"심각한 녀석이라서 나나 아빠가 개입할 필요가 있을 것 같아. 문자와 부재중 통화 기록은 보관해 둬. 그 녀석이 너에게 얼마나 이상한 짓을 해왔는지 누가 봐도 금방 알 수 있는 증거니까."

엄마의 태도는 더할 수 없이 확고했다.

"용기 내서 의연하게 행동해야 해. 이거, 레이코 짱 덕분이야. 노리카를 자유롭게 해주려고 레이코 짱이 기회를 준 거야."

나도 그렇게 생각했다. 오늘 그 사건이 없었다면 착하고 상냥한 언니는 가족이 걱정할까봐 계속 참았을 테니까.

나고야 역에는 숙모가 마중을 나왔고, 우리는 택시를 타고 레이코 짱이 있는 구급병원으로 향했다.

"돌아가신 원인은 급성 심근경색이거나 심장 가까운 곳에서 대동맥해리가 있었던 게 아닐까 합니다만."

상세한 원인은 해부하기 전에는 알 수 없다. 밖에서 쓰러져 돌아가셨으니 변사로 다뤄져 유족으로서는 견디기 힘든 심정도 있지만, 병리해부를 거부할 수는 없다고 숙모가 설명해주었다.

병원에서 외삼촌과 만난 우리는 담당 의사에게 인사하고 레이코 짱의 유해와 대면했다. 가슴이 찢어질 듯 아프고 슬펐지만 나는 신칸센에서 엄마가 한 말을 나 자신에게 들려주며 늘 우리 자매의 행복을 기도해준 레이코 짱의 웃는 얼굴을 떠올렸다.

레이코 짱이 살던 외삼촌댁은 본래 엄마가 태어난 고향집이기도 하다. 모두 일단 그 집으로 돌아가 레이코 짱이 돌아오면 안치할 수 있도록 준비하는 한편으로 친척들에게 연락하고 장례식장 담당자와 의논했다.

곧 해가 지고 밤이 되었다.

"끼니는 잘 챙겨먹어야 해."

외삼촌 내외가 권하는 대로 우리는 근처 레스토랑에 식사하러 갔다. 엄마가 그리워하던 식당이라는 그곳에서 맛있는 양식을 먹으며 눈물을 삼켰다.

커피가 나왔을 때 외삼촌 내외가 무슨 일인지 눈짓을 주고받으며 서로 사양하다가 마침내 숙모가 작은 소리로 이야기를 꺼냈다.

"이럴 때 이런 거 묻는 게 미안하지만…… 노리카 짱, 얼굴은 왜 그래?"

언니의 볼은 부어 있었고 찢어진 입술 부분은 색이 변해 있었다.

실은요— 하고 엄마가 설명했다. 그다지 상세하게는 설명하지 않았지만, 간단한 설명만으로도 외삼촌 내외를 놀라게 하는 데는 충분한 듯했다.

"히로키가 없었기에 망정이지."

하며 외삼촌의 외아들이자 우리도 아주 좋아하는 사촌 이름을 꺼냈다.

"걔가 있었으면 그 녀석을 때려죽이겠다고 날뛰었을 텐데."

히로키는 대형 건설회사에 취직한 지 2년이 되어 현재 동남아시아 지사에 있다. 직행편이 없는 곳이어서 귀국은 빨라야 모레나 되어야 할 것 같다고 했다.

"얼마나 무서웠니, 노리카."

외삼촌이 따뜻하게 말했다.

"어머니가 돌아가신 것은 슬프지만, 일이 이렇게 된 덕분에 그 자와 즉시 거리를 둘 수 있고, 장례가 끝날 때까지 노리카 식구들이 여기 있을 테니까 냉각기도 가질 수 있잖니."

"네, 저도 그렇게 생각해요" 하고 엄마가 고개를 끄덕인다. "아까 남편의 전화를 받았는데, 복상 중에 남편이 그 사람과 만나서 탈없이 헤어지게 해둘 테니까 노리카는 이제 아무것도 하지 않아도 된다고 했어요."

평소에는 따로 움직이는 아빠 엄마지만 딸이 위기에 빠지자 호흡이 착착 맞는다.

"그렇다면 안심이구나. 노리카도 미노리도 편히 쉬도록 해. 세 사람 모두 집에 묵을 거지?"

그 문제 말인데요— 하며 숙모가 끼어들었다. "노리카 짱, 그 남자가 노리카 짱의 스마트폰을 만지거나 하진 않았어?"

언니는 눈을 살짝 크게 떴다. "아마 괜찮을 것 같은데요……."

자신 없는 듯 말꼬리를 흐렸다. 지갑을 멋대로 꺼내가기도 했으니 스마트폰이라고 무사하지는 못할 텐데.

"뭘 걱정하시는 거예요?"

엄마의 물음에 숙모는 말하기 곤란한 듯 목소리를 낮췄다. "스마트폰에는 GPS 기능이 있잖아요? 전용 앱을 깔면 제삼자가 쉽게 위치를 파악할 수 있다고 들은 적 있어요."

우리는 얼굴을 마주보았다. 외삼촌도 날카로운 표정이 되어 고개를 끄덕였다.

"그 남자가 정보공학과에 다닌다고 했지? 그 방면으로 해박할 테니 잠가놓았다고 안심할 수는 없잖니."

그자가 언니 스마트폰에 몰래 위치 추적 앱을 깔아두고 지금도 계속 그걸 지켜보고 있다—.

"쉴 새 없이 오던 문자와 전화가 멈추더니 지금까지 내내 소식이 없는 것도 예감이 안 좋아."

싫다, 너무 무섭다.

"우리 집은 넓기만 한 옛날 집이고 보안기능도 없으니 노리카 짱 식구들은 호텔에 묵는 게 어떨까. 적어도 히로키나 아빠가 돌아와 남자 숫자가 늘어날 때까지는 그 편이 안심할 수 있지 않을까?"

"그래. 나중에 지나친 걱정이었다는 게 밝혀지면 그만이고, 조심하는 게 제일이지."

외삼촌이 바로 호텔을 알아봐주고 승용차로 엄마와 우리를 데려다주었다.

이제 밤도 깊어 로비에는 인기척이 없었다. 이 호텔 레스토랑은 레이코 짱이 좋아하던 곳이어서, 우리가 외가댁에 놀러 가면 종종 데려가곤 했다. 즐거운 생일이나 성탄절 추억이 가득한 곳이다.

외삼촌과 엄마가 체크인 수속을 하는 동안 나와 언니는 창가 소파에 앉아 손을 잡고 말없이 야경을 바라보고 있었다. 넓은 대로에 면해 있어 이 시간에도 차량 통행이 잦다. 나란히 서 있는 빌딩의 불빛이나 오가는 차량의 헤드라이트 행렬이 점차 눈물로 얼룩졌다.

밤하늘에는 보름달에서 살짝 빠진 달이 빛나고 있다. 하늘에는 바람이 강한지 먹구름이 얇게 흐르는 것이 보였다. 달은 잇달아 흘러오는 검은 구름 틈새에서 우리를 지켜보듯 낯을 내밀고 있다.

그때 갑자기 창유리 너머에 사람이 나타났다.

다쓰야 씨였다. 한낮과 같은 복장에 오른손을 등 뒤로 돌려 뭔가를 숨긴 채 왼손은 주먹을 꼭 쥐고 있다. 얼굴은 유령처럼 하얗고 표정이 없다. 눈에는 이글거리는 빛이 깃들고 눈동자는 점처럼 작아져 있었다.

그의 볼에 줄이 그어져 있다. 눈물이 흘러내리고 있는 것이다. 오싹해서 나는 몸을 떨었다.

입술이 일그러지며 다쓰야 씨가 뭐라고 소리쳤다. 두꺼운 창유리 너머였지만 나는 알아들을 수 있었다. 어쩌면 착각이었는지 모르지만 정말로 귀에 들렸다.

"역시 남자와 호텔에 틀어박혔냐!"

언니나 나나 몸이 굳어버렸다.

숨이 멎고 피도 차게 식는 듯했다.

다쓰야 씨가 오른팔을 움직였다. 그 끝에 깔쭉깔쭉한 톱니가 달린 커다란 나이프가 쥐어져 있었다.

밤하늘에 구름이 흐르고 있다. 달이 그 뒤로 숨자 환하던 푸르스름한 빛이 사라졌다. 지상의 도시에 다른 광원이 많은데도 창가에 버티고 선 다쓰야 씨의 모습은 달빛을 잃어 새카매졌다.

그 순간 나는 깨달았다.

이 사람은 인간이 아니다.

이 세상의 존재가 아니다.

악마다. 악령이다. 그래서 유리 따위는 그냥 투과하여 이쪽을 공격할 거다—.

기이한 소리를 지르며 다쓰야 씨가 뛰기 시작했다. 호텔 출입구로 들어온다. 막으려고 하는 도어보이를 밀쳐내고 나이프를 휘두르며 로비로 뛰어들었다. 그 눈이 언니를 노려보고 있다. 얼굴을 온통 일그러뜨리며 이를 드러내고 몸부림치면서.

도어보이와 벨보이, 프런트의 호텔맨이 뛰어나왔다. 나는 언니와 손을 잡은 채 로비 한가운데로 도망쳤다. 남자 서너 명이 달려들어 다쓰야 씨를 바닥에 찍어눌렀다. 그래도 그는 큰소리를 내질렀다.

"죽여 버릴 거야! 죽여 버릴 거야!"

그 손에서 나이프가 튀어올라 로비 융단 위를 굴렀다. 꽉 껴안고 있는 우리에게 엄마와 외삼촌이 뛰어왔다. 외삼촌이 우리를 모두 부둥켜안고,

"쳐다보지 마, 고개 돌려!"

커다란 등으로 막아주었다.

"노리카 사랑해! 이렇게 사랑한다니까!"

다쓰야 씨가 소리지르며 울기 시작했다.

외삼촌에게 꼭 안겨 엄마와 언니의 갈라진 비명소리를 들으며 나는 다시 유리 너머로 밤하늘을 올려다보았다.

구름은 멀리 사라지고 달은 제자리에서 다시 우리를 환하게 비추고 있었다.

나는 달님의 한탄을 들었다.

이 빛으로도 정화할 수 없는 게 있단다. 미안하구나.

구름에 달 가리운 방금 전까지 인간이었다 ◎도쿠겐

장미꽃잎 지는 새벽 두 시
누군가 떠나가네

장미꽃잎 지는 새벽 두 시 누군가 떠나가네

게이타가 돈을 빌려달라고 했다.

"미안해. 부모님이 돈 문제에 엄청 엄격하셔서, 나나 동생이나 고등학생 때부터 친구와 돈거래를 하면 안 된다고 하셨거든."

"나는 친구가 아냐. 미코의 애인이잖아."

"애인이라면 더욱 안 되지."

"너희 부모님만 모르면 아무 문제 없잖아. 말하지 않으면 되지."

"부모님과 같이 살고 있잖아. 아실 게 뻔해."

일반교양과정 강의실에서 몇 번인가 옆에 앉은 것을 계기로 말을 트게 되었고, 게이타 쪽에서 고백을 해서 사귀기 시작한 지 한 달 정도밖에 안 되었다.

게이타는 밝고 재미있고 세련되어서 남녀를 불문하고 친구가 많은 인싸였다. 고백 받을 때는 솔직히 날아갈 것처럼 기쁘고 꿈만 같았다.

하지만 그것은 정말로 그냥 꿈이었다. 막상 연인이 되고 보니 게이타가 어울리는 그룹(학년이 높은 사람도 있고 학생이 아닌 사람도 있었다)에 나처럼 얌전한 여자는 없었다. 나는 누가 봐도 겉돌아 보였고 게이타의 권유로 그 그룹과 어디로 놀러 가도 그다지 즐겁지 않았다. 그것을 인정하고 싶지 않아 나 자신을 속여 보기도 했지만 진심으로 즐겁게 느낀 적은 한 번도 없었다.

그들은 늘 어디서나 왁자지껄 떠들고 예의가 없었다. 대학생이라면 어엿한 성인인데 하는 짓은 꼭 불량청소년 수준이었다. 그와 동료들이 성적으로 문란하고 나한테도 마구 강요하는 듯한 분위기도 불쾌했다. '좋아서'가 아니라 재미있어서 한다는 분위기도 견딜 수 없게 싫었다.

그러던 차에 듣게 된 "돈 좀 빌려줘". 그 순간 퍼뜩 정신을 차렸다. 결정타였다고 할까 그의 독이 치사량에 다다랐다고 할까.

나는 스스로를 질타하고 현실을 직시했다.

애초에 게이타가 나에게 접근한 것이나 그와 친한 몇몇 여자애들이,

"게이타 괜찮잖아. 한번 사귀어 봐."

"잘 어울릴 것 같아!"

하고 부추긴 까닭도 처음부터 돈을 노렸기 때문 아닐까.

하지만 이상한 일이다. 우리 아빠는 지극히 평범한 샐러리맨이고 나는 장학금을 받으면서 용돈은 아르바이트로 충당하고 있다. 입는 옷도 헌옷이거나 패스트 패션뿐이다. 어딜 봐도 '돈줄'로 비칠 구석은 없었을 텐데?

내심 의아해하는데 어느 날 데이트 때 게이타가 내 어깨에 팔을 두르고 귓가에 속삭였다.

"이봐 미코, 우리 두 사람의 장래를 위해서라도 이제 아르바이트를 바꿔보는 게 어때? 내 선배가 하는 가게에서 여자애들을 모집하고 있거든."

내가 대답할 틈도 주지 않고 환하게 웃는 얼굴로 말했다. 성인업소가 아냐. 그보다는 더 고급스러운 업소지. 손님한테 말상대해주며 우롱차나 콜라 같은 거나 마시고 앉아 있으면 시급을 3천 엔이나 준대. 어때? 미코 같은 청순한 타입은 드무니까 금방 인기를 끌 거야.

"그렇게 되면 나도 애인으로서 자랑스럽고 우리 둘이 더 좋은 데도 놀러갈 수 있고. 여행도 갈 수 있을 거고."

이놈이 나한테 빨대를 꽂으려고 하는구나.

그냥 경박한 나쁜 남자가 아니다. 위험한 남자였다. 나는 등줄기가 오싹해졌다.

"미안해. 우리 집은 아르바이트에도 엄격해. 아빠한테 혼날 거야. 집에서 쫓겨날지도 몰라."

"그럼 나랑 동거하면 되지."

청량음료 광고에 나오는 청년처럼 시원스레 웃으면서도 게이타의 눈동자는 이글거리고 있었다. 돈, 돈, 돈. 이 여자는 돈 벌어다 주는 나의 전속 노예.

반항하지 마, 시키는 대로 해. 음험한 속내가 활활 타오르고 있다.

내 이름은 미에코. 미코라고 고양이 같은 이름으로 부르는 것은 이놈과 이놈 동료들뿐이다. 나를 인간으로 생각하지 않는다.

“안 돼. 나, 게이타가 바라는 여자는 될 수 없을 것 같아.”

“그런 소리 말고. 그렇게 머리로 생각만 하는 게 미코의 나쁜 버릇이야. 인생을 좀 더 즐겨야지.”

네가 즐기고 싶은 거잖아. 똑 부러지게 대꾸해 주고 싶은 것을 참으며 풀죽은 표정으로,

“부모님과 상의해 볼게.”

하고 나는 그 자리를 벗어났다. 앞으로는 신중하게 행동해서 게이타와 인연을 끊자. 그와 동료들은 대학에 놀러 다니는 자들이니까 강의와 아르바이트로 스케줄을 꽉 채우면 자연스럽게 멀어질 수 있겠지. 몇 번이나 제안을 받고도 놈들이 있는 서클에 가입하지 않길 다행이었다.

이 작전으로 그 주는 그럭저럭 평온하게 지냈다. 집요한 라인 연락에는,

‘그 아르바이트에 대해서 아빠와 상의했는데 역시 엄청 혼났어.’

'당분간 놀러 다니는 거 금지래.'

이렇게 핑계의 버전을 바꾸어 대응해서 회피하려고 했다.

그런데—,

토요일 밤 9시가 지나 아르바이트하는 카페에서 퇴근하려고 나오다가 나를 기다리는 그와 마주쳤다. 그곳은 통용문 바로 밖에 있는 주차장이었다. 등 뒤에서 누군가 양쪽 겨드랑이를 제압하고 눈까지 가렸다.

"서프라이즈!"

여자애들의 교성이 터졌다. 얼핏 보았을 뿐이지만 남녀가 7, 8명은 되는 것 같았다. 처음 뒤에서 제압한 것은 여자의 팔이었지만 이내 양쪽에서 남자의 팔이 뻗어나와 힘을 싣고 밑으로 짓눌렀다.

"미코, 수고했어!"

게이타의 목소리였다. 흥분해서 한껏 들떠 있다.

"주말이잖아. 드라이브 가자!"

그 순간 나는 숨을 삼키고 말았다. 큰일이다, 큰소리로 비명을 질러야겠다고 생각할 때 땀에 젖은 손바닥이 입을 막았다. 어느새가 백팩도 빼앗기고 쿡쿡 떠밀리며 질질 끌려가다가,

"자, 올라타."

차량 안으로 떠밀려 들어가고 말았다.

"어이, 출발!"

"오케이!"

차가 달리기 시작했다. 손발이 척척 맞는다. 이놈들, 진짜 악당이었던 것이다.

"왜 이런 짓을 해? 너무한다고 생각하지 않아?"

떨리는 목소리로 항의해도 놈들은 흥분한 바보처럼 들뜬 목소리로 대꾸할 뿐이다.

"드라이브하자니까. 서프라이즈니까 목적지는 비밀이야."

"미코, 이제 곧 생일이지? 게이타가 고민하기에 우리가 함께 계획을 세웠지."

전원이 탄 것을 보면 커다란 차일 것이다. 남자의 땀내와 여자들 화장 냄새가 가득 차 있다.

"나, 집에 갈래. 늦으면 부모님이 걱정해서 가만있지 않으실 거야. 경찰에 신고하실지도 몰라."

"괜찮아, 괜찮아. 미코 집에는 내가 문자를 보내둘 테니까."

여자들 가운데 하나가 내 백팩을 뒤져 멋대로 스마트폰을 만지는 것 같았다.

"잠깐 손가락 좀 빌려줘."

내 손을 꽉 붙들고 아프도록 세게 당겨서 스마트폰 화면에 갖다 댔다.

"자, 잠금 해제~"

"오늘밤은 친구네 집에서 잔다고 했으니까 아빠랑 엄마도 안심할 거야."

"이제 도망치긴 힘들어."

게이타 목소리에서 협박하는 듯한 서늘한 기운이 느껴졌다.

그때부터 차량 안 분위기가 확 바뀌었다. 그를 선두로 그룹 모두가 나를 몰아세웠다. 게이타가 시키는 대로 하지 않는 미코는 애인 자격이 없다. 버릇을 고쳐줄 필요가 있다. 착하고 귀여운 여자애가 되도록 교육해줄 테니까 고맙게 생각해라.

차가 얼마나 달렸는지 알 수 없었다. 나는 공포에 사로잡혀 완전히 위축되어 있었다. 뺨과 몸통을 때리고 머리카락을 뜯어서 내가 몸을 지키려고 팔을 쳐들자,

"이게 개기네."

하며 내 손목을 비틀어 꺾고 뭔가로 손목을 묶어버렸다. 케이블타이인지도 모른다. 이번에도 역시 무서울 정도로 익숙한 행동이었다.

"자, 도착했다!"

마침내 차량이 멈추고 나는 밖으로 끌려 나갔다. 발아래는 울퉁불퉁한 땅바닥이었고 나는 눈가리개를 당한 채 떠밀리고 끌려갔다. 저항하자 거칠게 떠밀려서 나는 무릎을 꿇었다.

밤공기는 축축하고 무더웠다. 어디서 가을벌레가 작은 소리로 울고 있었다.

"짜잔~."

들뜬 목소리로 노래를 흥얼거리며 누군가 눈가리개를 풀었다. 눈앞에 게이타가 있었다. 주위에는 그의 동료들이 내가 도망치지 못하게 가로막듯이 버티고 서 있었다.

"자, 지금부터 미코의 대모험이 시작됩니다~!"

예능프로그램 사회자처럼 게이타가 높은 톤으로 말하며 한 발 옆으로 비켜섰다. 동료들이 유후~ 환호하며 박수를 쳤다.

시야가 열리자 나는 아연할 수밖에 없었다.

눈앞에 있는 것은 커다란 폐건물이다. 폭이 넓은 3층 콘크리트 건물로, 부분부분 2층인 곳도 있다. 많은 창문이 전부 빛을 잃고 안쪽을 어둠으로 채워놓았다. 옥상 앞쪽 모퉁이에 조명이 딱 하나만 켜져 있어, 그 탁한 노란 빛 덕분에 몇몇 창유리가 깨져 있고 블라인드가 망가진 채 기울어 있는 모습을 볼 수 있었다.

내가 아르바이트하는 카페는 터미널 역 바로 옆이고 밤에도 붐비는 번화가였다. 이 폐건물 주위는 잡목림뿐이고 띄엄띄엄 가로등이 서 있다. 왼쪽 저 멀리 고속도로 고가와 진주를 꿰어 놓은 듯한 가로등이 보였다.

여기는 어디일까. 어디 외딴 변두리로 끌려온 건가.

"이 건물, 전에 병원이었대."

게이타가 고개를 돌려 폐건물을 올려다보며 말했다.

"전염병 환자 격리병동이었는데, 문 닫은 지 수십 년이 지났지. 그래서 요즘은 유명한 심령 스폿이야."

요란하게 억양을 붙여 말하고 내 얼굴을 희롱하듯이 들여다보았다.

"그럼 지금부터 미코가 이곳을 탐험하겠습니다!"

예이~! 하며 동료들이 호들갑을 떨었다.

"진료기록 카드나 약병처럼 증거가 될 만한 기념품을 가지고 나오는 거야. 전에 이곳에 들어갔던 놈이 불을 질러서 이것저것 타버렸다고 하니까 아주 꼼꼼하게 뒤지지 않으면 찾을 수 없을 거다."

파이팅! 힘내~ 하고 여자애들이 웃었다.

패닉에 빠질 지경이었지만 여자들이 조롱하는 얼굴이 추해 보였고, 분하고 원통해서 정신 똑바로 차리지 않으면 안 되겠다고 생각했다.

"왜 내가 그런 짓을 해야 하지?"

감정을 억제하며 묻자 게이타가 내 턱 끝을 잡아 획 쳐들었다.

"네가 내 말을 듣지 않아서야."

"탐험 같은 거 하기 싫어."

"하기 싫어? 좋아, 그럼 여기에 서명해."

뒤에 있던 남자들 가운데 하나가 노트에서 찢어낸 듯한 종이 한 장을 팔랑 내밀었다.

"계약서. 이 자리에서 서명하면 봐줄 수도 있어."

이른바 계약서의 내용은 기가 막혔다. 우선 내가 게이타에게 '사죄료'로 50만 엔을 지불할 것. 다음은 게이타가 지정하는 업소에서 일할 것.

"제1 희망은 이 업소야."

게이타가 자기 스마트폰을 내 눈앞에 들이밀었다. 색채가 화려한 광고가 표시되어 있었다. 업소 이름이나 위치를 확인하기 전에 '초보자, 여학생 대환영! 세련된 란제리 퍼브'라는 문구부터 눈에 날아들어 나는 상황을 이해했다.

"싫어. 서명 안 해."

목소리가 떨리다니, 분한 마음이 들었지만 분명하게 대답했다. 그러자 게이타는 내 턱을 놓고 머리카락을 와락 움켜쥐었다.

"어, 그래? 그럼 탐험하러 출발하세요."

머리카락을 당기는 바람에 나는 강제로 일으켜 세워졌다.

"자, 출발해, 이년아."

"개기지 마."

남자들이 등을 때리고 허벅지나 무릎 뒤쪽을 발로 찼다. 여자들이 다시 폭소를 터뜨린다.

나는 생각했다. 이러다 죽을 수도 있겠구나. 자존감도 바닥까지 떨어졌다. 그때는 심령 스폿보다 근성이 썩어빠진 이들 무리가 훨씬 무서웠다. 내 몸을 지켜야 한다.

"알았어. 갈게."

스스로 한 걸음 내디뎠다.

폐병원 주위는 철조망 울타리가 빙 둘러 쳐져 있는 듯했다. 우리는 그 안에 들어와 있었다. 돌아다보니 펜스 일부가 부서져 있다. 게이타 일행의 짓이 아니라 심령 스폿을 탐험하러 온 다른 자들의 소행일 것이다.

다른 누군가가 다녀간 적이 있는 곳이라면 나도 들어갈 수 있다. 괜찮아. 애써 자신을 다독이며 나는 두 발로 버티고 섰다.

"기념품을 찾으려면 조명이 필요해. 그리고 이걸 풀어줘."

나의 양 손목은 역시 케이블타이로 묶여 있었다. 게이타 앞에 양 손목을 내밀자 바보처럼 웃기만 하던 그의 표정이 살짝 흔들렸다. 놀랐는지도 모른다.

"뭐야, 이 못생긴 년이. 건방진데?"

남자 가운데 누가 욕을 하며 다시 내 정강이를 걷어찼다.

"그러지 마."

"시끄러, 썅년아!"

"기념품을 가져오라며? 어서 손목을 풀어주고 랜턴이든 스마트폰이든 좋으니 조명이 될 만한 걸 줘."

그때 옆으로 물러나 있던 여자 하나가 갑자기 "꺄악!" 하고 비명을 질렀다.

"저길 봐! 응, 저기 보라니까!"

뒷걸음질 치며 폐병원 3층의 창문 하나를 가리켰다.

나는 그쪽을 올려다보았다.

게이타와 일행도 그쪽을 올려다보고,

"어!"

"뭐야 저거!"

이내 동요하여 겁쟁이 사슴무리처럼 서로 모여들었다. 여자들은 완전히 겁에 질려 웅크리고 있었다.

나도 보았다. 여자가 가리킨 창틀 안쪽에 하얀 얼굴 같은 것이 들러붙어 있었다. 어디까지나 '얼굴 같은 것'일 뿐 눈코입은 보이지 않았다. 밋밋하지만 윤곽이 사람 얼굴 같았다.

"아까까지는 저런 거 못 봤는데."

게이타가 그렇게 말할 때 밋밋한 얼굴이 문득 사라졌다. 그러더니 바로 아래 2층 창문에 다시 나타났다. 이번에는 긴 머리카락을 헝클어뜨리고 눈코입이 없어 알기 힘들었지만 머리카락이 흘러내린 모양으로 보건데 창유리에 거꾸로 들러붙어 있는 것 같았다.

여자들이 소리를 지르며 도망치기 시작했다. 그제야 여자들이 세 명이라는 것을 알았다. 그중에 두 명은 나에게 게이타와 사귀어 보라고 부추겼던 서클의 멤버였다.

남자는 게이타를 포함하여 다섯 명. 여자들 앞이라 간신히 그 자리에 버티고 있지만 완전히 겁에 질린 모습이었다. 뭐야, 이 녀석들, 애송이잖아— 하고 생각하니 나는 도리어 마음이 차분해졌다.

창유리에서 거꾸로 보이는 밋밋한 얼굴이 사라졌다. 남자들이 실이 뚝 끊긴 것처럼 허겁지겁 도망치기 시작했다.

"아, 시팔!"

"저런 거 진짜 밥맛이야!"

"야, 기다려! 왜 도망치는 거야!"

소리치는 게이타도 안색이 달라졌다. 이마와 목덜미가 식은땀으로 번들거렸다.

"어떡할까?" 하고 내가 물었다.

게이타는 나를 힐끔 쳐다보고 갑자기 뺨을 쳤다. 한 대로는 부족한지 두 대 세 대. 눈이 빠지는 줄 알았다.

"네가 책임져!"

의미를 알 수 없는 소리를 하더니 내 팔꿈치를 잡고 폐병원 쪽으로 끌고 갔다.

"여기에 여자 원령이 깃들어서 산 사람이 들어오면 덮치는 거다. 인터넷에 체험담이 엄청 올라와 있어."

그에 따르면 여자 원령을 만났을 때 누구 하나를 제물로 바치기 전에는 무사할 수 없다고 한다. 그래서 게이타는 나에게 제물이 되라고 윽박지르고 있는 것이다.

이곳은 폐병원 앞쪽이 아니라 뒤쪽인 모양이다. 게이타가 향하는 곳은 통용문인지 묵직해 보이는 철문에 사각 유리창이 열려 있다. 물론 그 유리창 안쪽은 캄캄하다.

게이타가 문에 달린 튼튼해 보이는 금속 손잡이를 잡고 힘을 주었다. 바깥쪽으로 당겨서 여는 구조로 되어 있다. 그때 나는 그의 옷자락을 붙잡을까 생각했다. 함께 안쪽으로 밀고 들어가 버리면 길동무로 삼을 수 있을 것이다.

하지만 그 순간 문 안에 고여 있는 어둠 저편에서 여자의 기이하게 새된 웃음소리가 들려왔다.

게이타의 얼굴을 보니 물을 뒤집어 쓴 것처럼 식은땀에 흠뻑 젖어 있다. 눈동자가 흔들린다.

"에잇, 모르겠다. 야, 들어가!"

내 팔을 잡고 문으로 다가가 한손으로 문을 밀면서 30센티미터쯤 열린 문 안쪽의 어둠 속으로 나를 밀어넣었다. 내가 버티며 저항하자 발길질이 날아왔다. 엉덩이 바로 위쪽을 차이는 바람에 문 안쪽으로 뛰어들고 말았다.

"들어가서 죽어버려!"

게이타가 그렇게 소리친 직후 철문은 제 무게에 저절로 닫히기 시작했다. 틈새로 발끝을 들이밀려고 했으나 아슬아슬하게 타이밍을 놓쳤다. 허겁지겁 도망치는 게이타의 뒷모습이 얼핏 보였다.

"기다려, 손목을 풀어줘야지!"

덜컹.

문은 완전히 닫혀버렸다.

내 주위에 어둠이 가득했다. 갑자기 깊은 바다 속에 던져진 기분이었다.

나는 철문에 몸을 기댔다. 묶인 양손을 위아래로 움직이며 손잡이를 찾아보려고 했다. 손을 위아래로 몇 번을 왕복시키며 파악한 것은 손잡이가 있어야 할 자리에 구멍이 뚫려 있다는 것뿐이었다.

건물은 낡았지만 이 철문은 빈틈없이 닫혀서 틈새가 없었다. 너무 묵직해 안에서는 열 수 있을 것 같지가 않았다. 손목이 묶인데다 조명이 하나도 없는 지금 상태에서는 무리였다.

스마트폰을 사용하게 되면서 손목시계를 차지 않게 된 것이 한

스러웠다. 시계라도 있었다면 문자판 조명에 의지할 수 있었을 텐데.

패닉에 빠지면 안 된다. 일단 위험한 자들로부터 해방됐으니 다행이다. 나는 애써 천천히 호흡을 골랐다.

퀴퀴한 곰팡이 냄새가 코를 찔렀다. 언제 화재가 있었는지는 알 수 없지만 공기에서 탄내가 난다. 이곳이 병원으로 사용된 것은 아주 오래 전 일일 텐데, 소독액 냄새가 나는 것은 착각일까?

코로 숨을 쉬어도 기이한 냄새가 고역이다. 하지만 입으로 호흡하면 뭔가 매우 나쁜 균을 곧장 들이마시고 말 것 같다.

철문에 기댄 채 쪼그리고 앉았다. 이대로 여기서 가만히 동 트기를 기다리자. 해가 뜨면 철문의 사각 창문으로 빛이 들어오겠지.

당황해서 밖으로 도망치다가는 다시 게이타 무리에게 붙들릴지 모른다. 지금은 그게 더 위험하다.

살아 있는 인간이 더 무섭다. 여자 원령이 있다는 건 지어낸 이야기일 것이다. 산제물이 필요하다니 황당한 이야기다.

스스로에게 필사적으로 그렇게 타일렀다. 한데 아까 2층과 3층 창문에 들러붙어 있던 그 밋밋한 얼굴은 뭘까? 안 돼, 안 돼, 이런 생각을 하면 안 돼, 미에코.

눈이 어둠에 익숙해지자 뜻밖에도 실내 풍경을 파악할 수 있었다. 옥상의 노란 조명이 광원이 되어준 덕분인지 하늘에 있던 가느다란 초승달 덕분인지 폐병원 내부는 완전한 어둠에 묻혀 있는 것이 아니라 실은 그냥 '어둡다'고 할 정도에 지나지 않았다.

내가 있는 곳에서 안쪽으로 긴 복도가 뻗어 있다. 왼쪽 벽면에 '야간구급' 표시가 있고 그 아래 허리 높이에 창문이 있다. 창틀 밑에 작은 카운터가 돌출되어 있다.

즉 왼쪽에 야간접수실이 있는 것이다. 카운터를 따라 몸을 미끄러뜨리며 움직여 보았다. 문이 활짝 열려 있었다. 어떡할까. 야간접수실에 들어가 볼까? 의자가 있으면 앉아서 쉴 수 있다. 책상이 있으면 그 밑에 숨을 수도 있다.

무엇을 피해서 숨겠다는 거지, 미에코? 일단 그런 생각은 접어두더라도 몸을 웅크리고 있으면 더 안전할 것 같은 기분이 들었다.

눈에 보이는 범위에서는 복도에 장애물이 없는 듯하다. 밖에서 보았을 때처럼 엉망으로 어질러져 있는 것 같지는 않았다. 복도는 반들반들한 편이다. 아마 모노륨을 깔았을 것이다. 역시 병원답다.

카운터에 등을 기댄 채 나는 슬금슬금 옆으로 이동했다. 활짝 열린 문으로 실내를 들여다보니 접수처의 허리높이 창문 앞에 사무용 테이블과 의자 한 세트가 있고 실내에는 두 세트의 테이블과 의자가 서로 마주보도록 놓여 있다. 무슨 까닭인지 의자가 테이블에서 멀리 떨어진 채 엉뚱한 방향을 향하고 있다. 벽가에는 캐비닛 몇 개가 나란히 서 있다.

창문은 닫혀 있고 블라인드도 커튼도 없다. 대신 널판을 아무렇게나 박아서 막아 놓았다. 안쪽을 왜 이렇게 해두었을까.

어쨌든 이래서는 안 되겠다. 철문으로 돌아가자. 작은 사각 창문으로 밖이 내다보이는 그곳이 더 마음 놓일 것 같다.

넘어지지 않도록 조심스런 걸음으로 방을 나와서 일단 카운터에 등을 기대고 철문 쪽으로 몸을 움직였다. 순간 뒷덜미 머리카락이 쭈뼛 곤두서는 것을 느꼈다. 온몸에 소름이 돋았다. 한기가 스친다.

나도 모르게 복도 저쪽으로 시선을 던졌다.

뭔가가 굉장한 속도로 천장을 기어온다. 이쪽으로 다가온다. 뭐지? 하얀 옷을 입고 검은 머리카락을 길게 늘어뜨리고 팔다리를 구불구불 움직이는 여자다. 위아래가 뒤집힌 밋밋한 얼굴이 나를 내려다보고 있다.

나는 돌덩이가 되었다. 목소리가 나오지 않는다. 꼼짝도 할 수 없다.

기괴한 여자는 천장을 스륵스륵 기어왔다. 거리가 좁혀진다. 내 숨도 턱 막힌다.

여자는 팔을 뻗으면 닿을 만한 곳에서 딱 멈추었다.

나는 밋밋한 면상과 맞닥뜨렸다.

밋밋한 얼굴이 하얀 팔을 움직여 내 얼굴을 건드렸다. 그러자 밋밋한 얼굴의 피부가 넘실넘실 일렁이더니 거기에 코와 눈, 눈썹과 입이 나타났다.

나는 아연실색해서 입을 멍하니 벌렸다.

밋밋하던 얼굴이 어느새 낯익은 얼굴로 바뀌어 있었다.

"이봐, 당신"

낯익은 얼굴이 말했다.

"괜찮아?"

뜻밖에 부드러운 음성이다. 그 말을 듣는 순간 이 얼굴이 누구인지 알았다. 외사촌언니 사에코의 얼굴이다. 나보다 다섯 살 많은 사에코 언니와 나는 어릴 때부터 친자매처럼 친했다. 지금은 영국 대학에 유학 중인데, 그제 스카이프로 통화할 때 이대로 영국에서 직장을 찾게 될 것 같다고 했었다.

"이 얼굴과 목소리, 당신이 좋아하는 사람이지?"

천장에 들러붙은 채 그것이 계속 말했다.

"그래서 빌려봤는데, 어설펐나? 좋아하는 사람 얼굴이면 조금은 덜 놀라지 않을까 했는데."

나는 맥이 풀려 스르륵 주저앉고 말았다.

과연 그 여자는 살아 있는 인간은 아니었다.

그렇다고 원령도 아니었다. 우리가 일반적으로 생각하는 '유령'도 아닌 듯했다.

"뭐라고 해야 좋을까."

야간접수 카운터에 걸터앉아 긴 머리를 그러 올리며 그녀는 사에코 언니의 얼굴과 목소리로 말했다.

"이 건물에 드나들던 많은 사람들 말이야. 살아 있는 사람이나 여기서 죽은 사람이나 저마다 뭔가 생각을 품고 있었겠지. 그건 일종의 에너지거든. 그런 에너지는 당사자가 그 장소에서 없어져도 찌꺼기가 조금씩 남아."

나는 그 집합체인 거야, 라고 말했다.

나는 상대의 발 쪽에 있는 철문에 기대어 쪼그리고 앉아 있다.

"잔류사념이라는 건가요?"

"아, 그래, 비슷해. 그러니까 나는 혼자가 아닌 거지. 다양한 사람들의 잔류사념의 덩어리인 거야."

나는 이런 존재와 마주하고 있다는 사실이 믿기지 않으면서도 그녀에게 마음을 열기 시작했다. 왜냐하면 그녀가 게이타 일행보다 훨씬 친절하고, 이런 표현이 적절한지 모르겠지만, 인간적이었기 때문이다.

"잔류사념은 정전기 같은 거니까. 시간이 지나면 자연히 소멸하지. 그래서 나를 구성하는 것들도 점점 바뀌어 가는 거야."

사에코 언니의 얼굴로 그녀는 방긋 웃었다.

"이렇게 당신과 만남으로써 지금 내 속에는 당신의 사념도 조금 섞이고 있어. 당신이 내뿜는 에너지를 내가 받아들인다고 할까 빨아들인다고 할까, 그런 식이지. 그러니까 당신의 기억이라는 정전기 흐름 속에 있는 사촌언니의 얼굴이나 목소리를 흉내 낼 수도 있는 거고."

알듯 말듯 한 설명에 나는 음, 음, 하고 고개를 끄덕였다. 실상이 어떻든 간에 그녀의 웃음에서 기운을 얻었다.

"이곳은 예전에 결핵요양소였어. 의학이 발달해 결핵이 죽을병이 아니게 되고부터는 일반 종합병원이 되었지만, 아무래도 교통이 불편한 곳이어서 오래 버티지 못한 거지."

1960년대 중반부터 10년 이상이나 빈 건물로 방치되다가 민간 의료법인에 인수되어 요양시설로 재오픈했다. 그러나 시대가 쇼와에서 헤이세이로 넘어가기 직전에 그 의료법인이 파산하여 돈이 될 만한 비품이나 기기만 반출되고 건물은 방치된 채 지금에 이르렀다.

"요즘은 여기가 심령 스폿으로 유명하다고 하던데요."

내 말에 그녀가 고개를 끄덕였다.

"응, 알아. 그런 건 오래 전부터 여러 가지가 있었지. 아니, 출몰했었다고 하는 편이 나으려나."

병원이니까—.

"희망도 있고 절망도 있었겠지. 죽음을 눈앞에 둔 입원환자를 보면서 유산만 생각하는 가족들의 탐욕도 있었고, 사고나 범죄에 휘말려 죽어가는 사람의 원한과 분노도 있었고."

온갖 잔류사념이 존재하고 그것들이 뒤섞여 진한 칵테일처럼 되어간다. 그런 곳이 병원이라는 장소다.

"그러니까 바로 얼마 전까지도 이 건물 안에 깃들어 있던 것은 나만이 아니었다는 얘기야."

매우 사악한 것도 있었고 무서운 것도 활보했다고 한다.

"대강 평정하느라 얼마나 고생했는지 몰라. 유령을 보고 싶어

하는 호기심 왕성한 사람들이 찾아오면서부터는 그자들의 공포를 빨아들여 사악한 존재가 활력을 얻었거든."

"당신이 그것들을 평정했다— 퇴치했다는 건가요?"

"응. 그게 내가 존재하는 이유니까."

내가 잘못 본 것이 아니라면 그녀는 살짝 가슴을 폈다.

"맨 처음으로 나의 핵이 된 잔류사념은 말이지, 결핵요양소 시절에 여기서 일하던 원장 선생과 간호부장 것이었어. 두 사람 모두 다른 곳에서 죽었지만, 오랜 기간 강한 생각을 품고 여기 있던 사람들이잖아."

그래서 그들의 잔류사념은 적극적으로 이곳을 지키려고 하는 요소로 작용하게 된 것이다.

"물론 세월이 흐르면서 두 사람의 사념도 희박해졌지. 하지만 나를 만든 요소는 남으니까 그 후에도 나는 이곳을 좋은 곳으로 만들려는 사람들의 사념을 새로 흡수해가며 계속 나를 유지해 온 거야."

동시에 사악한 잔류사념과 대결하여 격퇴해 왔다.

"까놓고 말하면 정전기니까."

그렇게 말하고 그녀는 하얀 손가락을 움직여 자기 어깨를 슬쩍 쓸었다. 빠지직빠지직 소리가 희미하게 나며 불꽃이 튀었다.

"지금은 당신 덕분에 나도 기운을 얻고 있어. 최근에는 거의 불꽃을 튀길 수 없었거든."

가만히 쳐다보니 그녀의 몸은 반투명이어서 뒤에 있는 창틀이 비쳐 보였다. 왠지 슬퍼져서 가슴이 아렸다.

"많이 지치셨겠군요. 혼자 외로웠겠어요."

나도 모르게 그런 말을 하고 말았다.

"고마워. 당신, 좋은 사람이네."

우리는 서로를 위로하듯 웃음을 나누었다.

"내가 이런 꼴로 나타났으니 깜짝 놀랐겠지. 미안해. 이곳에 들어오려고 하는 자들을 겁줘서 쫓아내는 데는 이 모습이 아주 효과적이거든."

긴 머리카락을 매만지며 그녀는 고개를 갸웃했다.

"내 시간 감각이 미덥지 못해서 정확하게는 알 수 없지만. 벌써 20년쯤 지났을 거야. 여기 찾아오는 귀찮은 사람들의 사념 속에 어김없이 이 여자의 모습이 있었어. 긴 머리에 하얀 옷차림으로 무슨 까닭인지 기어 다니는 거야."

너무나도 많은 침입자가 이렇게 생긴 사념을 품고 있기에 나도 흉내를 내보니,

"반응이 매우 강력하더군. 아니, 내가 놀랄 정도로 무서워하더라고."

나는 고개를 크게 끄덕였다. "아마 유명한 공포영화의 영향일 거예요."

"오, 그래? 아무튼 효과가 좋아서 내내 이 모습을 하고 있었거든. 그랬더니 너무 익숙해져서 이제는 다른 모습으로 바뀌질 않네."

"이 모습을 하기 전에는 어떤 모습이었나요?"

"대개는 원장 선생을 흉내 냈어. 정상적으로 걸어 다녔지."

"여기서 화재가 있었다고 하던데—."

"맞아, 아주 오래 된 일인데, 나는 그때 이미 이 모습을 하고 있었어."

방화였다고 한다.

"호기심에 구경하러 온 자였겠지. 젊은이가 아니라 분별이 있어야 마땅한 어른들이었어."

여러 번 드나들며 사진이나 동영상을 찍었고 심령술사라는 여자가 건물 안에서 '액막이'를 한 끝에,

"이곳을 정화하려면 불태워버리는 수밖에 없다면서 휘발유를 뿌리고 불을 지른 거야."

그녀는 어깨를 으쓱했다.

"뭐, 나를 만나기 전에 이미 그때 당시에 우글거리던 사악한 것들을 잔뜩 만나버려서 겁에 질려 있었거든."

"당신이 무사해서 다행이군요."

"응. 소방대원과 구급대원이 달려와 주었으니까. 좋은 에너지를 받았지."

이야기에 몰두하다 보니 마음이 완전히 열려서 나는 긴장을 풀고 있었다. 하지만 몸은 꽁꽁 얼어 종종 오한이 왔다.

"미안. 그 손목을 풀어줄 수 있으면 좋을 텐데. 그러면 당신이 직접 손으로 온몸을 주물러서 추위를 이길 수 있겠지만."

그녀는 실체가 없어서 나를 만질 수는 없다고 한다. 나도 그녀를 만질 수 없다.

"괜찮아요."

"지금은 어두워서 안 보이겠지만 동이 트면 충격을 받을걸. 당신, 심하게 다쳤어. 피도 나고."

그녀의 목소리는 따뜻했다.

"그놈, 악질이야."

"네."

"당신 같은 착한 여자가 왜 그런 놈과 엮이고 만 거지?"

나는 천천히 입을 열었다. 게이타에 관해 친구에게 말하듯 솔직하게 털어놓았다. 이야기하다 보니 눈물이 나와 케이블타이에 묶인 손목을 쳐들어 눈물을 닦았다.

"큰일 날 뻔했네."

"제가 바보였죠."

"당신이 무사해서 다행이야. 여기가 아니라 다른 곳으로 끌려갔으면 지금쯤 어떤 일을 당했을지."

나도 그렇게 생각한다. 종이 한 장 차이였다.

"밖에서 들어올 수 있는 통로는 이 철문뿐이야. 그러니 당신, 몸이 식어서 안 됐지만 동이 틀 때까지 여기 있어. 매일 아침 경비가 순찰하러 오니까. 그때 나가서 도움을 청하라고."

이 건물은 곧 철거하기로 예정되어 있다고 그녀는 말했다.

"이제야 새로운 인수자가 나타났어. 또 방화가 일어나면 곤란하니까 경찰과 상의해서 순찰을 돌기로 했지. 일전에 조사하러 온 사람들이 그렇게 말하더군."

만약 게이타 일행이 아직도 근처를 어슬렁거리고 있어도 경찰이 있으면 안심이다.

"그럴게요. 고마워요. 정말 고맙습니다."

"천만에."

그녀는 웃고 나서 내 얼굴을 들여다보았다.

"당신, 많이 지쳤어. 이제 잠 좀 자. 날이 밝으면 깨워줄게."

실제로 나는 몹시 지친 상태였다. 눈꺼풀은 무겁고 온 몸은 식어 있었다.

"잠이 올까요?"

"내가 자장가를 불러줄게."

나는 눈을 휘둥그레 떴다.

"자장가?"

"응. 이곳은 종합병원이어서 소아병동도 있었는데, 당시 간호부장이 아이들에게 불러주던 노래를 기억하고 있어."

"그럼 부탁할게요."

나는 무릎을 안고 턱을 무릎에 올렸다. 눈을 감자 머리 위쪽에서 사에코 언니의 목소리로 노랫소리가 들려왔다.

"노오래를~, 잊어버린, 카나리아, 는~"

노랫소리가 몸으로 스며든다. 다시 눈물이 나와 볼을 타고 흘러내렸다.

포근한 잠에 휩싸인다. 스르륵. 그러다가 퍼뜩 궁금한 점이 떠올랐다.

"—이 건물이 철거되면 당신은 어떻게 되는 거죠?"

피로와 졸음으로 혀가 제대로 돌지 않았다.

"가야 할 갈 곳으로 갈 뿐이지. 걱정해줘서 고마워."

잊어버린~, 노오래를, 떠올린다~.

나는 깜빡깜빡 잠이 들었다.

온몸에 정전기 같은 것이 스치는 바람에 흠칫 놀라 잠에서 깨어났다.

철문의 사각 창문으로 아침 햇살이 비추어들고 있었다. 야간접수 카운터 위에 있던 그녀의 모습이 보이지 않았다.

일어서자 팔다리 관절에서 우두우두 소리가 났다. 철문에 몸을 기대고 창밖을 내다보니 쓰러진 펜스 너머로 순찰차 한 대가 나타났다. 이쪽으로 다가온다.

온힘을 쥐어짜내 무거운 철문을 밀었다. 어깨가 빠져라 안간힘을 써서 간신히 밖으로 나갔다. 비틀거리며 몇 발자국 걸어가자 울퉁불퉁하고 축축한 지면에 종잇조각이 떨어져 있었다. 주워보니 게이타가 들이밀던 계약서였다.

순찰차가 멈추고 운전석에서 경찰이 내렸다. 급한 걸음으로 다가온다.

"무슨 일입니까?"

나는 몇 발자국을 더 걸어가 경찰 품에 쓰러져 그의 부축을 받았다.

"정신 차리세요. 괜찮습니까?"

이리하여 '탐험'의 하룻밤은 끝났다.

차량으로 납치되어 사악한 계약서에 서명할 것을 강요받고 물건도 빼앗겼다. 그녀가 말한 대로 나는 몸도 다친 상태였다. 이것은 빼도 박도 못할 범죄이고 형사사건이었다.

나는 병원에서 치료를 받았다. 연락을 받은 부모님이 달려와 주었고 경찰의 긴 사정청취가 있었다. 집에 돌아간 것은 오후도 늦은 시각이 되고나서였다.

게이타 일행은 각자의 거처로 돌아가 있다가 경찰에 따로 호출을 받았다고 한다. 사정청취에 얌전히 응한 자도 있지만 변명을 하며 빠져나가려고 하는 자도 있었다.

가장 끈질기게 버틴 사람은 역시 게이타였다. 경찰이 찾자 집에서 도망쳐 행방을 감추었다.

부모님은 몸이 상할 만큼 걱정하고 분노했지만 나 역시 집에서 나갈 수 없게 되었다.

그녀의 웃는 얼굴, 함께 나눈 이야기, 그 따뜻한 노랫소리는 내 마음에 또렷이 남아 있다. 다시 한 번 그 폐병원에 가고 싶은데. 그녀를 만나 인사하고 싶은데.

도저히 답답해서 못 견디겠다는 핑계를 대고 어머니에게 부탁해서 함께 외출하여 꽃가게로 갔다. 처음에는 꽃다발을 구입할 생각이었지만, 유리 상자 속의 장미를 바라보다가 마음을 바꿨다. 그 가게에서 가장 비싼 빨간 장미를 한 송이만 샀다.

집에 돌아와 그 꽃을 내 방 책상 위에 있던 가느다란 흰 화병에 꽂았다.

미안합니다. 지금은 그곳에 갈 수 없어요. 하지만 이렇게 합장하면 당신에게 내 마음이 전해지리라 믿습니다.

그날 심야에 나는 스위치를 켠 것처럼 잠에서 깨어났다. 베갯맡 시계를 보니 새벽 2시 정각이었다.

나는 침대에서 일어나 앉아 불도 켜지 않고 책상 위 빨간 장미를 보았다. 아니, 시선을 흡수당했다.

커튼을 통해 들어오는 희미한 달빛 속에서 빨간 장미꽃이 풀어져 한 닢 또 한 닢 하늘하늘 떨어졌다. 쳐다보는 동안 모두 떨어져 화사한 향기만 남았다.

먼 친척 집에 숨어 있던 게이타를 체포한 것은 그로부터 이틀 뒤였다.

하지만 나로서는 더 마음이 쓰이는 뉴스가 있었다. 조간 지방면에서 작은 기사를 발견한 것이다. 그 폐병원이 마침내 철거된다, 그 터에는 최신 설비를 갖춘 양로원이 건설될 예정이라는 내용이었다.

그랬구나.

그것은 그녀의 작별 인사였던 것이다. 가버린 것이다. 가야 할 곳으로.

—예쁜 꽃, 고마워.

나야말로 아무리 고마움을 표해도 부족하다. 언젠가 먼 훗날 나도 가야 할 곳에 갈 때가 되면, 그때 만나요.

장미꽃잎 지는 새벽 두 시 누군가 떠나가네 ◎소신

창밖 베란다에 키운 여주 커튼 열매는 두 개

창밖 베란다에 키운 여주 커튼 열매는 두 개

미후유는 이불 속에서 남편이 움직이는 기척에 눈을 떴다. 데쓰지가 침대에서 일어나 거실로 나갔다. 바닥이 차가울 텐데 슬리퍼도 신지 않은 맨발이다.

동트기 전의 고요한 시간, 거실의 벽시계 진자 흔들리는 소리까지 들을 수 있다.

"으으으, 춥다, 추워."

데쓰지가 목을 움츠리고 돌아오자 미후유는 말했다. "어때?"

데쓰지는 조금 과장되게 놀랐다. "뭐야, 깨어 있었어?"

"지금 몇 시?"

"막 네 시 반이 됐어. 쌀쌀하네~."

"하긴 오늘이 대한이잖아."

미후유가 몸을 뒤척여 남편을 바라보자 데쓰지가 이불 속으로 들어왔다.

"굳이 보러 가지 않아도 될 텐데."

"아니라니까. 화장실에 가고 싶어서 그 참에 본 것뿐이야."

"뎃 짱도 이제는 젊지 않아. 막 일어나서 창문 열고 찬바람 맞으면 쇼크로 쓰러질 수도 있어."

두 사람 모두 7월생 게자리에 생일은 사흘밖에 차이 나지 않는다. 데쓰지는 올해 마흔한 살, 미후유는 서른여덟 살이다. 직장 내 서클에서 만나 사귀다가 결혼한 지 13년차가 된다. 아이는 없다. 직장에서는 부서가 달라 특별한 문제 없이 내내 맞벌이로 지내왔다.

"우리 집안이 장수 집안이니까 괜찮아."

익살맞은 말투로 대꾸하고 요란하게 하품을 하며 데쓰지는 베개에 얼굴을 묻었다. 언제 어디서나 스위치를 딸각 끈 것처럼 잠들 수도 있고 일어날 수도 있는 사람이다. 미후유는 도저히 흉내 낼 수 없는 재주여서 부러워한다.

미후유는 어둑한 천장을 응시했다. 기왕 깨어났으니 아침식사와 도시락을 만들까.

신형 코로나 바이러스 감염 예방 대책의 일환으로 미후유가 속한 재무관리과는 재택근무를 권장해서 주에 딱 한 번만 출근하면 된다. 고객을 상대하는 종합영업직에 속한 데쓰지는 그럴 수가 없어 종전처럼 출근하고 잔업도 한다. 남편이 외식을 삼가야 하는 만큼 미후유는 도시락의 영양 균형에 신경을 쓰게 되었다.

본래 요리를 좋아해 그리 힘들지는 않다. 지금까지 결혼생활을 하면서 주방에 서는 것을 고역이라고 느낀 적은 감기로 컨디션이 나쁠 때 정도밖에 없다. 하지만 요즘은 매일 아침 일어나 주방에 설 때마다 아주 희미하긴 하지만 확실히 불안을 느낀다. 오늘도 그것은 창 밖에서 여전히 파릇파릇하고 동글동글할까, 하며.

작년 3월 초, 미후유와 데쓰지가 이 임대아파트를 택할 때는 거실 베란다가 남서향이라는 점을 오히려 장점이라고 생각했다. 밝고 바람도 잘 통한다. 다른 조건들에 대해서도 불평할 점이 없었으므로 "정서향은 아니니까 괜찮네"라고 했었다. 그러나 막상 살아보니 황금연휴가 끝날 즈음, 이렇다 할 차폐물이 없는 서쪽에서 쨍쨍 내리쬐는 해의 위력에 질리고 말았다.

"5월인데도 이러네. 한여름이면 어떻게 되는 걸까."

어떻게든 대책을 세워야 해, 라는 미후유의 말을 데쓰지는 가볍게 웃어넘겼다.

"정 더우면 차광커튼이란 게 있잖아."

"대낮부터 커튼을 쳐 두겠다고? 그런 건 절대로 싫어."

"역시 미후유는 예쁜 집을 좋아한다니까."

주택 인테리어에 관심이 많은 거라고 말해줘.

미후유는 걱정스러웠다. 데쓰지가 지금은 태평하지만 더위를 많이 타는 사람이어서 한여름이면 에어컨을 펑펑 틀 게 뻔하다. 전기료는 또 얼마나 나오려나.

그런 고민을 할 때 구원의 손길을 내밀어준 것이 옆집에 사는 다카다 부부였다. 오십대 초에 맞벌이고 자식이 없다. 이사 와서 인사하러 갔을 때부터 좋은 인상을 받았다. 세대는 다르지만 적절한 거리를 둘 줄 아는 친절한 이웃으로서 교류할 만한 사람들이었다.

다카다 부인이 말했다. "우리도 서쪽에서 드는 햇빛으로 고민했는데, 여주를 심어서 간단히 해결했어요."

이른바 여주 커튼이다.

"그늘을 만들면 정말로 실내 온도가 2, 3도나 떨어져요. 열매도 열리니까 일석이조고요. 우리 남편은 여름 내내 아침마다 여주로 그린 스무디를 만들어 먹었어요."

거기까지 흉내 내기는 조금 어렵겠지만 실내 온도가 떨어진다니 솔깃했다. 다만 문제는 미후유에게 있었다.

"실은 제가 관엽식물을 말려 죽이는 특별한 재능을 타고났거든요."

가드닝이 취미인 데쓰지 어머니에게,

—너, 그러다 식물한테 원한 살라.

라는 말을 들었을 정도다.

시어머니는 너그럽고 상냥하며 결코 심술궂은 사람이 아니다. 그래서 시어머니가 만들어준 화분, 포기를 나누고 꽃까지 피워서 준 난이나 장미나 수선 등을 남김없이 말려죽이고 마는 미후유를 야단치기보다는 '원한'을 살지 모른다고 걱정해주었을 것이다.

그러자 다카다 부인이 폭소하며 말했다.

"멋진 시어머니시네요."

"그래서 더욱 죄송해요……."

"여주는 그냥 내버려둬도 잘 자라요. 오히려 자꾸 건드리지 않는 게 더 나으니까 아마 괜찮을 겁니다."

부부는 매년 5월 중순 묘종을 심는다고 한다.

"마침 계절이 딱 맞네요."

이런 연유로 다음 토요일 미후유와 데쓰지는 다카다 부부와 함께 근처 홈센터에 가서 필요한 도구를 모두 사들였다. 각종 도구에 흙, 비료, 그물망. 베란다에 직사각형 플랜터를 두 줄로 늘어놓고 거기에 여주 묘종을 심었다.

처음 얼마 동안은 나무젓가락을 지주로 세우고 마끈으로 줄기를 부드럽게 묶어서 부러지지 않게 해둔다. 그다음은 매일 물만 주면 된다.

막상 재배를 시작해 보니 걱정이 많은 미후유보다 데쓰지가 더 열심이었다. 꼼꼼하게 물을 주고 해충이 생기지 않았는지 살펴보고 스마트폰으로 '여주 관찰일기'를 기록했다.

"이런 거, 실은 나도 싫어하진 않나봐."

하긴 어머니 유전자를 받았으니.

덕분에 미후유는 거의 손대지 않고 지켜보기만 하면 되었다.

여주를 손질하는 데쓰지에게 양산을 받쳐준 정도의 공헌밖에 없다.

한 달쯤 지나자 베란다에는 멋진 여주 커튼이 완성되었다. 빽빽하게 난 푸른 잎이 풍기는 청량감은 막연히 기대하던 것 이상으로 훌륭했다. 맑은 날은 물론이고 무덥고 흐린 장마철에도(인테리어를 좋아하는) 미후유는 푸른 커튼으로 베란다를 꾸민 효과에 푹 빠졌다.

노란 수꽃과 암꽃이 피었고, 열매를 얻기 위해서는 아침나절에 수분작업을 할 필요가 있었다.

이 작업도 데쓰지가 꼼꼼하게 마쳐서 7월 초에는 첫 수확을 거두었다. 굵기가 꼭 미후유의 손목쯤 되는 열매가 세 개 달렸다. 다카다 부인에게 보여주자 "어머, 알차네요"라고 했다.

즉시 참프루단단한 두부와 야채를 볶아서 만드는 오키나와 요리로 만들었더니 직접 키워 먹는 채소 맛이 각별하다며 데쓰지는 매우 흡족한 미소를 지었다.

그 후에도 여주 열매를 여러 번 수확했다. 생명력 강한 채소였다.

"기특하네."

"그린스무디는 엄두가 안 나지만 참프루로 만드니 역시 좋네. 게다가 수프는 의외다 싶을 정도로 맛있어."

데쓰지의 '여주 관찰일기'는 양가 부모와 친한 친구들에게 근황을 알리기 위해 만든 SNS 계정에 올렸다.

데쓰지 어머니는 멋진 여주 커튼 모습과 열매 수확 소식에 크게 기뻐하여 신칸센을 타야 하는 거리인데도 일삼아 구경하러 와주었다. 그 참에 여주 샐러드나 튀김, 수프를 만들고 미후유에게 레시피를 가르쳐주었다. 쓴맛을 잘 빼는 것이 요령이라고 했다.

한여름 무더위 대비책일 뿐만 아니라 가족 간 교류에도 도움이 되는 여주 커튼. 열매는 8월 말경에는 살짝 싫증이 나서 수확하지 않고 그냥 놔두었지만, 그건 또 그것대로 좋은 풍경이 되었다.

"나 다른 식물에도 도전해볼까? 베란다에서 가드닝하는 남자를 '베란다남'이라고 한다지? 괜찮지 않아?"

"흠. 나는 응원만 할게."

행인지 불행인지 가을과 함께 데쓰지는 업무가 바빠져서 베란다남 본격 데뷔는 나중으로 미루게 되었다.

미후유 머릿속에서는 베란다의 여주 자체가 사라져버렸다. 애초에 몸소 가꾸지 않고 맛만 즐기던 처지였으므로 시원한 풍경을 실감할 기회가 줄어든 가을인 만큼 여주의 존재감도 줄어들고 만 것이다.

그러나 10월 중순의 어느 날 아침, 주방 카운터에 팔꿈치를 괴고 뜨거운 커피를 마시다가 뭔가 이상하다고 느꼈다. 그때 처음으로 눈을 뜬 것처럼 시선이 쏠렸다.

이거, 이상한 일 아닌가?

우리 베란다의 여주가 지금도 짙은 초록색 잎을 무성하게 펼치고 있다. 전혀 마르지 않았다. 게다가 열매가 아직도 달려 있다.

늦게 맺힌 열매 한두 개를 따지 않고 두었는데 그대로 남아 있는 것이다.

데쓰지는 이것도 지구온난화 탓이라고 했다.

"아니면 열섬 현상 탓일까? 조만간 수도권에서는 어디서나 바나나나 레몬이 자라게 될 거야."

그날 미후유는 다카다 부인과 잠깐 대화할 기회가 있어서, 아침저녁으로 쌀쌀해졌네요, 한여름 더위가 거짓말 같아요, 하며 인사를 나누고 여주에 대해 물어보았다. 혹시 그 홈센터에서 팔던 여주 묘종이 다년생이어서 다카다 부부 집에서도 여전히 푸르고 왕성하게 자라고 있을지 모른다고 생각했던 것이다. 그때는 정말 그럴 가능성도 있다고 여겼다.

다카다 부인은 이렇게 말했다. "원래 더운 곳에서 자라는 식물이니까 이곳처럼 여름만 끝나면 바로 쌀쌀해지는 지역에서는 맥을 못 춰요."

옆집 여주는 이미 말라비틀어져 있었다.

"우리 집은 가을에 코스모스나 칸나를 가꾸고 가을풀꽃 화분을 만들고 나면 겨우내 베란다 가드닝은 방학이에요. 실내에서 난만 관리하게 되죠."

그래요? 다음에 구경시켜 주세요, 하며 웃음을 지어보이고 미후유는 집으로 들어왔다. 서둘러 거실 베란다로 나가 보니 가을바람에 여주 잎이 살랑살랑 흔들리고 튼실한 껍질을 가진 열매 두 개가 달렸는데, 하나는 미후유 눈높이에, 또 하나는 팔꿈치 높이에서 서로 외면하듯 매달려 있었다.

설마 11월이 되면 마르겠지. 부부는 그렇게 이야기하며 웃었다.

여주는 마르지 않았다. 진초록 열매는 생장을 멈추었지만 우툴두툴한 돌기는 깊고 선명해져 있었다.

바라보고 있자,

—딱 먹기 좋을 때입니다, 부인. 참프루 맛있었죠?

라고 말을 걸어올 것 같다.

이런 바보 같은 상상을!

미후유는 충동적으로 손을 뻗어 여주를 따버렸다. 붙잡을 때의 감촉이 딱딱해서 소름이 확 돋았다. 처음에는 주방 쓰레기통에 던져 넣었지만, 곧 그것도 참을 수 없어서 쓰레기봉투째 끄집어내 아파트 쓰레기집하장에 버리러 내려갔다.

귀가한 데쓰지에게 그 일을 들려줄 때도 여전히 흥분해 있었다.

"뭘 그렇게 예민하게 생각해."

데쓰지는 미후유를 다독이며 조금 난처한 표정이 되었다.

"솔직히 나도 신경 쓰고 있었어. 우리 여주가 이상하게 생생해서."

여주 열매는 수확하지 않고 그냥 두면 금세 과숙해서 노랗게 변하고 터져버릴 때도 있다고 한다.

"노랗게 변하면 쓴맛이 가시고 맛이 좋아진대. 그래서 그냥 두었다가 노래지면 따야겠다고 생각하고 있었는데……."

우리 베란다의 여주는 아무리 기다려도 초록색 그대로네.

미후유는 눈을 천천히 깜빡였다.

"그렇다면 저 여주는 그냥 마르지 않는 게 아니라 시간이 멈춰 있는 걸까?"

데쓰지가 미후유 얼굴을 보았다. 미후유도 그의 눈을 마주보았다.

"설마" 하고 동시에 말하며 살짝 웃었다.

"아마 추위에 강한 종자겠지."

아무리 그래도 12월이 되면 마르겠지. 데쓰지는 그렇게 말했다. 미후유도 그렇겠지, 하고 대답하며 너무 신경 쓰지 않기로 했다.

여주는 마르지 않았다. 키가 더 크지는 않았지만 잎이 한 장도 떨어지지 않고 줄기도 매끈하고 탄탄했으며 뿌리도 옆으로 널리 뻗고 있었다.

게다가 미후유가 따버린 열매 자리가 아닌 다른 자리에 다시 열매가 열렸다. 이번에도 두 개. 점점 커져간다.

문제는 기온만이 아니었다. 벌써 두 달 가까이 물도 주지 않았던 것이다.

"우리 집에 뭔가 기적이 일어나고 있네."

천사나 악마의 소행일까. 어느 쪽이든 인간이 개입하면 곤란하겠지만.

"내가 잘 감시하고 있으니까 미후유는 잊어. 괜히 신경 쓰지 마. 알았지?"

그리하여 데쓰지는 대한의 쌀쌀한 날에도 동트기 전에 침대를 빠져나가 일삼아 여주 상태를 확인하곤 했던 것이다.

이 동네는 수도권에 속해 있지만 산이 가깝고 전철 역에서 조금만 걸어가도 주택보다 비닐하우스나 논밭이 많은 곳이다. 도쿄 도내에 비하면 여름 더위는 비슷하지만 겨울 추위는 차원이 다르다. 12월 중순부터 아파트 주변 정원수에는 서릿발이 서곤 한다. 눈은 많이 내리지 않지만 아침 기온이 영하로 떨어지는 날도 드물지 않다. 한밤에 내린 초겨울 비가 새벽에 베란다에서 살얼음으로 얼어 있는 날도 있다.

그런데도 여주는 마르지 않은 채 새해를 맞았다. 뿌리께 서리가 내려도, 플랜터 구석에 작은 고드름이 달려도 인조식물처럼 상쾌한 초록색 잎은 싱싱했고, 울퉁불퉁한 껍질로 진초록 쓴맛을 가둬두고 있는 것처럼 보이는 묵직한 열매 두 개는 건재했다.

미후유도 이번에는 그 열매를 따버릴 수 없었다. 그런 짓을 했다가는 모처럼 데쓰지가 '감시'하고 있는 무엇인가—중요한 무엇인가를 자극해서 분노를 부를 것 같았서였다. 그것이 얼마나 대단한 존재인지, 천사인지 악마인지 신령님인지 부처님인지 전혀 짐작도 할 수 없었지만 말이다.

올해 기후는 달력에 충실하여, 대한 다음날부터 엄청난 한파가 일본 열도를 완전히 뒤덮었다.

미후유는 장보러 갔다가 수도관 동파를 경고하는 시청 홍보차량을 만났다.

쇼핑몰 신발가게에는 스노부츠나 결빙도로에서 낙상을 방지하는 미끄럼방지제가 진열되어 있었다.

한파로 각지에 폭설이 내려 교통정체나 두절이 일어났다. 이런 상황을 보도하는 전국 뉴스 틈틈이 방송되는 지방 뉴스도 이 지역에 예년에 없던 폭설의 가능성을 강조하고 있었다. 데쓰지는 회사 상사가 권해주었다면서 제설용 삽을 사서 귀가했다.

"엘리베이터 앞에서 다카다 씨를 만나는데, 제설용 삽을 보고 웃더군."

다카다 부부는 이곳 토박이다. 미후유도 한낮에 다카다 부인과 잠깐 만나 이야기했는데, 일기예보가 아무리 야단을 떨어도 이 동네에 폭설이 내릴 일은 없다고 했다. 쌓여 봤자 2, 3센티미터가 고작이에요.

그런데 이번에도 다카다 부부가 옳았다. 이 동네 적설량은 시청의 정식 발표에 따르면 2.4센티미터였다.

그래도 베란다의 플랜터는 꽁꽁 얼었다. 합성수지로 만든 것이라 꽁꽁 얼자 금이 갔다. 그 틈새로 바짝 마른 원예용 토양이 새어나오고 있었다.

그래도 여주는 내 알 바 아니라는 듯 파릇파릇하고 열매 두 개도 튼실했다.

"안 돼, 그러지 마."

미후유가 말리는데도 데쓰지가 손을 뻗어 열매를 만졌다. 하나는 그냥 만져만 보고 다른 하나는 위로 쳐들어 손바닥으로 감쌌다.

"조금, 따뜻하네."

살아 있다.

"확실히 살아 있는 거야. 대단한데. 정말 기적이야, 이건."

하얀 숨을 토하더니 한기에 몸을 떨면서 초등학생처럼 눈알을 반짝이며 그렇게 말했다. 데쓰지는 마를 줄 모르는 여주를 조금도 기분 나쁘게 보지 않았다. 미후유는 새삼 감탄하면서도 어이가 없었다. 그런 데쓰지가 마르지 않는 여주 못지않게 기분 나쁘다는 생각이 들자 황망히 그 생각을 삼켜버렸다.

미후유는 말하려고 했다. 어디 다른 곳에 옮겨 심어 주지 않겠어? 산속이 좋겠어. 볕이 잘 드는 곳. 이렇게 강한 종자니까 야생에 적응해서 천연 여주 군락지가 생길지도 몰라.

그보다 1000분의 1초쯤 먼저 데쓰지가 입을 열었다.

"이 열매, 시험 삼아 먹어보면 어떨까."

그렇게 말할 줄 알았다. 그 말을 하게 놔두고 싶지 않았는데 1000분의 1초 경쟁에 져서 듣고야 말았다.

미후유는 눈길을 내렸다. "……그런 거, 당연히 안 되는 거 아냐?"

왜 목소리를 낮추고 말았을까. 큰 소리로 데쓰지를 꾸짖어야 할 장면인데. 무슨 생각을 하는 거야! 이런 기분 나쁜 걸 먹겠다니, 머리가 어떻게 된 거 아냐?

"안 될까?"

데쓰지는 소박하게 아쉬워했다. 먹고 싶다고 매일 카레와 햄버그스테이크만 만들어줄 수는 없잖아, 하고 엄마에게 꾸중 듣는 초등학생처럼.

"나는 안 만질 거야."

"그럼 내가 다카다 씨에게 조리법을 배워볼까? 여주 그린스무디 말이야."

"그러지 마!"

미후유가 너무 큰소리로 말하자 그 소리에 따귀라도 맞은 듯 데쓰지가 몸을 뒤로 휙 젖혔다.

이 지역의 쉽게 건조하고 꽁꽁 어는 1월과 2월, 미후유와 데쓰지는 여주를 놓고 냉전을 이어 갔다.

미후유는 데쓰지가 여주를 먹어보려고 하지 않는지 경계하며 신경이 예민해져 있었다. 데쓰지는 데쓰지대로 미후유가 자기가 없는 틈에 여주를 뽑아 쓰레기봉지에 처넣어 버리는 것은 아닌지 의심하고 있었다.

이런 상호 불신은 결혼 이래 처음이었다. 자타가 공히 인정하는 잉꼬부부에 친구처럼 지내는 것이 원만한 관계의 비결이라 여겼는데.

지금 와서 생각하니 구석기시대 일 같지만, 미후유는 결혼하고 반년 정도 만에 임신을 했었다. 하지만 유감스럽게도 실감하지는 못했다. 부정출혈이 있어서 산부인과에 갔다가 유산했다는 사실을 알았기 때문이다.

눈치채지 못한 자신을 부끄러워하고 흐느껴 울며 사과하는 미후유를 데쓰지는 밤새 위로해 주었다.

초기유산은 원인불명인 경우가 많고 당신 책임이 전혀 아냐. 내가 많이 조사해봐서 알아. 그보다 미후유가 무서운 병에 걸리지 않은 게 다행이야.

그 후 미후유에게 임신의 징후가 나타난 적은 없었다. 검사해 보니 쌍방에게 조금씩 난임 요소가 있었다. 자연임신을 바랄 수 없는 수준은 결코 아니라고 의사가 장담했지만 황새에게는 의사의 장담이 통하지 않은 듯했다.

서른 번째 생일에 미후유는 본격적으로 불임 치료를 하고 싶다고 했다. 그때도 데쓰지가 거의 밤을 새다시피 하며 설득에 열을 올렸다.

"내가 아주 친하게 지내는 대학 선배 알지? 뜨겁게 연애하다 결혼했잖아. 하지만 그 부부도 좀처럼 아기가 생기지 않아 10년 가까이 불임 치료를 해왔대."

그 선배 부부가 최근 갈라섰다고 했다.

"원인이 누구에게 있든 불임 치료는 여성에게 너무 부담이 크대. 전에 그 선배 집에 놀러갔을 때 부인이 안색이 너무 나쁘고 움직이기도 힘들 정도로 배가 부른 것을 보고 드디어 소원을 풀게 되었구나 생각했었어. 하지만 치료가 잘못돼서 복수가 찼던 거래.”

고통과 괴로움을 견뎌내며 치료를 계속한다고 성과가 있으리라는 보장이 없다. 결국 부부 사이에 틈이 벌어지고 종국에 이혼해버렸으니, 너무 슬프지 않은가.

“자식은 점지 받는 거라고 하잖아. 아기는 신에게 맡기고 기도나 하자고. 만약 점지해주시지 않아도 미후유는 변함없이 나의 소중한 사람이니까. 나와 함께 살아서 좋았다고 생각할 수 있도록 내가 최선을 다해 노력할 거야. 미후유가 선배 부인과 같은 고통을 겪지 않았으면 해.”

끝내 눈물로 호소하자 미후유도 고개를 끄덕였다. 데쓰지의 손을 꼭 잡고 함께 울었다.

다행히 양가 부모도 이 문제로 재촉하거나 책망한 적은 한 번도 없었다. 아직 완전히 포기한 것은 아니다. 언젠가는 꼭, 하며 희망의 끈을 놓지 않은 채 부부의 일상을 소중히 지켜왔다.

그랬건만 바보처럼 마르지 않는 여주 때문에 사이가 어색해지다니.

“미후유, 내 말 듣고 놀라지 말아줘.”

2월의 어느 날 아침 드물게 먼저 일어나 거실에 앉아 있던 데쓰지가 이쪽을 바라보았다.

"응? 뭔데?"

놀라지 않을 수 없었다. 데쓰지 왼쪽 뺨이 보름달처럼 퉁퉁 부어 있었다.

"혹부리영감 같지?"

이게 어디 웃을 일인가.

"충치야?"

"모르겠어. 최근 이삼일 전부터 아래쪽 어금니가 시리다 느끼긴 했지만."

미후유는 데쓰지 뺨에 손을 대 보았다.

"눈가가 빨개. 열도 있는 거 아냐? 재 보자."

디지털체온계가 삐삐 소리를 내며 38도 1분을 표시했다.

"어쩐지 오한이 들더라."

"태평한 소리 하지 말고 당장 병원에 가야 해."

공교롭게도 그날은 평소 재택근무를 하는 미후유가 하필 출근해야 하는 날이었다. 더구나 중요한 회의가 기다리고 있었다.

"미안, 진료 예약은 내가 해 주겠지만 혼자 가야 해. 택시 잡아 줄까?"

"괜찮아, 괜찮아. 간밤에 아파서 거의 한잠도 못 잤으니까 잠깐만 누워서 쉬었다 갈게."

"정말이지? 진짜 가는 거야."

데쓰지는 겁쟁이 초등학생처럼 치과를 무서워한다. 치과는 진짜 싫어~! 충치든 치주염이든 일찌감치 치과에 갔으면 이렇게까지 붓지는 않았을 텐데.

"점심시간에 전화해서 확인할 거야."

"알았어, 알았어."

"약속이야! 늘 가는 메디컬센터니까. 위치는 알지?"

"오케이, 오케이."

"으이구 진짜! 농담 아냐!"

"나도 농담 아냐. 얼음주머니 좀 만들어줄래?"

미후유가 급히 출근할 때 데쓰지는 커다란 얼음주머니를 볼에 대고 거실 소파에 누워 힘없이 손을 흔들어주었다.

"걱정해줘서 고마워. 요새 미후유한테 미움받고 있는 줄 알았는데, 진짜 기분 좋네."

"치과에 안 가면 나 정말 미워할 거야."

데쓰지의 아픈 듯이 웃는 소리를 등 뒤로 들으며 문을 닫았다.

그날은 바빴다. 출근일이 아니면 처리하지 못할 작업도 있어서 한가롭게 앉아 있을 틈이 없었다. 게다가 회의 준비에 시간이 많이 걸렸고, 겨우 시작된 회의에서는 논쟁이 벌어지는 바람에 이야기가 길어져 점심시간도 제대로 챙길 수 없었다.

오후 3시가 지나 화장실에 가는 참에 얼른 로커 룸으로 돌아가 데쓰지에게 연락해 보았다. '전화를 받을 수 없습니다'라는 메시지만 흘러나왔다. 그래, 병원에 있구나.

일찍 퇴근하고 싶은 날이면 꼭 퇴근시간 직전에 업무를 시키는 과장이 있다. 지옥에나 떨어져라! 속으로 저주를 퍼부으며 지시 한 자료를 작성하고 옷을 갈아입으면서 다시 전화를 걸어보았다. 역시 같은 메시지.

"아 진짜, 휴대폰은 뭐 하러 들고 다닌담."

퇴근길에 슈퍼마켓과 잡화점에 들러 부드러운 과일과 젤리형 영양식 등을 구입해서 집에 도착한 것은 오후 7시가 지나서였다.

데쓰지는 위아래 운동복을 입고 아침과 똑같이 거실 소파에 앉아 텔레비전 음악프로그램을 보고 있었다. 녹화해 두고 볼 짬을 내지 못해서 내내 보관해 왔던 것들이다.

"어서 와."

이쪽을 쳐다보는 데쓰지의 얼굴. 볼의 붓기가 싹 빠져 있다. 열기를 띠고 축축했던 눈도 말끔해졌다.

"오, 다행이네."

"응."

데쓰지는 소파에서 일어나 미후유가 사온 물건을 정리하는 것을 도왔다. 동작이 빠릿빠릿해서 건강한 몸으로 돌아온 듯 보였다.

"역시 충치였어? 오늘 발치까지 한 건 아니겠지?"

"응."

"복용 약은 어떤 걸 받아왔어? 미안, 약 수첩환자의 투약 내력을 정리해 놓은 수첩으로, 일본 의료시스템에서 활용되고 있다을 꺼내놓지 않아서 가져가지 못했겠네? 데쓰지는 알레르기가 있으니까 항생제를 조심해야 하는데……."

"응."

왜 '응'이란 대답밖에 안 하는 거지, 이 사람.

"의사는 누구였어?"

"응…… 그 선생."

"젊은 여자 의사였지? 마기 선생."

"응, 맞아."

미후유는 잠깐 숨을 멈췄다. "순 거짓말. 마기 선생은 수요일에만 나오는 대진代診 의사야. 평소에는 시노다 선생. 베테랑 할아버지 의사잖아."

미후유가 사온 바나나송이를 만지작거리던 데쓰지가 고개를 숙였다.

"진료비 명세서를 보여줘."

데쓰지는 입을 다문 채 움직이지 않았다.

"……치과, 안 갔어?"

바나나를 주방 카운터에 놓고 데쓰지는 후우, 하며 숨을 길게 내쉬었다. 눈길을 들어 미후유의 눈을 보며 말했다.

"여주를 따서 먹어봤어."

그랬더니 싹 나았어.

"나, 치과 가는 걸 죽기보다 싫어하잖아. 밑져야 본전이다 생각하고 시험해본 건데."

설명하는 동안 데쓰지의 볼이 점점 홍조를 띠어간다. 눈알은 더욱 반짝거린다.

"아래쪽에 열린 걸 따봤어. 종이접기처럼 가벼워서 혹시 속이 바짝 말라 있나 싶었지. 하지만 껍질을 벗겨 보니 속에 잘 익은 빨간 씨앗이 많이 들어 있더라."

보통 여주 속의 씨앗이 빨개지는 것은 표피가 노랗게 익은 뒤다. 우리 집 여주는 초록색 그대로 새빨간 씨앗을 감추고 있었던 모양이다.

"그 씨앗을 먹어본 거야. 한두 개를 입에 넣고 씹으니까 금세 효과가 나타나서……."

데쓰지는 방금까지 앉아 있던 소파로 다가가 쿠션 밑에서 뭔가를 끄집어냈다. 지퍼가 달린 투명 봉투였다.

"어?"

데쓰지는 그것을 손에 들고 가만히 서 있었다. 미후유 쪽을 돌아다보았다. 눈동자가 흔들리고 있다.

"분명히 남은 껍질을 이 속에 넣어 두었는데."

미후유는 데쓰지 옆으로 다가가 밀봉된 봉지를 받아들었다. 봉지는 얄팍하고 속에 아무것도 들어 있지 않았다. 살짝 흐릿해져 있는 것은 수분의 흔적일까.

"……없어져버렸어."

여주의 생명력이 데쓰지의 퉁퉁 부은 잇몸을 치료하는 데 사용되고, 사라져버렸다.

"역시 기적을 일으키는 여주였어."

데쓰지의 표정도 목소리도 수학여행 와서 난생 처음 오래된 불상을 가까이서 대면한 중학생 남자아이 같았다.

미후유는 두 팔로 제 몸을 안았다. 한기가 느껴진다. 그런데도 심장박동은 빨라지고 있다.

"베란다의 여주는 어떻게 됐어?"

그렇게 묻자 데쓰지는 튕겨나가듯 베란다로 뛰어갔다. 묵직한 새시를 열 때는 애니메이션 캐릭터처럼 버둥거렸다.

"마르지 않았어. 말짱해!"

그 목소리에 끌려 미후유도 베란다로 나가보았다. 한겨울 찬바람이 아파트를 스치며 으르렁거리고 있었다.

밤의 냉기 속에서 여주는 잎도 덩굴도 한여름 모습 그대로 푸릇푸릇했다. 하나만 남은 열매가 미후유 눈높이에 매달려 있었다.

여주 커튼 전체를 보살피듯 둘러보며 부드러운 손길로 더듬던 데쓰지가 무엇에 찔린 것처럼 동작을 멈추었다.

"미후유, 여기 좀 봐봐."

그곳을 보니 풍부하게 자란 초록 잎 틈새로 매끌매끌하고 통통한 덩굴이 보였다. 그 덩굴에 딱 한 군데 갈색으로 변색된 동그란 자리가 바늘귀만 하게 생겨 있었다.

"내가 열매를 따낸 자리야."

데쓰지는 그렇게 말하고 목울대를 꿀꺽 움직였다.

"이 자리만 말라 있네. 어쩌면 이 덩굴은 점점 말라갈지도 모르겠어."

"이제…… 새 열매는 열리지 않는다는 거야?"

미후유의 물음에 데쓰지는 대답하지 않았다. 갈색 얼룩만 응시하고 있다.

"아무튼 방으로 돌아가자. 감기 걸리겠다."

미후유는 서둘러 저녁식사를 준비했다. 데쓰지는 아무렇지도 않게 음식을 씹을 수 있었고 통증도 붓기도 전혀 없다고 했다. 그러나 저녁식사로 무엇을 어디로 먹었는지도 기억나지 않았다. 적어도 미후유는 그랬다.

"저 열매는, 귀하게 키우자."

식후 커피를 마시며 데쓰지가 창밖으로 눈길을 던지며 말했다. 미후유가 아니라 베란다의 여주에게 약속하는 것 같았다.

"두 개밖에 없었는데 겨우 내 치통 치료에 써버렸으니 너무 아까워. 하나 남은 것은 잘 놔두었다가 정말로 중요한 곳에 쓰자고."

그제야 미후유 쪽으로 고개를 돌렸다.

"하나 남은 여주는 미후유를 위한 기적의 여주야."

미후유는 남편 눈을 쳐다본 채 고개를 몇 번 저었다.

"데쓰지 머리가 여주로 변하는지 어떤지 확인하기 전에는 나는 아무 말도 못해."

무슨 그런 소리를, 하며 데쓰지는 하얀 이를 보이며 웃었다. 그럴 수만 있다면 미후유도 웃고 싶었다.

한밤중 선잠 중에 미후유는 꿈을 꾸었다. 거실 소파에 데쓰지와 키가 거의 같은 여주가 누워 있다가 미후유 쪽을 돌아보았다. 눈 같은 건 아무데도 없고 온몸이 우툴두툴하고 초록색인데, 어째서인지 미후유는 그것과 눈이 마주쳤다. 그러자 그것은 우툴두툴한 초록 몸뚱이를 쫙 쪼개며 하얀 치열을 씨익 드러내더니 이렇게 말했다.

—건강이 최고야!

미후유는 새된 비명을 지르며 눈을 떴다. 실제로는 호흡이 거칠고 식은땀을 뻘뻘 흘릴 뿐 비명 같은 것은 지르지 않았다. 침대 옆자리에는 데쓰지가 가볍게 코를 골며 자고 있다. 창밖에서는 한밤의 북풍이 휭휭 불고 있었다.

데쓰지의 불안한 예상은 빗나갔다. 열매를 따낸 여주 덩굴도 마르는 일은 없었다. 다만 갈색 얼룩도 사라지지 않고 그대로 남아 있었다.

하루, 이틀, 사흘. 농담이 아니라 말 그대로 미후유는 데쓰지의 상태를 관찰했다. 남편이 식물 귀신이 되어버리면 어떡하나? 더구나 불로불사라면.

데쓰지는 데쓰지 그대로였다. 언행에 변화가 없고 숨에서 비린내가 나는 일도 없었다. 미후유는 그를 내치고 싶지 않았다. 데쓰지도 굳이 접근하려 하지 않았다. 그가 사용한 욕조에 몸을 담그는 것이 싫어 샤워만으로 끝냈더니 욕조를 먼저 쓰게 해주었다. 그런 배려도 미후유가 익히 아는 데쓰지의 장점이다.

정확히 1주일이 지나 다시 미후유의 출근일이 되었다. 아침식사 때 데쓰지가 말했다.

"나, 오늘 저녁, 3월 말로 퇴사하는 사람 송별회에 참석할 거야."

"설마 술집에서 모이는 거야?"

"나 포함해서 네 사람뿐이야. 감염 대책이 철저한 가게고, 오래 있지도 않을 거고 2차도 없을 거야. 하지만 모임이 7시 직후에 시작하니까 집에는 아무래도 10시나 되어야 돌아올 것 같은데."

"알았어."

미후유 쪽은 평소와 다를 바 없을 테고 이번 주는 부담스러운 회의도 없다. 정시 퇴근을 지켜주지 않는 과장한테 붙들리지만 않는다면 오후 6시까지는 귀가할 수 있을 것이다. 혼자 먹어야 할 저녁은 도시락이라도 사다가 해결하자.

출근해 보니 과장은 휴가라고 한다. "부인 상태가 좋지 않아서 자택에 대기하며 상황을 지켜본대."

동료 여성 사원이 살짝 쓴웃음을 지으며 말했다.

"코로나에 걸렸대?"

"에이, 아니지. 미 짱도 순진하긴."

이 동료와는 10년 넘게 함께 일했다. 학창시절에도 별명으로 불린 적이 별로 없던 미후유를 '미 짱'이라는 애칭으로 부르는 사람은 그녀뿐이다.

"이거, 과장이 뺑으로 휴가 타낼 때 쓰는 단골 핑계 중에서도 제일 자주 쓰는 거잖아. 2위는 어머니가 아프셔요. 3위는 아버지가 아프셔요."

"그래? 가족 사랑이 대단하네."

그런 이야기를 나누며 일하다가 점심은 함께 회사 근처 카페에서 파스타를 먹었다. 밖에서 런치를 사먹는 것도 거의 세 달 만이다. 과장이 잔소리가 심해서 다들 자제해 왔던 것이다.

감염 방지용 아크릴판 너머로 상사 뒷담화를 하고 세제 신제품을 품평하다가 보고 싶은 영화 이야기를 나누었다. 감염자 수가 조금 더 줄어들면 같이 보러 갈까?

즐겁게 이야기하고 있을 때 옆에서 목소리가 날아들었다. 데쓰지와 함께 영업부에서 일하는 동기 사원으로, 미후유가 세상에서 제일 싫어하는 여자였다.

왜 싫어하냐면 미후유와 마주칠 때마다 자기는 아이를 키우는 엄마라는 사실을 유난히 강조하기 때문이다. 초등학생과 유치원생을 키우는 엄마라는 점을 내세워 우위에 서려고 한다.

어째서 미후유를 표적으로 삼는지 그녀의 속내는 알 수 없다. 한 아이의 엄마인 동료의 의견에 따르면,

—저 여자, 미 짱 남편한테 차인 적이 있는 거야.

그러니까 질투 탓이라는 것이다. 미후유는 어이가 없을 뿐이었다. 초딩도 아니고 나이 마흔 전후의 어른들끼리 질투니 시샘이니 하는 게 가당키나 한 일인가. 당신도 오래 전에 결혼한 몸이잖아.

영업부 여성은 점심을 포장해 가려고 나온 듯했다. 얼른 요금이나 내고 나가면 될 것을 굳이 계산대 앞에서 이쪽으로 걸어와 미후유 일행에게 말을 걸었던 것이다.

"어머, 맛있어 보이네."

파스타 접시를 보며 그렇게 말했다. 연분홍빛 부직포 마스크 주름이 들썩거린다.

"풍경 좋네요, 남편은 점심시간 반납하고 거래처 돌고 있는데 아내는 우아하게 런치를 드시네."

그러는 당신도 점심을 굶는 건 아니잖아. 쏘아주고 싶은 말이 미후유 귀 속에서 발을 동동 구른다.

영업부 여성은 한층 힘차게 마스크를 들썩거리며 목소리 높여 계속했다.

"뎃 짱이 감염되어 버리면 우리 영업부가 엄청난 타격을 받아요. 아내분이 조심하셔야지. 애초에 상황이 상황인 만큼 한 가정의 안주인이라면 외식 같은 건 삼가야 하는데, 아이가 없으면 나이가 몇이 돼도 자기밖에 모르니까 문제예요."

아크릴판 너머 동료 얼굴에 노기가 떠오르는 것이 보였다. 미후유는 재빨리 손을 뻗어 그녀의 손가락 끝을 만지며 '참아'라고 전했다.

하고 싶은 말을 다 뱉어놓고 영업부 여성은 카페 밖으로 나갔다. 찌링, 하고 도어벨이 울렸다. 그리고 쥐죽은 듯 조용해졌다.

식당 내 침묵에 미후유는 심장이 얼어버리는 심정이었다. 애초에 아담한 식당이다. 지금은 감염 대책으로 좌석 수를 절반으로 줄였다. 식당에 있던 모든 사람의 귀에 방금 전의 비아냥거리는 소리가 들렸을 것이다.

"—미 짱."

동료 목소리가 떨리고 있었다.

전에도 이런 정도의 일은 한두 번이 아니었다. 더 불쾌한 말도 들었고 친절을 가장한 예의 없는 조언을 들은 적도 있다.

하지만 오늘은 도저히 참을 수 없었다. 분하고 억울해서 만약 이 세계를 지탱하는 기둥이 눈앞에 있다면 능히 밀어서 쓰러뜨릴 만한 분노가 쉴 새 없이 마그마처럼 솟아났다. 온 힘을 다해 그 분출을 억누르고 또 억눌러서 간신히 오후 작업을 마쳤다.

퇴근시간에 자리에서 일어나자 미후유는 쏜살처럼 일터를 나섰다. 무슨 짓을 저지를지 알 수 없는 자기 자신으로부터 도망치기 위해 제일 가까운 역까지 뛰어갔다. 전차 안에서는 발을 동동 구르고 싶은 것을 꾹 참고, 전차에서 내리자 다시 집까지 달렸다. 아파트 입구도 빠르게 통과하여 엘리베이터를 타지 않고 세 개 층을 단숨에 올라 현관문을 열었다. 숨도 쉬지 않고 거실로 뛰어든 미후유는 그제야 얼굴을 감싸며 주저앉았다. 그러고는 소리 내어 울었다.

원 없이 울다가 지쳐서 퉁퉁 부은 눈을 끔찍이며 고개를 들어보니 거실이 캄캄했다. 불을 켜야 한다는 생각조차 하지 못했던 것이다.

소파 팔걸이에 매달려 간신히 일어섰다. 지칠 대로 지쳤는데도 눈이 번쩍 뜨였다. 아파트 외벽에 설치된 조명등 불빛에 베란다의 여주 커튼이 에메랄드 파편을 늘어놓은 것처럼 빛나고 있었다.

—실내가 어두우니까 저렇게 초록빛으로 비쳐보이는구나.

마르지 않는 여주. 저주받은 여주. 기적의 여주.

아름답다.

—하나 남은 것은 미후유를 위한 거야.

미후유는 숨을 삼켰다.

문득 심장박동이 커졌다. 가슴 앞에 양손을 모아 꼭 쥐었다.

이것이 나를 위한 기적이라면.

—소원을 들어줄까?

그날 밤 데쓰지가 귀가한 시각은 10시 28분이었다. 미안, 동료들과 한 잔 더 마시고 말았네!

미후유는 거실 창가에 앉아 있었다. 무릎을 안고 웅크린 자세로.

데쓰지는 아내에게 뛰어가 볼에 남아 있는 눈물자국을 보았다.

"—먹어버렸어" 하고 미후유는 말했다.

데쓰지는 천천히 고개를 끄덕였다. 창밖으로 시선을 돌렸다. 슬쩍 봐도 여주 커튼이 놀라울 정도로 말라서 떨어져 있다는 것을 알 수 있었다.

그냥 말라버린 것이 아니었다. 뿌리부터 잿빛으로 퇴화하며 분해가 시작되고 있었다. 식물로서 형태를 유지할 수 없는 것이다.

아니, 형태를 유지할 필요를 상실한 걸까.

"내가 열매를 따서 빨간 씨를 다 먹고 나니까 가장자리부터 금세 말라들기 시작했어."

기적의 생명력을 미후유에게 옮겨놓고.

재는 재로. 흙은 흙으로.

미후유는 남편에게 두 손바닥을 펴 보였다.

"껍질도 사라지고 없어."

푸릇한 냄새가 희미하게 남아 있을 뿐.

"어디 아팠던 거야?"

데쓰지가 물었다. 눈썹과 눈꺼풀 사이에서 핏기가 가시고 있다.

"오늘 당신 부서 과장이 휴가 냈지? 설마 코로나에 걸린 건가? 혹시 미후유도?"

미후유는 고개를 저었다.

"그런 거 아냐."

절실한 소망이 있었을 뿐이야.

"아기를 갖고 싶어."

그렇게 말하고 미후유는 다시 눈물을 흘렸다. 이번에는 잔물결처럼 조용히 울었다. 데쓰지는 말없이 미후유를 꼭 안아 아이 달래듯 부드럽게 부드럽게 흔들어 주었다.

거실에서 벽시계 진자 흔들리는 소리가 희미하게 울린다. 그 소리마저 없었다면 시간이 멎은 것처럼 느껴질 고요 속에서 베란다 여주 커튼의 마지막 한 닢이 떨어져 차디찬 밤바람에 날아가 버렸다.

창밖 베란다에 키운 여주 커튼 열매는 두 개 ◎곤보

메마른 해바라기 불러보니
돌아보는 꽃 있네

메마른 해바라기 불러보니 돌아보는 꽃 있네

버스가 서자 아쓰코는 노선도도 확인하지 않고 올라탔다. 공공직업안정소 가까이에 있어 평소 늘 그냥 지나가기만 하던 버스정류장에서 외벽에 빨간 선 두 줄을 그은 버스에 탔다. 익숙지 않은 정리권-후불 방식이어서 앞쪽에 있는 요금표시 모니터에는 200엔부터 1800엔까지 숫자가 나열되어 있었다운행 거리가 길어질수록 요금을 증액하기 위한 방법. 승차하는 승객에게 특정 숫자가 표시된 정리권을 주고 각 정류장마다 정리권의 숫자별 요금을 표시해준다.

9월 첫째 주 금요일 오후 2시가 막 지난 참이다. 구름은 많지만 틈새로 쏟아지는 햇살은 한여름 땡볕과 다르지 않다. 빨간 신호등을 보며 멈춘 교차로에 주유소가 있고 경유, 휘발유, 고급휘발유의 오늘 가격이 적힌 표시판 밑에 현재 기온이 표시되어 있었다. 33.3도.

버스 내부는 한산해서 승객이 띄엄띄엄 앉아 있다. 맨 뒷좌석 왼쪽 구석에 앉아 창유리에 이마를 대자 차체 진동에 머리가 떨렸다. 에어컨이 가동되고 있어 땀이 이내 식고 쌀쌀하게 느껴질 정도였다.

직장을 그만둔 것은 2월 중순이다. 꽃다발도 받고 모두들 미소와 박수로 환송해 준 그날은 진눈깨비가 내렸다. 밖으로 나서니 장미와 안개꽃을 감싼 투명한 시트에 진눈깨비가 떨어져 가벼운 소리를 냈다. 택시 승강장까지 우산을 받쳐준 동료가, 준 브라이드는 멋지지만 장마철이니까 예식 당일에 비가 내릴지 몰라, 가든 웨딩은 참아줘, 라며 웃었다.

그래, 당연히 생각하고 있지, 대답하며 아쓰코도 웃었다. 그리고 한 달쯤 지났을 때 약혼자가 찾아와 아쓰코의 눈을 쳐다보며 결혼을 취소하고 싶다고 말했다.

버스 안에 흐르는 안내방송은 여성 목소리였다. 아쓰코가 아침마다 보는 NHK 일기예보에 출연하는 기상예보관의 목소리를 닮았다. 그 사람이 부업으로 하고 있나 싶을 만큼 꼭 닮았다. 기상예보관은 NHK 직원은 아닐 테니까 부업을 한다고 문제가 될 건 없다. 아니, 애초에 부업이 아니지 않을까? 어느 쪽이나 보수를 받는 본업이 아닐까?

승객은 몇 명 없지만 버스는 정류장을 하나도 거르지 않고 꼬박꼬박 멈추어 문을 여닫았다. 누가 내리기도 하고 누가 올라타기도 했다. 좁은 시내 도로에서 반대 차선으로 마주 오는 버스와 만날 때면 운전기사는 하얀 장갑 낀 손을 쳐들어 인사를 나누었다. 아쓰코는 양쪽 검지가 길어서 웨딩드레스는 금방 정했지만 흰 장갑은 꼭 맞는 것을 좀처럼 찾지 못했다. 버스 운전기사도 그런 일로 곤란하거나 하진 않을까? 세상의 모든 '흰 장갑 끼는 직업'을 가진 사람들은 그런 일로 곤란해하진 않을까?

약혼자와는 3년을 교제했다. 나는 아마 이 사람과 결혼하겠구나, 라고 아쓰코가 느낀 것은 사귀고 2년이 되던 해 연말이었다. 잔업을 마치고 전화하자 그 사람도 마침 당일치기 출장에서 돌아와 막 역에 도착한 참이라고 해서 함께 늦은 저녁을 먹기로 약속하고 만났다. 늘 가던 세련된 웨이팅 바가 있는 레스토랑이었다.

아쓰코가 남자보다 늦게 도착한지라 창유리 너머 카운터 스툴에 앉은 그 사람이 보였다. 셰리주 잔을 앞에 놓고 꽤 진지한 표정으로 스툴 발걸이에 두 발을 가지런히 모으고 앉아 있었다. 짐짓 어른스러운 모습으로 키 높은 스툴에 올라 앉아 있는 초등학생처럼 보였다. 그리고 아쓰코는 그러고 보니 저 사람이 초등학생이던 소년 시절을 전혀 알지 못한다는 사실을 떠올리고 앞으로 함께 살면서 저 사람에 대해 모든 것을 알아 가고 싶다는 생각을 했다.

그리고 곧 프러포즈를 받았다. 물론 승낙했다. 그 사람도 그날 저녁 바 카운터 스툴에 앉아 아쓰코와 결혼해야겠다는 생각을 하고 있었다고 한다. 그래서 그렇게 심각한 얼굴을 하고 있었구나.

그게 아니라 거절당하면 어쩌나 하는 생각을 하고 있었거든.

두 사람 모두 고향집이 멀어서, 일단은 양가 부모를 각각 찾아가 인사하고 결혼식 준비를 서둘렀다. 결혼 생활에 대해서는 진지하게 상의했다. 아기는 최대한 빨리 낳고 싶다, 둘은 낳았으면 좋겠다는 점에 의견이 일치하자 선택지는 자연히 좁혀졌다. 약혼자의 회사는 격무에 전근도 있지만 복리후생이 탄탄하다. 아쓰코의 회사는 경력이 필요 없고 박봉인 데다 하는 일도 특별한 기술을 요하지 않았다. 남자가 회사에서 받을 수 있는 각종 수당에 견주면 아쓰코가 현 회사에 계속 근무하는 데 연연할 이유를 찾을 수 없었으므로 결혼과 함께 퇴사하기로 정했다. 두 사람의 생활이 안정되면 파트 타임 일자리를 구해 임신과 출산 때까지 일하면 되겠다고 의견을 나누었다.

평소 자주 보던 버스지만 안내판을 제대로 살핀 적은 없었다. 올라탈 때도 확인하지 않았다. 어디로 가는 버스일까? 시내를 벗어나 국도로 들어서자 고속도로 나들목을 안내하는 표시판이 보이기 시작했다. 노선버스에서 1800엔을 지불하면 얼마나 멀리까지 갈 수 있을까. 아쓰코가 다시는 돌아오지 않아도 되는 곳까지 데려다 주려나?

약혼자의 고향은 남쪽 관광지였고 그의 부모는 향토 식자재를 이용하는 식당을 운영했다. 그는 차남이었는데 형 내외가 식당 일을 거들었다. 도쿄에서 대학을 졸업하고 그대로 도쿄의 유명 기업에 취직한 차남은 부모의 자랑이었고, 전문가다운 솜씨로 조리한 가정식 요리로 아쓰코를 대접해주었다. 형 내외도 처음 인사할 때부터 친절했고 약혼자의 어린 시절 일화를 많이 들려주었다.

약혼자도 아쓰코의 부모에게 무사히 인사를 마쳤다. 처음 만나는 자리에서는 그 사람보다 부모가 더 긴장했다. 예비 사위가 첫눈에 마음에 들었는지 아쓰코의 아버지는 연신 술잔을 권하다가 당신이 먼저 만취해서 널브러지고 말았다. 딸이 결혼해서 기쁘지만 외동딸이라 역시 섭섭한가봐, 라고 어머니가 눈물을 글썽이며 말했다.

국도는 버스정류장이 띄엄띄엄하다. 승객은 아쓰코 외에 세 명뿐이었는데 그나마 두 명도 '현영 아오바 구장 서쪽 출입구 앞'이라는 정류장에 내리고 말았다. 버스가 다시 달리기 시작하자 야구장 스탠드가 잘 보였다. 스탠드에 관중이 뿔뿔이 흩어져 앉아 있었다. 시합이 진행 중인 모양이다.

다음 정거장에서 내려 저 야구장까지 되돌아가 시합이나 볼까 하는 생각이 불쑥 들었다. 스탠드 제일 높은 자리에 앉아 넓은 운동장을 내려다보고 싶었다. 하지만 다음 정류장까지 거리가 상당해서 강렬한 햇빛이 달구는 아스팔트 보도를 바라보니 걸어서 되돌아올 엄두가 나지 않았다. 결국 다음 정류장이 다가와도 아쓰코는 하차 버튼을 누르지 않았다.

다다음 정류장은 특급이 정차하는 큰 역 근처여서 승객 대여섯 명이 올라탔다. 내내 함께 타고 온 승객은 그곳에서 내렸다. 선명한 하늘색 셔츠를 입은 남자인데, 하차하려고 잠깐 몸을 돌릴 때 보니 수염에 새치가 섞이고 배가 튀어나온 아저씨였다. 키가 적당한 것이 예전 상사를 닮았다.

상사 내외는 결혼피로연에 아쓰코 측 내빈으로 참석하여 축사를 해주기로 되어 있었다. 초대장을 들고 약혼자와 함께 집으로 찾아갔을 때는 내외만이 아니라 고등학생 딸까지 나와서 환대해 주었다. 파혼이 결정되고 나서 그 사실을 알리고 사과하자 상사는 약혼자에게 분노를 터뜨리고 부인은 혼자 온 아쓰코를 걱정해 주었다. 그런 이야기가 오갈 때 곁에 있던 딸은 울음을 터뜨렸다.

직장으로 복귀하기는 어려웠고, 설사 가능하다고 해도 아쓰코가 응하지 않을 거라면서 상사는 자기 연줄이 닿는 거래처나 관련 회사에 자리를 알아봐 주겠다고 했다. 아쓰코는 그저 고개만 숙이고 있었다.

직장에서는 사실 어려운 상사였다. 엄격하다기보다 음침한 인상이고 무슨 생각을 하는지 알 수 없는 사람이었다. 아쓰코만 그렇게 느낀 것이 아니라 동료들도 비슷하게 말하곤 했다. 그런 상사를 내빈으로 초대한 것은 약혼자의 권유 때문이었다. 입사 이래 늘 신세져온 상사여서 모른척할 수 없다고 했다.

약혼자는 그런 배려도 할 줄 아는 훌륭한 사회인이었지만, 아쓰코와 혼담을 진행하면서도 회사 동기 여성과 양다리를 걸치다가 덜컥 임신을 시키는 바람에 그녀와 결혼해야 한다고 밝힐 때는 꽤나 씩씩한 모습을 보여주었다. 그 얼굴은 엄청난 곤란을 극복하려고 하는 남자의 표정이었다. 아쓰코는 그 표정을 어디서 본 적이 있는 것 같은데, 그게 누구 얼굴이었는지 떠올릴 수 없었다.

나중에 자기 서가를 보고 세계 최초로 에베레스트 단독 무산소 등정에 성공한 등산가에 대하여 쓴 책에서 봤음을 깨달았다. 권두 그림으로 빙벽에 아이젠을 박고 서 있는 등산가 사진이 실려 있었다. 약혼자가 아쓰코에게 "이거 재미있어"라며 빌려준 책이었다.

이후로는 어이없음의 연속이었다.

약혼자의 외도를 눈치 채지 못한 자신이 어이없었다. 동기 여성이 아쓰코를 찾아와 그이에게는 내 쪽이 진지한 만남이고 당신 쪽이 외도라고 쏘아붙이며 우는 모습이 어이없었다. 하나부터 열까지 다 내 책임이니까 곧 태어날 아기를 책임지고 싶다는 그의 해명이 어이없었다. 위자료는 시세대로 쳐주겠다, 모든 일은 변호사를 통해서 해달라는 말밖에 하지 않는 약혼자 부모가 어이없었다. 아버지는 극도로 분노해 혈압으로 쓰러지고, 어머니는 너무 울어 중이염에 걸린 와중에, 직장을 그만둬 한가할 테니까 고향에 돌아와 집안일을 해달라고 전화해서 어이없었다. 그게 다 부모니까 하는 말이라고 설교하는 세상 달통한 듯한 친구 얼굴이 어이없었다. 청첩장을 받은 사람들에게 돌릴 결혼 취소를 알리는 사과문의 인쇄비가 청첩장 못지않게 비싸다는 사실이 어이없었다. 그 사과문에 넣는 상투적인 글귀도 정해져 있다는 사실이 어이없었다.

혼담이란 설탕과자처럼 깨지기 쉬운 물건이었던 것이다.

아쓰코는 그다지 울지 않았다. 혼자 멍하니 있다 보면 눈물이 나오지만 언제나 금방 말라버렸다. 교제할 때 약혼자와 찍은 사진은 전부 포토 데이터베이스에서 다운로드해 컴퓨터에 보관하고 있었으니 그것만 삭제하면 그만이었다. 호텔 사진실에서 찍어서 세련된 표지와 대지를 갖춘 납채 기념사진은 주방 곤로로 태워버렸다. 몹시 역한 냄새가 났다.

차체 외벽에 빨간 선 두 줄이 그려진 버스는 국도를 거침없이 달렸다. 시내를 벗어나자 주위 경치가 달라져갔다. 빌딩과 아파트가 사라지고 산울타리나 판자담을 두른 널찍하고 고풍스러운 주택들이 시야에 들어왔다. 논밭과 비닐하우스도 보였다. 소풍 가는 것 같네, 라고 아쓰코는 생각했다.

아쓰코는 멀미를 하지 않는 체질이었다. 소풍 때 버스 옆 좌석에 앉은 급우가 요란하게 토해도 덩달아 토하지 않았다. 때문에 그럴 때마다 친구를 보살펴주라는 부탁을 받곤 했다. 멘탈이 강했던 그 초등학생은 철지난 비치샌들처럼 버림받아도 부서지지 않는 성인 여성이 되었다. 만약 동기 여성의 처지였다고 해도 아쓰코는 그와 헤어져 혼자 출산해서 키우는 싱글맘의 길을 택했으리라. 그것이 덩달아 토하지 않는 삶이라고 생각하며.

다음 정류장에 버스가 멈추자 한 사람이 내리고 한 사람이 올라탔다. 궁핍한 유령처럼 심하게 찢어진 비닐하우스가 자리 잡은 메마른 밭 한가운데 있는 정류장이었다. 버스에서 내린 사람은 양복을 입은 남성이고 올라탄 사람은 시원해 뵈는 마 팬츠 슈트를 입은 여성이었다. 이 드넓은 밭 어딘가에 정부 비밀기관의 출입문이 있는지도 모른다. 그런 데서 일하면 재미있겠지. 배신당한 상처를 영원히 핥으며 살아가야 한다고 해도 일을 하면 즐겁게 지낼 수 있을 텐데.

그다음 정류장에 도착했을 때 버스 안의 승객은 아쓰코 한 명뿐이었다. 종점까지 세 정류장이 남았다. 아쓰코는 하차 부저를 누르지 않았고 정류장에는 버스를 기다리는 사람도 없어서 버스는 정류장을 잇달아 그냥 지나쳤다.

NHK의 여성 기상예보관 목소리를 꼭 닮은 안내방송은 담담하게 계속되었다. 지금까지 정류장에 서기 전마다 '내리실 때는 부저를 눌러 주십시오' '문이 여닫히지 않을 수 있으니 거리를 두고 서 주십시오'를 반복해 왔다. 녹음이 아니라면 끔찍하게 지겨운 일일 것이다. 예전에는 차장이 힘들었겠구나. 밭 한가운데 있는 정부 비밀기관에 출퇴근하는 것보다 더 힘들었겠지.

마침내 종점을 안내하는 방송이 나왔다. '이코이노오카 시민공원 입구'였다. '오카丘 언덕'라는 말에 새삼 용을 쓰는지 버스가 엔진 소리를 크게 으르렁거리며 언덕을 오르기 시작했다.

하지만 애써 으르렁거릴 만큼 급한 언덕은 아니었다. '언덕'에서 이렇게 용을 쓰니 '산'이었으면 어땠을까. 초등학교 소풍 때 아쓰코를 비롯한 학생들을 산으로 데려다준 버스는 어떤 소리로 으르렁거렸을까. 늘 멀미하는 급우를 보살피던 아쓰코는 그 기억이 없었다.

버스가 종점에 도착하자 그제야 운전기사가 마이크를 통해 안내방송을 했다. 잊으신 물건이 없는지 확인하고 하차해주십시오, 이용해주셔서 감사합니다, 라고 말했다. 아쓰코는 잔돈이 없어서 5천 엔 권을 내밀어 1800엔을 지불했다. 운전사는 거스름돈 3200엔을 소리 내어 세면서 건네주었다.

이코이노오카 시민공원 앞은 원형 버스터미널로 되어 있었다. 아쓰코가 내린 버스정류장 쪽에도 몇 개 노선의 발착소가 있었다.

타고 온 버스를 정면에서 돌아다보니 행선지 표시판이 빙글 돌아 '시립 아오조라종합병원'행으로 바뀌었다. 결혼이 정해진 직후 아쓰코가 치과에서 사랑니를 두 대 발치한 병원이다. 결혼하기 전에 사랑니를 뽑아두는 게 좋다고 어머니가 조언했기 때문이다. 처음 한 대를 뽑을 때는 볼이 거의 붓지 않았지만 두 번째 사랑니를 뽑을 때는 볼이 보름달처럼 부어올랐다.

지하철을 이용해 통원해서 노선버스가 있다는 사실은 알지 못했다. 뭐야, 그 병원으로 가는 버스였네, 라고 생각하니 소풍 같던 기분도 이내 식어버렸다.

햇살은 따갑지만 바람에 시원한 기운이 있었다. 아쓰코는 이코이노오카 시민공원 안을 천천히 거닐었다. 입구에 들어서니 꽃시계가 있고 그 앞에 '수련연못' '열대식물원' '시립도서관 이코이노오카 시민공원 분관'으로 가는 길을 안내하는 표식과 공원 내부 안내도가 세워져 있었다. 어디로 향하더라도 한 바퀴 빙 돌아서 돌아오게 되어 있는 것 같았다.

평일 오후였지만 공원에는 여기저기 사람들이 적당히 있었다. 잔디광장에서는 개 여러 마리가 주인과 산책하고 있었다. 책가방을 던져두고 프리스비를 던지며 노는 학생들이 있었다. 산책로에 띄엄띄엄 놓인 벤치에는 주간지로 얼굴을 가리고 낮잠을 자는 샐러리맨이 있었다. 유아차를 밀고 가는 아기 엄마 두 사람이 스쳐 지나갔다.

열대식물원 입장료는 300엔이었다. 아쓰코는 화려한 난이나 진귀한 덩굴류, 색다르게 생긴 선인장, 기이하게 생긴 식충식물 따위를 보며 걸었다. 열대라는 이름이 붙은 만큼 내부가 외부보다 무더워 밖으로 나오는 길에 자판기에서 생수 한 병을 샀다. 물을 마시며 걸어가자 또 다른 표식이 나타났다. '태양의 세계'라고 적혀 있었다. 화살표는 오른쪽 구석을 가리키고 있다. 주요 산책로에서 갈라져 나간 길이 죽 뻗어 있었다.

아쓰코는 그쪽으로 걸음을 돌렸다. 왜 '태양'일까. 시청 정원에 놓인 거대한 마카로니 덩어리 같은 금속 오브제가 머리에 떠올랐다. 늘 반짝반짝 닦여 있어 햇살을 눈부시게 반사하던. 이 공원에도 그런 오브제가 설치되어 있는 걸까.

좁은 산책로를 따라가자 나무들이 없어지고 탁 트인 장소가 나왔다. 그 앞쪽에 다시 '태양의 세계' 표식이 세워져 있었다.

그곳은 온통 해바라기 밭이었다. 테니스장 두 개쯤 되는 평지에 해바라기가 빈틈없이 빽빽하게 심어져 있었다. 그래서 태양의 세계였던 것이다.

해바라기는 한 그루도 예외 없이 말라비틀어져 있었다. 목을 꺾고 맥없이 쳐진 모습이다. 해바라기 집단의 대규모 장송 같았다. 혹은 수인의 행렬 같았다. 위세 좋게 지구를 침략했다가 박테리아에 감염되어 죽어가는 우주인 무리 같았다.

아쓰코는 눈을 천천히 깜빡이다 크게 떴다.

이 풍경이 지금의 나로구나.

이 해바라기 한 그루 한 그루는 아쓰코가 지금까지 겪어온 인생이다. 그날 마음이 부서진 아쓰코가 과거를 돌아본 순간 모든 추억이 메말라버렸다. 그리스신화에서 고르곤에게 발견되어 돌로 변한 가여운 희생자처럼 싱싱하게 피어 있던 추억들이 한 그루도 남김없이 말라비틀어지고 말았다.

이윽고 공원에 안내방송이 울려 퍼졌다. 열대식물원 폐관 안내였다. 아쓰코는 시간을 잊고 있었다. 정신을 차리고 보니 두 다리가 막대기처럼 느껴졌다.

시야가 선명해지자 아쓰코는 똑똑히 이해했다. 저 무수한 메마른 해바라기는 이곳에 있던 것은 아니다. 아쓰코가 데려왔다. 그 버스에 모두 태워서 데려왔던 것이다.

메마른 해바라기 무리를 향해 아쓰코는 목소리를 냈다. 갈라지고 작은 목소리여서 자기 귀에도 잘 들리지 않았다. 호흡을 가다 듣고 다시 한 번 불러 보았다.

"얘들아."

아쓰코의 소리가 울리자 바람이 스쳐지나가고 해바라기 무리가 웅성거렸다. 꺾인 목 몇 개가 위아래로 흔들렸다. 숨이 붙어 있는 아이가 있다.

"나 돌아갈 거야."

그렇게 말하고 비틀거리지 않도록 신중하게 뒷걸음질을 하다가 몸을 돌렸다. 걷기 시작하자 무릎 관절이 삐걱거렸다.

공원 출구를 향해 걸어가는 아쓰코를 졸졸 따라오는 해바라기가 있다. 씨앗이 떨어지지 않도록 꺾였던 고개를 바짝 쳐들고 있다. 버스를 타기 전에 이번에는 잔돈을 확실하게 준비해두자.

메마른 해바라기 불러보니 돌아보는 꽃 있네 ◎요시코

날선 가위여 꽃밭의 맨드라미
목을 자르리

날선 가위여 꽃밭의 맨드라미 목을 자르리

정오가 지나 외근 나간 곳에서 사무소로 돌아오는 길에 시댁 앞을 지나갔다. 챙 넓은 모자 위로 수건을 둘둘 감고 양손에 긴 장갑을 낀 시어머니가 정원을 손질하는 모습이 보였다. 툇마루 휴대용 라디오에서 NHK 제1방송의 〈정오의 휴식〉 주제곡이 흘러나오고 있었다.

시어머니는 내 차를 알아보지 못했고 나도 속도를 늦추지 않고 그냥 통과했다.

시어머니는 정원 가꾸기를 즐긴다. 여름휴가가 막 시작된 요즘, 정원에는 일일초나 아마릴리스가 피어 있다. 제법 넓은 정원은 남편이 어릴 때는 주차장 겸 농기구 창고였다고 한다.

시댁은 20년쯤 전에 농사를 그만두었고, 시아버지가 역전 번화가에 주점을 낸 뒤로 시어머니가 조금씩 정원을 가꾸기 시작해서 지금과 같은 아름다운 풍경을 만들어냈다.

8년 전 내가 남편을 따라 처음 이 집을 방문한 것은 4월 중순이었다. 정원에는 꽃잔디와 서향이 피어 있었다. 그 아름다운 풍경과 그윽한 향기를 맡으며, 당시 머릿속에도 꽃을 피우고 있던 나는 시어머니가 가꾸는 꽃들이 우리의 행복한 결혼을 축복해주는 거라고 생각했다. 얼마나 가슴이 벅차던지.

그러나 슬픈 착각이었다.

남편과 나는 남편 친구 소개로 알게 되었다. 남편은 지역 기계 제조사의 샐러리맨. 당시 나는 지금도 근무하는 사무소에서 시간제 사무원으로 일하며 법무사 자격증을 따기 위해 공부하던 중이었다.

그때나 지금이나 남편은 성실하고 얌전한 사람이다. 몸을 사리지 않고 일하고 어지간해서는 불평도 하지 않는다. 술은 상대방에게 맞춰주는 정도로 마시고 노름은 싫어한다. 옷차림에 별로 신경 쓰지 않고 꾸미는 데 무관심했다. 사귀기 시작한 직후, 그가 지금껏 살아오면서 이발소나 미용실에 간 적이 없고 머리는 늘 어머니가 잘라준다는 말을 들으며 솔직히 조금 뜨악했다. 그래서 앞으로는 멋도 좀 내라고 권했다. 함께 장보러 가서 괜찮아 보이는 미용실을 보면 데려가기도 했다.

우리는 교제하고 2년 만에 결혼하고 1년이 채 못돼 아들을 낳았다. 내가 육아에 정신이 팔려 있는 동안 남편은 예전처럼 옷차림이나 미용에 신경을 쓰지 않게 되었다. 머리 커트도 시어머니에게 부탁했다. 그걸 계기로 다시는 미용실에 간 적이 없었다.

이런 일들은 대수롭지 않아 보이지만 우리의 결혼생활이 어긋나고 있음을 잘 드러낸다고 생각한다.

대대로 물려받은 가업인 농사에 대해서는 애초에 시아버지도 계속할 마음이 없었는지 때려치울 때 갈등은 없었다. 택지개발이 추진되고 있을 때여서 농지도 구매자가 금세 나타났고 시아버지의 바람이던 주점 경영도 순조롭게 진행되었다. 친척 중에 잔소리하는 노인도 있었다고 하지만, 지금은 다들 세상을 떠났다. 시부모는 원하는 대로 살며 인생을 즐기고 있다.

나는 소위 시집살이를 겪지 않았다. 시집살이를 시킬 만큼 며느리에게 관심이 없었다고 할까. 손자인 내 외아들에 대해서도 마찬가지였다. 냉대한 적은 없지만 귀여워해주지도 않는다.

남편에게는 오랫동안 좋아했던 여자가 있었다. 시부모도, 남편보다 두 살 어린 시누도, 그 여자와 남편이 결혼하기를 바랐다는 사실을 나는 알 길이 없었다. 결혼 전이나 후나 시댁 식구들과 종종 어울리면서도 여자의 이름을 제대로 들어본 적이 없고 지금까지 사진도 보지 못했다.

이런 사실은 남편을 포함한 시댁 쪽 네 사람만의 비밀이다. 며느리에게는 한 자락도 엿보게 해줄 필요가 없는 꿈과 이상이며 나와 아들이란 존재는 그것을 부정하는 냉정한 현실일 뿐이다.

그렇다면 남편은 왜 그녀와 결혼하지 않았을까.

이유는 간단하다. 그녀가 15세 때 교통사고로 세상을 떠났기 때문이다.

오늘은 미 짱의 기일이다.

미 짱은 미모사 꽃을 좋아했다. 우리 정원에도 어머니가 키우고 있지만, 봄에 꽃을 피우는 터라 이 계절에는 미 짱에게 공양할 수 없다.

오늘 아침 정원에서 아마릴리스 몇 송이를 잘라 가게로 가기 전에 미 짱네 집을 방문했다. 미 짱 어머니는 지금도 집에서 서예 교실을 하고 있다. 여름방학이라 수강생이 오전부터 오기 때문에 방해가 되지 않도록 이른 아침에 방문했는데, 너무 일렀는지 미 짱 어머니는 아직 잠이 덜 깬 얼굴로 현관에 나왔다.

"아키미 씨는 매일 이렇게 일찍 가게에 나가요?"

"런치타임 정식을 준비해야 해서요."

"그래요? 가게 평이 좋아서 요전에 텔레비전에도 나왔다면서요?"

"케이블방송이라 그리 대단한 건 아녜요."

미 짱네 집은 제대로 된 불단방에 훌륭한 불단을 놓았다. 그 불단에 아마릴리스를 공양하고 참배한 뒤 보리차를 마시며 미 짱 어머니와 잠시 이런저런 이야기를 나누었다.

"가족분들은 모두 별고 없으세요?"

"네, 다들 건강하세요."

"도모유키 군 아드님이 많이 컸죠? 올해 초등학교에 입학하던가요?"

오빠 아들은 정월에만 만나서 나도 잘 모른다. 낯을 가리고 귀염성도 없는 아이이다. 올 설에 오빠네 가족이 집에 왔을 때도 내내 새언니 뒤에 숨어 있어서 제대로 말조차 해보지 못했다.

오빠가 미 짱과 결혼해서 귀여운 조카가 태어났다면 나도 자상한 고모가 될 수 있었을 텐데. 미 짱이 죽어버리는 바람에 오랜 꿈이 깨져버렸다.

새언니는 법무사에다 현에서도 손꼽히는 대형 사무소에서 일한다. 남편이 없어도 전혀 어려움이 없을 텐데 왜 빨리 이혼하지 않을까. 애초에 오빠도 왜 새언니 같은 여자랑 결혼했는지 속을 모르겠다.

그런 이야기를 피하려고 나는 짐짓 불단의 사진을 쳐다보았다.

미 짱 어머니는 미 짱 영정 외에 이런저런 스냅사진을 작은 액자에 담아 불단에 놓아두고 가끔 교체한다.

"이거, 4학년 소풍 때네요."

버스를 타고 교외 캠핑장으로 가서 반합으로 밥을 짓고 큰 냄비에 카레를 만들어 모두 함께 나누어 먹었다. 미 짱 부분만 오려 놓은 사진의 원본에는 오빠도 나란히 찍혀 있다. 우리 집 앨범에도 같은 사진이 들어 있기 때문에 잘 안다.

"맞아요. 즐거운 얼굴이네요."

그런 이야기를 하고 있는데 미 짱 아버지가 불쑥 불단방을 들여다보았다. 내가 인사하자 그는 조간신문을 든 채 어디론가 가버렸다.

"그럼 나도 이제 아침밥을 지어야 하니까. 참배해줘서 고마워요."

미 짱 어머니가 현관까지 나와서 배웅해주었다. 인사를 마친 나는 자전거를 타고 아빠 가게로 출근했다. 아빠는 아직 일어나지 않은 모양이다. 그럼 청소부터 해볼까.

나와 미 짱은 유치원 때부터 친하게 지냈다. 미 짱은 나를 동생처럼 귀여워해주고 나도 미 짱이 언니였으면 얼마나 좋을까 하고 생각했다.

"언젠가 도모유키가 미 짱과 결혼하면 너희는 진짜 자매가 되겠네."

엄마도 이제는 기억하지 못할 만큼 오래 전부터 그렇게 말하곤 했다.

그런데 어느 한심한 남자의 음주운전으로 미 짱이 죽고 말았다. 올해로 19년째가 된다. 나는 하루도 미 짱을 잊은 날이 없고 오빠도 그렇다. 기일이나 월기일月命日이 되면 더욱 슬프다. 주점 바닥을 걸레질하는데 눈물이 나왔다.

직장 상사가 좀 이상한 사람 같다.

나는 올봄 시내 상고를 졸업하고 이 지역에서 제일 큰 기계 제조사에 취직했다. 우리 회사의 일반사무직 신졸 채용은 규모가 매우 작으니 운이 좋다고 해야겠지.

3개월 연수가 끝나자 재무회계과에 배치되었고 지금은 여전히 업무를 배우느라 정신이 없다. 우리 과 선배는 엄마 또래여서 굉장한 왕언니지만 나이 차가 크기 때문에 오히려 편한 점도 있어서 비교적 무난하게 일하고 있다. 이공계 남초 회사여서일까 상사들도 여직원에게는 다들 친절하다. 그 점에서도 우리 회사에 들어온 걸 다행이라고 생각한다.

다만 직속상사 노가타 차장만은 느낌이 영 별로다. 아니, 사실대로 말하면 정말 기분이 안 좋다.

이 사람은 삼십대 중반에 처자식이 있는데도 예전 동창 사진을 책상에 올려 놓았다. 교복 입은 여학생이 웃고 있는 사진이다. 처음에는 차장의 여동생인 줄 알았다. 나이 차이가 많이 나는 여동생이어서 귀여워하나보다, 저렇게 맹해 보이는 사람인데 의외로 여동생은 끔찍히 여기나보네, 하며 재미있다고 여겼는데, 바로 얼마 전 탕비실에서 오후 간식을 준비하고 있을 때,

"괜한 걱정인지 모르지만 충고 한 마디 해줄까?"

선배가 그렇게 말머리를 놓고 나서 살짝 귀띔해주었다.

"차장 책상에 있는 그 사진, 고등학교 때 교통사고로 죽은 어릴적 친구래."

"네? 여동생 아니었어요?"

"응. 여동생도 있지만 그 사진보다는 더 나이가 들었지."

"하지만 노가타 차장님은 결혼하셨잖아요. 아이도 있지 않나

요. 요전에 초등학교 운동회가 열린다는 등 하는 이야기를 부장님과 나누시던데.”

선배는 탕비실 출입문을 슬쩍 돌아보고 나서 빠른 말로 속삭였다.

“하지만 노가타 씨는 죽은 옛 친구를 잊지 못하는 모양이야. 그 사진을 늘 귀하게 모셔놓고 있거든. 말단 시절에는 로커에 숨겨두었지만 차장으로 승진한 뒤에 당당하게 책상에 올려놓았지.”

전임 부장은 개인 물건을 책상에 두는 것을 싫어하는 사람이라 언젠가 노가타 차장에게 주의를 준 적이 있었다. 가족을 생각하는 건 좋지만 가족사진은 집 안에나 걸어두지. 그러자 차장이 발끈해서, “이건 제게 소중한 사진입니다”, “부하직원의 프라이버시를 침해하지 마십시오”라고 대거리해서 한바탕 소동이 있었다고 한다.

“그 소동 때문에 사진 속 여자가 누구인지 알게 된 거야. 뭐, 오래 전에 알았으면서 입 다물고 있던 사람도 있었고.”

우와. 이 무슨 황당한.

“차장님은 저렇게…… 무슨 생각을 하는지 알 수 없는 사람이지만, 업무는 확실히 처리하고 특별히 문제를 일으킨 적도 없으니까.”

그 일이 있고 난 뒤 전 부장은 정기 인사이동으로 떠나고 현 부장은 여러 가지 점에서 무사안일주의자여서 차장의 사진은 그대로 묵인되었다.

사정을 아는 주변 사람들은 못 본 척하는 모양이다.

"그러니까 당신도 모르는 척하라고. 이쪽에서 뭐라고 말하기 전에 차장이 먼저 사진 얘기를 꺼내지는 않을 테니까."

"알겠습니다. 그런데 이 사실을 부인도 알까요?"

"아는 것 같아."

선배 목소리가 더욱 낮아졌다.

"차장 부친이 역전에서 주점을 한대. 싸고 맛있다고 단골이 된 사원이 몇 명 있거든. 그쪽을 통해 집안 얘기가 들려오는데, 부부 사이가 완전히 냉랭해졌다나 봐."

그 말에 나는 바로 생각했다. "아이들이 불쌍해요."

"그러게. 하지만 뭐 방법이 없나 봐. 죽은 친구는 차장 가족들 모두와 친했대. 차장 부모도 여전히 아쉬워하고 있대."

실은 그 어릴 적 친구가 며느리로 들어올 줄 믿고 있었다면서.

"뭐예요, 그게. 너무하네요!"

사진으로 보는 한 차장의 어릴 적 친구는 분명 아주 귀여운 여자애지만, 죽은 뒤 얼마나 긴 세월이 흘렀는데.

"너무한 거지. 요전에 부장이 운동회 얘기 했던 거, 당신도 다 들었지? 부장 둘째아이가 차장 아들과 같은 초등학교에 다니니까 이제 곧 운동회가 열린다고 말을 걸었던 건데, 차장이 그걸 전혀 몰랐잖아."

정말이지 너무 충격적이었다. 보통은 부인과 사이가 원만하지 못해도 자기 자식은 귀여워하지 않나?

"얼른 이해가 가질 않네요. 어릴 적 친구를 그렇게 못 잊겠으면 애초에 결혼을 하지 말든지. 아이까지 낳아 놓고 무슨 태도래요?"

"사별은 미련이 남게 마련이라고 하잖아."

선배는 찡그린 얼굴로 말했다.

"옛말에도 있지. 이혼한 남자의 후처는 될지언정 상처한 남자의 후처는 되지 말라고. 실은 나도 그런 이유로 포기한 남자가 있었어. 진짜 좋은 사람이어서 호감을 품고 만났는데 부모님이 허락해주질 않았지."

그 뒤로는 선배의 푸념이므로 생략.

여하튼 노가타 차장은 너무했다. 부인도 빨리 헤어지는 게 좋을 텐데.

벌써 반년 이상 며느리도 손자도 만나지 않고 있다.

역시 설에 말다툼한 것을 마음에 담아두고 있는 걸까. 겨우 그림 한 장 때문에 그렇게 입을 삐쭉거리며 불평을 하다니, 며느리가 어른답지 못했다. 우리에게 무슨 악의가 있는 것도 아닌데, 적당히 흘려들어줄 수도 있었을 텐데.

연말에 30일까지 출근했다고 하고 연말대청소를 마치기도 전에 설이 되고 말았다고 둘러댔지만, 몸단장을 하고 온 것을 보면 미용실 갈 시간은 있었던 모양이다. 손자 미쓰루도 귀티 나게 입혔더군. 자기 벌이가 좋다고 아들내미를 호사시키는 건지. 그렇게 키우면 아들 교육에 좋지 않은데. 나도 늘 한 마디 해주고 싶었지만 꾹 참아 왔다.

아키미가 미 짱 이야기를 하고 싶어 하는 것은, 걔한테는 미 짱과 친하게 지낸 시절이 제일 행복했고 미 짱이 죽고 난 뒤로는 좋은 일이 하나도 없었기 때문이다. 마냥 즐겁기만 하던 옛 시절이 어찌 그립지 않을까.

아키미는 여전히 독신이라 결혼해서 아이 키우는 고향 친구들과는 대화도 통하지 않고 만날 기회도 거의 없다. 그나마 아빠 가게에서 일하는 덕분에 이런저런 아르바이트를 전전하지 않게 되어 다행이라고 할까. 남편은 장사 같은 건 해본 적 없는 사람이라 내가 반대도 하고 걱정도 많았지만, 아키미를 위해서라도 남편 뜻대로 하라고 허락해 준 것은 잘한 듯하다.

미 짱을 잃은 충격에 아키미는 등교를 거부하고 집 안에 틀어박혔다. 그러다 결국 고등학교에도 진학하지 않았는데, 역시 좋지 않은 선택이었다. 그때 따끔하게 꾸짖고 멱살을 잡아서라도 일으켜 세웠더라면…… 이제 와서 후회해야 소용없지만.

응접실에 걸린 맨드라미 유화는 미 짱의 유품이다. 완성하기 전에 사고를 당해서 미완성작으로 남고 말았다. 그래도 아키미는 미 짱의 아버지 다키구치 씨에게 부탁해서 그림을 받아왔다. 미 짱은 그림 그리기를 좋아했으니 살아 있었으면 미대에 진학했을지 모른다. 다키구치 부인이 서예가인 만큼 집안에 그런 재능이 있는 모양이다. 재산도 많고. 아키미는 그런 점도 동경해서, 딸에게는 미 짱이 전부였다.

우리 집은 근근이 비닐하우스 농사를 하는 농가였지만, 땅을 팔아치운 지금이 더 살기 편하다. 나도 마음대로 정원을 꾸밀 수 있어서 좋다. 비닐하우스 농사는 얼마나 고되던지. 남편이나 나나 농사를 싫어하는데 하필 농가에 태어나 가업을 물려받았으니 좋은 일이 하나도 없었다.

우리 집안의 고생과 아키미의 불행에 견주면 도모카는 귀한 딸로 편하게 살아왔다. 그런 사람이 왜 그만한 일에 번번이 신경을 곤두세우는지. 조금 참아야 할 일이 있다고 해도 며느리로서 어쩔 수 없는 거 아닌가.

"식구들이 모이기만 하면 죽은 사람 이야기를 하는데 나는 모르는 사람이잖아요. 걸핏하면 그 여자랑 비교당하는 것 같아 불쾌해요!"

그게 그렇게 딱딱거릴 일인가? 아키미가 화를 내는 것도 당연하다. 도모유키도 제 마누라니까 더 엄하게 꾸짖으면 좋으련만.

아들이 도모카를 집에 데려와서 결혼하겠다고 말할 때부터 솔직히 나는 며느리가 마음에 들지 않았다. 첫눈에도 드세 보이더라. 그리고 사돈은 전근에 전근을 거듭하다 우연히 이곳에 정착한 사람이라 알고 보면 외지인이니까.

미 짱이 없어져버렸으니 도모유키도 언젠가 다른 사람과 결혼하리라는 건 알고 있었다. 다만 더 싹싹한 여자도 얼마든지 많을 텐데. 아키미는 미 짱과 비슷한 새언니가 들어오는 쪽이 오히려 더 싫다고 했지만, 아무리 그래도 도모카는 외모나 성격이 완전히 정반대 아닌가.

손주가 여자애였다면 미 짱 몫까지 귀여워해주련만. 우리는 핏줄에 연연하는 옛날 사람이 아니다. 도모카를 쏙 빼닮은 사내아이라면 더 볼 것도 없지.

아들 도모유키도 칠칠치 못하게,

"집사람이 싫어하니까 맨드라미 그림은 내가 보관해두겠어."

라며 그림을 떼어내 가져갔는데, 어딘가에 넣어두었을 것이다. 설마 버리지는 않았겠지…….

그래. 올해는 정원에 맨드라미를 키우자. 가을이 되면 미 짱 그림처럼 새빨간 맨드라미꽃이 가득 피어나게 해주자. 아키미도 좋아할 테고 조금은 속이 풀릴 테니까. 그림이 아니라 진짜 꽃인데 설마 도모카도 뭐라고 트집을 잡진 않겠지.

오늘은 정말 놀랐다.

도모유키 군의 처를 이렇게 만나게 될 줄이야.

"예고도 없이 찾아뵙는 게 큰 실례라는 건 잘 압니다만, 다키구치 씨를 만나 뵙고 꼭 물어보고 싶은 게 있어서요."

정장을 빼입고 오랫동안 들고 다닌 듯 보이는 커다란 가죽가방을 들었다. 어디 회사에 다니나보다, 도모유키네는 맞벌이구나, 라고 생각했는데 법무사라니.

상대는 명함을 내밀며 차분하게 이야기를 시작했다.

"지금은 노가타 도모카지만 이제 이혼 절차를 밟을 예정이니까 곧 예전 성으로 바뀔 겁니다. 아이는 제가 키울 거고 현재 시내에 사는 부모님과 함께 도쿄로 돌아갈 계획입니다."

도모카 씨의 부모는 원래 도쿄 사람이고, 이곳에는 고등학생 시절 부친의 전근으로 이사 와서 그대로 눌러 살았던 거라고 한다.

"아빠가 여기 지사장으로 승진하면서 정착하는 바람에 저도 이곳 대학을 나와 지금까지 살아왔습니다. 이 도시 분위기는 지금도 좋아하지만 더 이상 미련이 없습니다."

나는 도모유키 군의 결혼식에 초대받지 못했고(애초에 결혼식을 올렸는지도 몰랐다) 노가타 집안에서 어떤 형식으로든 기별이 있던 것도 아니다. 도모카 씨와는 초면인데도 불쑥 이혼 이야기가 나와서 눈이 휘둥그레졌을 뿐이다. 어쩌나, 이 사람도 아키미 씨 같은 여자면 좀 곤란한데—.

하지만 도모카 씨는 다행히 상식적인 사람이었다. 곤혹스러워하는 내 마음을 잘 알고 연방 사과하며 조리 있게 사정을 들려주었다.

도모카 씨는 이 도시에서 알게 된 도모유키 군의 성실한 인품에 매료되어 결혼했다.

"처음 얼마 동안은 아무것도 몰랐습니다. 모아둔 돈이 없어서 결혼식은 힘들다, 가까운 친척만 불러서 회식하는 것으로 대신하는 걸 용서해달라고 고개 숙였을 때도 허세를 모르는 참한 남자라고 생각했습니다."

결혼하고 처음 맞는 여름휴가, 그러니까 오봉 때였다. 부부가 시부모 집에 찾아가 집안일을 도왔는데, 그때 도모카에게는 의아하게 들리는 대화가 시작되었다.

"남편도 시아버지도 시누도 툭하면 '미 짱'이라는 사람 이야기를 하는 거예요."

오봉이니까 미 짱도 돌아올 거다오봉은 조상의 영혼이 돌아온다는 양력 8월 15일 명절. 미 짱이 좋아하는 머스캣 포도도 사두었다. 미 짱이 마쓰리 때 유카타를 입고 찍은 사진을 꺼내두자—.

"퍽 그리워하며 이야기하기에 남편에게 죽은 누이동생이나 누나가 있는 줄 알았어요."

거기까지 듣자 나도 상황을 파악할 수 있었다.

"그 아이, 내 딸이에요. 이름은 미치루. 도모유키 군과 같은 반이었죠. 그때는 요즘처럼 여기 인구가 많지 않아서 학생도 적었어요. 유치원부터 중학교까지 내내 같은 학교에 다녔죠."

같은 반 친구였다. 그게 전부였다.

"고등학교 1학년이 된 그해 6월 무렵, 학교 가는 길에 음주운전 차량에 치여 죽고 말았지만."

고등학교는 도모유키와 학교가 달랐다. 여동생 아키미 씨는 미치루가 합격한 고등학교를 목표로 공부한다고 했었지만, 등교를 거부한 탓에 입시조차 치르지 않았다고 한다.

"우리로서는, 엄마인 나나 딸 미치루나 노가타 집안과 그렇게 친하게 지낸 기억이 없습니다. 하지만 딸의 죽음을 받아들이는 그쪽 사람들 모습은 달랐던 것 같아요. 특히 아키미 씨가. 미치루를 아쉬워하고 그리워하는 마음은 고맙지만, 뭐랄까 멈춰버린 시간 속에서 사는 것 같아서, 미안하기도 하고 걱정스럽기도 하고."

도모카 씨는 몸을 앞으로 내밀었다.

"역시, 댁에서는 그 정도 인식이었군요."

'역시'라고 할 때의 말투가 살짝 거칠다. 대드는 듯한 느낌이다.

"도모유키 씨와 미치루 씨가 사귀었거나 장차 결혼하기로 약속한 사실은 없었나요?"

설마. 나는 강하게 부정했다.

"없었어요. 그냥 동갑내기 친구였죠. 딸은 고등학교에 들어가자 마음에 드는 남학생이 생겼다고 했었고, 도모유키 군과는 아무 일도 없었어요."

우리는 사이좋은 모녀지간이어서 남편이 불평할 만큼 늘 시시콜콜 수다를 떨곤 했다. 딸의 속마음은 누구보다 내가 잘 알고 있었다.

"하지만, 노가타 집안에서는 그렇게 알고 있어요."

도모카 씨가 내 눈을 똑바로 쳐다보며 말했다. 무서울 만큼 진지한 눈빛이었다.

"남편이나 시어머니나 시누나 지금도 미치루 씨 생각만 하고 있어요. 틈만 나면 추억을 나누고 미 짱이라면 그렇게 했을 거다, 이렇게 했을 거다, 하며 즐겁게 얘기하죠. 나나 아들 앞에서도,

실은 미 짱이 신부복 입은 모습을 보고 싶었다, 미 짱이 낳은 아기라면 귀여웠을 거라고 아무렇지도 않게 말할 정도예요.”

세상에, 어떻게 그런 짓을.

나는 말문이 막혔다.

딸을 여읜 슬픔에 우리 부부는 살아갈 의욕을 잃어 오랫동안 기운을 차리지 못했다. 부부 사이도 위태로워져서 남편이 집을 나간 시기도 있었다. 나도 친구들 권유로 서예교실을 계속하며 제자나 수강생들에게 둘러싸여 세월을 보내지 않았다면 어디선가 기력이 다해 미치루를 뒤따랐을지 모른다.

남편과 나에게 죽은 딸에 얽힌 추억은 무엇과도 바꿀 수 없는 보물이다. 우리 두 사람은 그 추억을 소중히 지킴으로써 어렵게나마 서로 의지하며 살아왔다. 친척도 아닌 생판 타인에게 신경 쓸 여유는 없었으므로 가끔 묘한 소문이 들려오거나 그런 일로 충고하는 사람이 있어도 그다지 개의치 않았다.

—노가타 씨 집에서는 지금도 미 짱 미 짱 하며 미치루 짱 얘기만 하고 산대.

—그렇게 사이가 좋았다며? 특히 그 집 딸은 제 방에만 틀어박혀 지내게 되었다는데, 좀 이상한 생각이 드네.

미치루를 애도하고 그리워해주다니 고마운 일이네, 불쾌해하거나 번거롭게 여긴다면 실례겠지, 그렇게 생각하며 한귀로 듣고 한귀로 흘려왔다.

물론 나도 아키미 씨를 어떻게 대해야 좋을지 몰라 곤혹스러울 때가 있었다. 남편은 우리가 청하지도 않았는데 그 아이가 미치루 7주기 날 스님까지 대동하고 찾아왔을 때부터 드러나게 싫어했다. 아키미 씨가 찾아와도 인사도 없이 방으로 들어가 버린다.

그래도 도모유키 군의 아내 도모카 씨한테까지 그런 식으로 행동했을 줄은 꿈에도 몰랐다.

"확실히 도모유키 군의 여동생은 조금 이상한 여자애였어요."

나는 당혹스러워하며 그렇게 말해보았다. 그러자 도모카 씨 얼굴에 비로소 노여움이 선명하게 떠올랐다.

"이제는 '여자애'라고 할 나이는 아니지만, 음, 조금 정도가 아니라 심하게 이상합니다. 대책 없는 여자예요."

이를 갈듯이 말하고 나서 내처 말했다.

"그나마 시아버님 혼자 정상일 거예요."

어쩌면 처자식의 언동이 너무 기가 막혀 체념해 버리신 게 아닐까요, 라고 말했다.

"주점을 시작한 뒤로는 밤에도 가게에 묵으며 사실상 별거 중이니까."

하지만 시누는 안 돼요—라고 도리질하듯 고개를 저었다.

"완전히 환상 속에 살고 있습니다. 시어머니도 그런 딸이 불쌍해서 시누의 환상에 장단을 맞춰주다가 옮아버린 거겠죠."

도모카 씨 목소리에 분노 못지않게 고통도 배어 있었다. 저온 화상처럼 일상생활 속에서 조금씩 부하가 더해지다가 생긴 상처의 고통.

"하지만 도모유키 군이 말씀하신 대로 미치루의 추억에 홀린 상태였다면 당신과 결혼하거나, 아이를 낳았을 리 없지 않나요?"

조금이라도 위로할 요량으로 나는 그렇게 물었다. 도모카 씨는 커피테이블을 노려보고 있었다. 가만히 한숨을 지어 스스로를 안정시키려고 하는 듯했다.

"남편은."

남편. 몹시 말하기 힘든 듯이 발음했다.

"도모유키 씨의 속내는 저도, 내내 몰랐습니다. 집에 셋이 있을 때는 지극히 평범한 사람입니다. 집안일도 곧잘 거들고 자식 걱정하는 아빠처럼 보일 때도 있었고."

그런데 부모 집으로 돌아가면 '미 짱'의 추억에 사로잡히고 만다.

"다키구치 씨 말씀처럼 저와 일단은 연애를 하고 가정을 꾸린 거니까 시어머니나 시누만큼 중증은 아니라는 생각은 했어요. 과거가 어떠했든 적어도 나와 결혼한 뒤로는 현실을 직시하고 부모 집에서는 적당히 장단만 맞춰줄 뿐일 거라고요."

하지만, 그게 아니더군요. 도모카 씨 입가가 비통으로 움찔거렸다.

"어쩌면 도모유키 씨가 가장 중증인지도 몰라요. 추억을 안으로, 안으로만 가둬둔 만큼 더 뒤틀려버려서."

눈물이 글썽여 눈가가 반짝인다.

"올여름 그는 업무가 바빠 여름휴가를 쓸 수 없다고 저와 아이에게 말했습니다."

갑자기 이야기의 흐름이 달라져서 나는 당황했다. 잠자코 듣고 있는 수밖에 없었다.

"오봉 휴가철이 시작되어도 도모유키 씨는 매일 출근했습니다. 양복에 넥타이를 매고 가방을 들고 집을 나섰다가 저녁에 귀가했죠. 하지만 다 거짓이었습니다. 회사는 늘 그랬던 것처럼 오봉 휴가 중이었습니다."

도모유키 군은 처자식이 사는 집을 나서면 부모 집에 들러 거기서 옷을 갈아입고,

"여기저기 외출을 했어요. 시누가 동행할 때도 있었던 것 같고."

"대체 어디를요?"

내 물음에 도모카 씨가 고개를 들었다. 눈물 한 방울이 볼을 타고 떨어졌다.

"미치루 씨 성묘, 그리고 그녀와의 추억이 있는 장소입니다."

같은 학교에 다니는 친구로서 함께 소풍이나 교외학습을 했던 곳, 수학여행으로 갔던 곳.

나는 불단에 놓인 사진을 떠올렸다. 큰 냄비로 카레를 만들어 먹었지. 하이킹을 했어. 얼마나 즐거웠던지.

"사무실 동료가 교외 휴게소에서 우연히 남편을 발견했는데 곁에 나와 아이가 없는 것을 보고, 부끄러운 이야기지만, 바람을 피우는 거라고 의심한 모양이에요."

—이런 말 하기는 뭣하지만 남편 행동을 알아보는 게 좋지 않을까?

"저는 뒷조사보다는 직접 물어보기로 했습니다. 어렴풋이 상황을 짐작하고 있었던 거죠. 보나마나 '미 짱'일 거라고."

도모유키 군은 난처한 얼굴이었지만 숨기지 않고 대답했다고 한다.

—오봉이 되니까, 미 짱 생각으로 머리가 꽉 차 버려서. 아키미도 풀이 죽어 지내는 게 딱하기도 했고.

"그런 일까지 당했으면서, 나도 바보인 게, 여전히 망설였습니다."

앞으로 부부로서 가족으로서 세월을 함께하면 도모유키 군도 변하지 않을까. 언젠가 망자의 추억을 털어내고 처자식에게 눈길을 돌리지 않을까 하고.

"하지만, 헛된 희망이었습니다. 처음부터 힘든 이야기라는 걸 알고 말았습니다."

가을 해는 두레박 떨어지듯 금방 저문다. 도모카 씨와 마주앉은 응접실은 창 너머로 희미하게 남아 있는 붉은빛만 보일 뿐 땅거미가 지고 있었다. 불을 켜야겠다는 생각을 하면서도 나는 움직일 수 없었다.

"그저께 학교에서 학부모회가 있다기에 회사를 쉬고 참석했는데."

도모카 씨는 출산휴가만 쓰고 계속 일해왔고 아이는 보육원에

맡겼다. 일이 바빠 흔히 말하는 '마마토모자녀의 학부형끼리 친해진 친구'도 없었다.

"아이가 초등학교에 들어가고 나서야 비로소 마마토모를 사귀기 시작했습니다. 토박이와 외지인이 반반인데 저와 친해진 마마토모는 이곳 토박이인지라 도모유키 씨나 미치루 씨와 같은 초등학교에 다녔다고 합니다. 결혼 전 성이 미야자키였다는 여성인데, 혹시 아시나요?"

나는 고개를 저었다. "미치루 친구였다고 하던가요?"

"네. 급우였으니까 밤샘도 하고 장례식에도 참석했다고 합니다. 아마 직접 보시면 기억이 나실 겁니다."

무엇을?

"따님 성함이 히라가나로 '미치루' 맞죠?"

또다시 대드는 듯한 느낌이 드는 물음에 나는 움찔하고 말았다.

"네? 아, 맞아요."

"계명일본에서 고인에게 붙이는 불교 이름에도 그 이름을 넣어서 한자로 표기하지 않았나요? 미치루滿流라고."

도모카 씨가 흘린 눈물은 아까 보았던 한 방울이 전부였다. 지금은 완전히 메말랐다.

"맞아요. 그 두 글자가 들어 있어요."

"우리 아이도 같은 한자를 씁니다."

읽기는 '미쓰루'라고 읽는다. 하지만 한자로는 찰 만滿 자와 흐를 류流 자를 쓴다는 것이다.

"아이를 임신했을 때 도모유키 씨가 고집을 부리더군요. 아들이든 딸이든 그 이름을 주겠다고. '미치루'로 읽든 '미쓰루'로 읽든 한자 두 글자는 절대 양보할 수 없다면서."

—내 자식에게는 이 이름을 줄 거야. 오래 전에 정해둔 이름이야.

"노가타 집안 사람들은 제 앞에서는 미치루 씨 이름을 말한 적이 없습니다. 늘 '미 짱'이었죠. 하지만 저도 그리 크지 않은 이 마을의 일원이니까 다키구치 씨 따님 이름이 '미치루'라는 것 정도는 알고 있었습니다."

하지만, 히라가나다. 滿流라는 한자와 연결하기는 쉽지 않다. '미치루'와 '미쓰루'. 같은 이름은 아니다.

"그래서 남편이 고집하는 대로 따른 겁니다."

하지만 그것은 죽은 다키구치 미치루의 계명에서 따온 글자였다.

"그 학부모는 학급 명단에서 우리 아이 이름을 보는 순간 알아챘다고 합니다. 일이 일인 만큼 차마 저한테는 말하지 못하고 있었지만."

도모카 씨는 분노를 참으려는 듯 눈을 꼭 감았다. 눈까풀이 희미하게 떨리고 있다.

"그분은 노가타 집안의 시어머니나 시누의 행동을 소문으로 듣고 전부터 걱정해주고 있었던 겁니다. 그러던 참에 오봉 휴가 사건도 있어서 제가 막연하게나마 이혼을 생각하고 고민 상담 비슷한 이야기를 꺼냈던 거죠."

—상황이 그렇다면 계속 가만있는 것은 오히려 좋지 않다. 아이한테 평생 따라다닐 이름이니까 솔직하게 말하겠다.

"그제 학부모회가 끝나고 그 사실을 들려주더군요."

나는 이제 한계에 다다랐습니다. 도모카 씨가 억양 없이 말했다.

"화가 난다기보다 슬퍼서 못 견디겠어요. 남편한테는 나나 아들이, 뭐랄까…… 세상을 무난하게 살아가는 데 필요한 도구일 뿐이겠죠."

나이가 찼으니 결혼을 하지 않으면 곤란하겠지. 결혼하면 아이도 생길 것이고. 뭐, 그렇게 되면 남들 눈에도 자연스럽게 보일 테니 좋은 일 아닌가.

마음은 다른 데 있으면서.

"헤어질 겁니다. 미련 없이 인연을 끊고 아들도 절대로 만나지 못하게 할 겁니다. 이름은 언젠가 확실하게 개명할 수 있도록 앞으로는 '만滿'자 한 글자로만 부르려고 합니다."

나는 할 말을 찾지 못해 연방 고개를 끄덕여 보이는 수밖에 없었다.

"불쑥 찾아와 이런 말씀을 드려서 죄송합니다."

도모카 씨는 허리를 꺾으며 고개를 숙였다.

"하나만 더 말씀해주세요. 노가타 집안에는 시누가 다키구치 씨에게 받아 왔다는 맨드라미 유화가 있어요. 미치루 씨 작품이라고 들었는데, 사실인가요?"

맨드라미 유화. 아, 그 그림 말인가? 나도 기억이 났다.

"네. 완성하지는 못했지만, 아키미 씨가 딸의 손길이 남아 있는 것처럼 느껴진다면서 늘 곁에 두고 싶다고 몇 번을 부탁하기에, 내주었죠."

실제로는 부탁이라기보다 집요하게 매달렸던 것이다. 그래서 기억에 남아 있다. 남편은 그때 이미 노가타 씨네 딸이 조금 이상하지 않느냐고 말하곤 했다. 나는 미치루를 잃고 슬퍼하는 친구를 매정하게 내칠 수 없다고 생각하고 말았지만.

도모카 씨는 테이블 밑에서 주먹을 꼭 쥐는 듯했다.

"노가타 집안에서는 거실에서 눈에 잘 띄는 자리에 그 그림을 걸어두었습니다. 그래 놓고 늘 미치루 씨 이야기를 하는 겁니다. 저도 그동안은 흘려들어 왔지만, 올 설에는 왠지 참을 수 없어 뭐라고 한 마디 했다가 시누와 말싸움으로 번져서."

—미 짱 이야기를 하는데 당신이 뭔데 잔소리야!

"그때는 남편이 내 편을 들어서 그림을 거실 벽에서 떼어내 주었습니다. 하지만."

도모카 씨는 입술을 길게 찢듯이 미소를 지었다. 통렬한 쓴웃음이었다.

"나중에 알았는데, 그 그림을 하필 회사에 가져다가 걸었다고 하더군요."

소중한 미 짱의 유품이니까.

“물론 상사가 안된다고 해서 지금은 어딘가에 보관해 둔 모양입니다. 뭐 이제는 아무렴 상관없는 일이지만.”

숨을 토하듯 한숨을 한 번 뱉었다. 이를 계기로 도모카 씨의 몸에서 맥이 풀린 듯했다. 정말로 이제는 아무렴 상관없는 일인 것이다.

나는 가슴이 짓눌리는 심정이었다. 무슨 말로도 위로가 되기는커녕 변명처럼 들리고 말 것 같았다. 내가 변명을 해야 할 이유가 없는데도 그런 느낌이 들었다.

딸의 그림에 얽힌 추억. 미치루가 맨드라미 유화를 그리면서 나에게 했던 말.

“—딸은 맨드라미꽃을 싫어했어요.”

내가 말하자 도모카 씨가 눈을 휘둥그레 떴다. 이렇게 반듯하고 고운 여성이 아니었다면 ‘눈알이 튀어나오는 줄 알았다’고 표현했으리라.

“이름대로 닭벼슬‘맨드라미’의 일본어는 ‘게이토鶏頭’처럼 보이잖아요. 꽃 색깔이 진홍빛이라 더 기분이 나쁘다고 하더군요.”

“하지만, 그림으로 그렸는데…….”

“미치루는 그때 무서운 그림을 그리려고 했던 거예요. 자기가 보기에 불길한 소재를 그려보겠다고 했거든요.”

나는 말을 끊고 숨을 죽였다.

왜일까. 도모카 씨 얼굴에 화색이 번져나갔다.

"그래요? 좋은 걸 말씀해주셨어요."

힘주어 그렇게 말했다.

"이혼할 때는 노가타 집안에 하나쯤 앙갚음을 해주고 싶었거든요. 정말 좋은 걸 가르쳐주셨어요."

그리고 도모카 씨는 돌아갔다. 그 뒷모습은, 엉뚱한 비유겠지만, 결투하러 나가는 무사 같은 용감한 결기를 풍기고 있었다.

엄마, 좀 나와 봐요, 빨리빨리요.

정원이 난리 났어요!

날선 가위여 꽃밭의 맨드라미 목을 자르리 ◎하쿠로

프레젠트

코트 머플러 무톤 부츠

프레젠트 코트 머플러 무톤 부츠

마키야마 아타루.

사이타마 현 출생. 열 살 하고 3개월에 키 134센티미터, 체중 30킬로그램. 좋아하는 음식은 사과와 치즈, 그리고 아빠가 만드는 오무라이스카레. 싫어하는 음식은 샐러드. 좋아하는 운동은 수영. 1년쯤 전부터 여동생 아카네에게 『명탐정 히무라 군』 시리즈 읽어주기와 펠트천으로 동물인형 만들기에 푹 빠져 있다.

올 크리스마스 전, 그 아타루 군에게 뜻밖의 만남이라는 작은 사건이 있었다.

아타루 군과 아카네 짱의 부모는 모두 간호사다. 엄마가 일하는 곳은 큰 대학병원 내과병동이고 아빠는 개인병원 정형외과에 적을 두고 있다. 엄마는 야근과 휴일근무도 하지만 아빠는 대개 평일 낮 시간만 근무한다. 때문에 마키야마 집안의 안살림을 맡은 일등항해사 겸 기관장은 아빠다. 엄마는 2등 항해사, 아타루 군과 아카네 짱은 갑판부원이다.

참고로 선장은 할머니. 엄마의 엄마로, 아타루 군의 네 가족이 사는 4LDK+S의 8년 된 남향 아파트의 소유자다. 할머니 본인은 5년 전에 할아버지가 타계하자 이즈의 리조트호텔 뺨치는 사립 양로원에서 지내고 있다.

그런데 2학기도 거의 끝나가는 12월 18일, 아타루 군이 다니는 초등학교 4학년 A반이 독감으로 학급을 폐쇄하게 되었다. 27명 정원에 12명이나 결석했으니 그럴 만도 했다. 건강하게 등교하던 나머지 15명은 환호를 올렸다. 우와, 신난다!

하지만 담임교사는 단단히 주의를 주었다.

여러분은 가정학습을 하게 된 겁니다. 그냥 놀아도 되는 게 아닙니다. 동네를 빈둥빈둥 돌아다니면 안 됩니다. 알겠어요?!

급우들 중에는 교문 밖에 가족이 마중 나온 경우도 있었다. 하지만 아타루 군은 집이 가깝기도 하고 누가 데리러 올 수 있는 조건도 아니어서, 비슷한 처지에 있는 친구 하나와 함께 얼른 교문을 나섰다. 같은 통신학습프로그램에 가입한 친구여서 곧 각자 집에 돌아가면 전용 태블릿으로 채팅하자 약속하고 아파트 앞에서 헤어졌다.

공기는 쌀쌀했지만 활짝 갠 날씨에 바람도 없었다. 휴일이었다면 친구랑 자전거를 타고 놀러 다닐 텐데…… 하며 아쉬워했다. 학급 폐쇄라지만 신나는 건 교문을 나설 때뿐이네.

엄마 아빠는 직장에서 일하고 있고 아카네 짱은 보육원에 있다. 집 안이 쥐죽은 듯 조용한 가운데 아타루 군이 현관에서 운동화를 벗을 때 거실 탁상시계가 오르골 음색으로 오전 10시임을 알렸다.

학교에서 학부모에게 메일로 가정통신문을 보냈겠지만 아빠나 엄마는 근무 중에 스마트폰을 사용하지 못한다. 따라서 아타루 군이 적어도 앞으로 두 시간은 집에 혼자 있다는 사실을 아무도 모른다.

그렇게 생각하니 왠지 오싹했다. 『히무라 군』에도 이런 이야기가 있지 않나? 살인사건 피해자는 왜 '있을 리 없는 장소'에 혼자 있었을까. 아무리 조사해도 알 수 없어 그 유능한 히무라 군도 쩔쩔매는 스토리다.

아타루 군은 손을 씻고 입을 헹군 뒤에 냉장고에서 우유팩을 꺼내 머그컵에 우유를 따라 전자레인지에 데웠다. 남향 거실에 겨울 햇살이 가득 비껴들고 있었다. 그래서인지 혼자여도 전혀 외롭지 않았다.

숙제가 있지만 그보다 먼저 하고 싶은 일이 있었다. 우유를 다 마시자 아타루 군은 다시 한 번 손을 꼼꼼하게 씻고 거실 옆 작은 방을 열었다.

4첩 반쯤 되는 이 마루방은 아파트 분양 당시의 평면도에는 '서

비스룸'으로 홍보되고 있었다. 그래서 +S이다. 할아버지랑 할머니는 창고처럼 사용했던 모양이다. 할머니가 이 아파트를 물려줄 때 아빠와 엄마가 상의해서 '취미방'으로 꾸몄다. 엄마의 취미는 수채화. 아빠의 취미는 여러 가지가 있지만 한 단어로 표현하자면 '만들기'로, 지금은 아타루 군과 함께 펠트인형 만들기에 열중하고 있다.

그래서 방 한가운데 공구와 도구를 두는 선반을 놓아 공간을 구획하여 오른쪽은 엄마 공간, 왼쪽은 아빠 공간으로 정했다.

지금 아빠 작업대에는 제작 중인 인형과 재료를 담은 종이상자, 그리고 운반용 핸들이 달린 커다란 재봉 상자가 놓여 있다. 바늘이나 가위를 어지럽게 늘어놓았다가 아카네 짱이 다치면 큰일이라 아빠나 아타루 군은 정리정돈에 신경을 많이 쓴다. 아무렇게나 쌓아 둔 것처럼 보이는 종이상자나 박스도 아카네 짱이 열지 못하도록 생각해서 배치한 것이다.

지난 1년여 동안 아빠와 아타루 군은 작품을 네 개 만들었다. 원래는 아빠가 유튜브에서 펠트인형 만드는 영상을 보고 흥미를 느껴서 시작했다.

처음 얼마 동안은 펠트로 동물 털의 질감을 표현할 수 있게 되기까지 둘이서 열심히 바늘을 찔렀다. 제대로 된 모양으로 인형을 만들기까지는 상당한 연습 기간이 필요했다.

그리고 마침내 완성한 첫 작품은 아타루 군의 손바닥에 올려놓을 수 있는 크기의 삼색고양이로, 지금도 거실 선반에 장식되어 있다.

두 번째 작품은 아카네 짱의 요청으로 영화 〈주토피아〉의 주인공 토끼를 만들었다. 이것도 크기가 작아 아카네 짱의 책상에 장식되어 있다. 솔직히 말하면 영화 속 토끼 캐릭터와는 조금도 닮지 않아 디즈니가 화를 낼 염려는 없을 것이다.

세 번째 작품은, 엄마가 앞의 두 작품을 사진으로 찍어 친한 사람들에게 보여주자 금세 소문이 나서, 마침 그때 애견을 하늘나라로 보낸 엄마네 선배 간호사의 부탁을 받고 닥스훈트 인형을 만들었다.

애견 사진을 여러 장 전송받고, 애완견을 잃고 슬퍼하는 사람을 위로하기 위한 인형인 만큼 아빠와 아타루 군은 큰 책임감을 느끼고 세 달이나 걸려 완성했다. 결과는 매우 좋아서 재료비와 사례 편지, 그리고 고급 과자세트를 받았다.

그리고 10월에 있는 할머니 생일 선물로, 할머니 바람대로 햄스터 가족을 만들었다.

이 네 번째 작품에서는 펠트인형뿐만 아니라 햄스터 가족의 집이 될 우리, 그 우리에 놓을 쳇바퀴와 먹이통 등도 신경 써서 만들었다.

완성된 작품은,

“얼핏 보면 진짜처럼 보여!”

라고 엄마가 감탄할 만큼 완성도가 높아 할머니가 양로원에서 자랑하고 있다고 한다.

그리고 지금은 엄마에게 성탄절 선물로 줄 다람쥐 인형을 만들고 있다. 평범한 다람쥐가 아니다. 행운의 다람쥐다.

이 아파트에는 넓은 중정이 있고 화단이나 정원수도 무럭무럭 잘 자라서 어지간한 공원보다 푸른 나무가 풍성하다. 아파트 건축과 함께 조성된 인공 녹지지만, 관리동 옆에 있는 은행나무 거목은 그 전부터 자리하고 있던 토박이 나무다. 아파트를 건설할 때도 베어내지 않고 남겨둔 까닭은 토지신이 깃든 신성한 고목으로 알려져 있었기 때문이라고 한다.

그런데 이 은행나무 거목에는 가끔 다람쥐가 나타난다는 이야기가 있다. 이 마을은 택지로 개발된 뒤로 오랜 세월이 흘렀고 근처에 산이나 숲이 있는 것도 아니다. 그러니 야생 다람쥐가 아니라 어느 집에서 애완용으로 기르던 녀석이 도망친 걸 텐데, 그렇다면 그 다람쥐는 이상하리만큼 장수하는 셈이다. 왜냐하면 처음 목격된 뒤로 족히 반세기는 지났기 때문이다. 암수 한 쌍이어서 가끔 새끼를 낳아 대를 이어가며 서식한다면 이해가 되지만, 그렇게 보기에는 늘 한 마리만 목격되었다는 점도 납득이 가지 않는다.

그런 연유로 어느새 이 다람쥐는 평범한 동물이 아니라 은행나무 거목의 정령이라는 설까지 그럴듯하게 나돌게 되었다. 게다가 다람쥐를 목격한 사람에게는 좋은 일이 생긴다, 행복해진다는 덤까지 따라붙었다.

아타루 군 일가도 다람쥐 이야기를 할머니에게 들어서 알고 있었다. 하지만 유감스럽게도 지금까지 아무도 본 적이 없다. 이곳에 이사 올 때부터 할머니는 귀여운 다람쥐를 가까이서 보며 살았으면 좋겠다고 말했었다. 특별히 행운을 원해서가 아니라 할머니가 원래 작은 동물을 매우 좋아했기 때문이다.

그래서 아타루 군과 아빠가 엄마 성탄절 선물로 다람쥐 펠트인형을 만들기로 한 것이다.

할머니에게 줄 햄스터 가족를 완성하자 바로 준비를 시작했다. 아빠는 물론 아타루 군도 맨 처음 삼색고양이를 만들 때에 비하면 기술이 월등하게 좋아져 있었다. 다람쥐 제작은 순조롭게 진행되어 성탄절을 1주일 남겨둔 지금은 거의 완성되었다. 이제 남은 일은 눈 위치에 붓펜으로 눈동자를 그려 넣는 일뿐이었다.

그런데 이 '점안'이 정말 까다로운 작업이다. 여기서 실패하면 인형 전체의 사랑스러움이 변해버리기 때문이다.

인형이라는 것의 신비한 균형에는 아타루 군도 몇 번이나 놀라고 감동했다. 눈은 마음의 창이고 거기 깃든 빛은 생명의 등불이 비추는 빛이다(이 어려운 말은 아타루 군의 생각이 아니라 히무라 군의 대사에서 인용한 것입니다).

이번 주 금요일, 그러니까 모레는 엄마가 야근하는 날이니까 아카네 짱을 재운 뒤 아타루 군과 아빠가 신성한 점안 의식을 하기로 약속되어 있다. 그때까지는 엄마에게 이 인형을 들키지 않도록, 아카네 짱 눈에 띄지 않도록 뽁뽁이로 둘둘 말아 안전하게 숨겨 두었다.

아타루 군은 취미방의 아빠 공간에 들어서자 두 개가 나란히 놓인 작업용 스툴 가운데 하나에 앉아 종이상자를 잠그는 링 키를 벗기고 뚜껑을 살짝 열었다. 뽁뽁이의 스카치 테이프를 벗기고 시트를 둘둘 풀어나갔다. 곧 키 15센티미터의 다람쥐 인형이 나타났다.

"안녕, 다람쥐, 나 왔다."

아타루 군은 웃는 얼굴로 인사했다. 이렇게 매일 말을 건네면 아직 눈을 그리지 않은 다람쥐 얼굴에도 표정이 떠오르는 기분이 든다. 아타루 군만의 엉뚱한 느낌인지 모르지만 아무렴 상관없었다. 이 다람쥐뿐만 아니라 아타루 군은 제작 중인 인형에게 말을 건네는 것을 좋아했다.

"앞으로 이틀만 기다려. 또랑또랑한 눈을 그려줄 테니까. 아빠가 더 잘 그리지만 나도 잠깐 붓펜을 들고 그려볼 거야."

완성된 다람쥐를 보면 엄마는 어떤 표정을 지을까. 아마 크게 기뻐하겠지. 이름은 뭐라고 짓나. 할머니의 햄스터 가족 때는 모두 머리를 모아 이름을 지었는데 양로원 소장님의 의견대로 '마쓰로' '다케미' '우메코'가 되고 말았다. 송죽매마쓰=松, 다케=竹, 우메=梅라니. 너무 구식이잖아.

다람쥐를 부드럽게 감싸 쥐고 있자니 손바닥에 땀이 뱄다.

펠트 몸통에 땀이 배지 않도록 아타루 군은 다람쥐를 뽁뽁이 위에 내려놓고 신중하게 다시 감쌌다. 그러고는 종이상자에 넣은 다음 뚜껑을 닫고 링 키를 손가락으로 잡는 순간, 현관 인터폰이 울렸다.

띵동.

아타루 군은 링 키를 작업대에 놓고 취미방을 나왔다. 카메라가 달린 인터폰 모니터는 주방 카운터 옆 벽에 붙어 있다. 아타루 군의 이마 높이다. 그래서 아타루 군이 혼자 집을 지키고 있다가 모니터를 들여다볼 때를 위해 바로 옆에 접이식 의자를 놔두었다.

띵동, 띵동~.

아타루 군이 의자를 펴는 동안에도 인터폰은 급하게 울렸다. 아타루 군은 그 자리에서 현관으로 돌아서서 저도 모르게 "네에!" 하고 대답하고 말았다. 하지만 그 소리를 못 들었는지 띵동띵동 띵동띵동 연타가 시작되었다.

누구야, 이거. 아타루 군은 귓구멍에 손가락을 넣었다. 현관까지 달려가 시끄럽잖아요! 라고 소리쳐주고 싶었다.

하지만 아빠와 엄마가 늘 주의를 주었다. 인터폰이 울리면 모니터를 통해 누구인지 확인하기 전에는 절대 문을 열어서는 안 된다. 늘 오는 우체부나 관리인, 이웃의 다나카 씨와 미야케 씨, 아래층의 모리시타 부인이 아니면 모른 척해도 좋다. 모르는 사람이 큰소리로 부르거나 문을 쾅쾅 두드리면 인터폰 버튼 중에서 제일 아래 오른쪽에 있는 빨간 비상 버튼을 눌러서 관리인에게 알릴 것.

아타루 군은 의자에 올라섰다. 두 눈이 모니터 높이에 닿았다.

그와 동시에 쾅쾅쾅! 하고 손바닥으로 현관문을 치는 소리. 그리고,

"마키야마 씨? 여기, 마키야마 다쓰야 씨 댁이죠? 저는 쓰다 아야미라고 합니다. 연락도 없이 불쑥 찾아와서 죄송하지만, 문 좀 열어주세요~"

젊은 여자 목소리였다. 달달한 느낌이 나는 낭랑한 목소리다.

모니터에 비친 모습만으로 몇 살인지 짐작할 수는 없지만 틀림없이 엄마보다는 젊어 보인다. 눈썹이 선명하고 콧대가 가늘고 입이 큰 편이다. 밝은 밤색 숏컷 머리는 부드러운 컬이 들어가 있고 목에는 체크무늬 머플러. 여자가 서 있는 위치 때문인지 과장되게 확대된 얼굴이 비치고 있다.

띵동띵동띵동~!

"실례합니다, 마키야마 씨, 저는 다쓰야 씨와 약혼했던 사람입니다."

뭐라고?

아타루 군의 성은 분명히 '마키야마'지만 '다쓰야'라는 이름을 가진 사람은 없다. 아빠는 '가쓰오'고 나고야에 사는 삼촌은 '미키오'이며 그 삼촌의 외아들은 '쇼고'다. 쇼고 형은 대학생이고 지금은 어학연수로 1년간 캐나다 밴쿠버에 가 있다. 형이 약혼했다는 이야기는 들어본 적이 없다.

"마키야마 씨~!"

다시 쾅쾅쾅!

"아야미라는 여자 얘기는 다쓰야 씨에게 들으셨죠? 시간 많이 빼앗지는 않을 테니까 문 좀 열어주세요~!"

아야미는 또 누구지? 엄마 이름은 사나에고 할머니는 도모코인데.

저어, 아무 얘기도 못 들었는데, 대체 누구세요?

아타루 군이 모니터를 쳐다보았다. 그러자 아야미를 자처하는 여자가 그 자리에서 몸을 움직여 모니터 속에서 뒤로 물러섰다. 어깨를 들썩여 짐—커다란 종이봉지일까?—을 고쳐 메자 흔들리는 내용물도 모니터에 비쳤다.

꽤 커다란 봉제인형이다. 거꾸로 박혀 있는지 종이봉지 밖으로 튀어나온 것은 캐러멜 색의 두 다리. 장화처럼 생긴 발바닥에는 동그란 발볼록살이 붙어 있다.

아타루 군은 의자에서 뛰어내려 현관으로 달려갔다. 체인 락을 벗기고 피킹 방지 커버가 달린 자물쇠를 빙글 돌려 현관문을 밀었다.

문이 10센티미터쯤 열리자 밖에 있던 아야미라는 여자가 틈새로 발끝을 쑥 집어넣었다. 초콜릿브라운 무톤 부츠. 꽤 오래 신었는지 부츠가 주저앉은 느낌을 풍긴다.

"아, 무거워!"

아야미는 몸을 좌우로 움직여 문을 열고 현관으로 들어섰다. 하지만 작은 체구임에도 아파트의 좁은 현관을 통과하기가 쉽지 않아 보였다. 우선 오프화이트 다운재킷 위로 우체부 가방 같은 숄더백을 유치원생처럼 등으로 돌려 메고 있다. 오른쪽 어깨에 커다란 달력 사이즈의 종이봉지를 걸었다. 왼손으로는 그보다 조금 작은 종이봉지 세 개의 손잡이를 한데 묶어서 들었다. 어느 종이봉지나 짐이 가득 차서 전체적으로 아야미는 자기 체구의 세 배쯤 되는 크기로 불어난 모양새다.

"지, 짐을."

아타루 군의 목소리가 목에 걸리고 말았다.

"여기, 놔두세요. 아아아, 엄마 그림이."

떨어져요! 라고 외치기 전에 아야미 어깨에 걸린 커다란 종이봉지의 모서리가 허리 높이 신발장 위의 미니어처 이젤에 세워 장식해 둔 '이번 달의 엽서그림'을 후려치고 말았다. 엄마가 그린 성탄절트리 그림이다.

"아, 미안!"

복도까지 날아가 떨어진 이젤은 산산조각 나고 엽서그림은 아타루 군의 코끝을 스치며 날아갔다. 아야미가 그것을 잡으려고 손을 뻗느라 종이봉지 세 개를 놓쳐버렸고, 그것이 아타루 군의 발에 탁 떨어졌다.

"악! 미안 미안 미안!"

아야미는 종이봉지를 잡으려고 쩔쩔맸다. 몹시 당황한 탓에 공연히 몸을 틀다가 오른쪽 어깨의 커다란 종이봉지가 신발장 문을 쳐서 시끄러운 소리를 냈다. 불쌍하게 거꾸로 처박힌 봉제인형의 다리가 덜렁덜렁 흔들린다.

"저기요, 어, 가만 좀 있어 보세요."

아타루 군도 엽서그림처럼 한 방에 날아가거나 짓눌릴 것 같았다.

"잠깐, 스톱!"

아타루 군이 양손을 뻗어 아야미를 밀어내자 그녀의 오른쪽 어깨에서 대형 종이봉지가 떨어져 발치에 쓰러졌다.

마침내 탈출할 수 있다! 라는 듯이 두 다리의 본체가 봉지 밖으로 굴러 나왔다. 아타루 군 키의 3분의 1쯤 되는 갈색 테디베어였다.

역시 곰이다. 아야미의 무톤 부츠보다는 새것처럼 보인다. 털에 윤기가 남아 있다.

아타루 군은 얼른 테디베어를 주웠다. 그러자 쓰러진 대형 종이봉지에서 세탁비닐에 차곡차곡 담겨 있던 의류 몇 점이 미끄러져 나왔다. 가만 보니 비슷한 의류가 봉지 안에 여전히 가득 차 있다.

뭐야, 이 사람. 혼자 이사라도 오는 건가?

의아해하는 아타루 군과 아야미의 눈길이 마주쳤다.

"너, 다쓰야의 동생이니?"

아야미는 어딘지 수상쩍어하는 표정으로 물었다. 아타루 군이 대답하기도 전에,

"설마, 다쓰야의 숨겨둔 아들은 아니겠지."

하고 말하며 눈을 한층 가늘게 떴다.

"우리 집은 마키야마 가가 맞지만." 아타루 군이 말했다. "다쓰야라는 사람은 없습니다. 누나는 누구세요?"

그 물음에 아야미의 표정이 굳어버렸다. 이사인지 야반도주인지 혹은 대담무쌍하게 대량의 물건을 슬쩍하는 중인지 모르지만, 종이봉투에 가득 담긴 짐과 쏟아져 나온 짐이 어지럽게 흩어진 가운데 아야미는 아랫입술을 꼭 깨물었다.

"여기, 주오구 다이아맨션 사쿠라 403호 맞지?"

아타루 군의 목울대가 꿀렁거렸다. "주오구 다이아맨션 사쿠가와 403호인데요."

사쿠라가 아니라 사, 쿠, 가, 와.

"주오구에 다이아맨션이 세 군데 있는데, 사쿠라라는 아파트는 없어요."

입주할 때 관리회사 사람이 일러주었다. 세 군데 중에서도 이곳 사쿠가와가 제일 인기 있는 아파트랍니다!

꾹 깨문 탓에 하얘진 입술을 움직여 아야미가 작은 소리로 물었다. "다른 두 곳의 이름은 뭐지?"

"다이아맨션 구라마치, 그리고 다이아맨션 삼반초요."

구라마치, 삼반초. 아야미는 소리 없이 입술을 움직이며 따라 했다.

"그럼 내가, 사쿠라와 사쿠가와를 헷갈린 거네."

아타루 군은 잠자코 있었다.

아야미는 콧김을 흥 내뿜더니,

"아니면, 다쓰야가 거짓말을 했거나."

그 자식, 찢어발겨버린다, 라고 낮은 소리로 으르렁거렸다.

아타루 군은 테디베어를 고쳐 안고 아야미에게 내밀었다.

"이거, 요코하마 야마시타공원 옆에 있는 완구점에서 파는 오리지널 테디베어를 닮았네요."

아야미가 눈을 끔쩍거렸다. "뭐?"

"인기가 대단해서 주문을 해도 1년쯤 기다려야 해요. 특별히 엄청 귀엽거나 하진 않지만 충전물이 특별해서 꼭 안는 느낌이 포동포동하대요."

아야미는 수상히 여기는 손짓으로 테디베어를 만지더니 인형의 통통한 팔을 꽉 쥐었다.

"이게?"

"아뇨, 이건 폭신폭신하지 않은 걸 보니 흉내 낸 것뿐이네요. 하지만 얼굴이 푸근한 아저씨 같아서 인상이 좋아요."

아야미는 선명하게 그린 눈썹을 찡그리며 아타루 군의 얼굴을 보았다. 다음 순간 푹, 하고 웃음을 터뜨렸다. 그녀의 숨결에서 박하 냄새가 났다.

"웃어서 미안. 너, 재밌는 아이로구나. 봉제인형에 대해서 잘 아니?"

아타루 군은 안도하며 테디베어를 가볍게 안았다. "내가 직접 봉제인형을 만드니까 이런저런 작품을 보며 공부하거든요."

그때 다시 인터폰이 울렸다. 띵동의 잔향이 가시기 전에 현관문이 열리고 관리인 얼굴이 나타났다.

"아타루 군!"

관리인이 굳은 표정을 하고 있다.

"괜찮니? 어떤 수상한 여자가 현관문을 마구 두드리고 있다는 신고가 들어왔는데—,"

관리인 아저씨의 험악한 눈초리에 아야미가 목을 움츠렸다.

"죄송해요. 그 수상한 여자가 바로 접니다만."

아타루 군은 테디베어를 쳐들고 관리인 아저씨에게 꾸벅 인사를 시켰다.

쓰다 아야미는 재작년 가을 마키야마 다쓰야를 만나 교제를 시작하자마자 동거에 들어가 결혼을 약속했다. 그런데 바로 지난달 말에 그 약혼이 깨졌다. 다쓰야가 일방적으로 이별을 통고하고 나가버린 것이다.

"다른 여자가 있다는 건 얼마 전부터 알고 있었지만."

아야미는 고개를 숙이고 불평하듯이 말했다.

"붙잡을 생각은 없었어요. 하지만, 꽤 많은 돈을 빌려준 상태라. 그 돈은 돌려받고 싶어서."

공통 지인에게 부탁해서 어떻게든 연락해 돈을 갚으라고 압박했다. 그러자 돈 문제는 내 부모님한테 말해라, 하며 다이아맨션 사쿠라의 주소를 알려주었다고 한다.

"기왕 부모 집에 찾아가는 김에 그동안 다쓰야한테 받은 물건들을 전부 가져다주어야겠다 싶어서."

이렇게 많은 짐을 들고 온 것이다.

아야미와 관리인 아저씨는 관리동 로비에 있는 방문객용 공간에 앉아 있었다. 둥근 커피테이블과 스툴이 두 세트, 로우 테이블과 3인용 소파와 오토만 스툴 세트가 하나. 관엽식물도 놓여 있다. 부분적으로 스테인드글라스로 마감된 전면유리가 세련돼 보인다. 그 너머 바깥에는 은행나무 거목이 높이 서 있다.

짐더미는 로우 테이블에 쌓아 놓았다. 아야미는 오토만 스툴에, 관리인 아저씨는 스툴에, 아타루 군은 테디베어와 나란히 소파에 앉아 있었다. 관리인 아저씨는 아타루 군에게 너는 집에 있어도 된다고 말했지만 못 들은 척 따라와 버렸다. 걱정이 되어서다.

다만 아야미가 밝힌 사연의 몇몇 세세한 부분은 아타루 군으로서는 잘 이해가 되지 않았다. 결혼을 약속한 마키야마 다쓰야와 헤어졌으니 그에게 받은 선물을 돌려주려고 왔다는 것 정도로 이해했다. 뭐, 줄거리는 분명히 그렇다.

"필요 없는 선물이라면 그냥 버리면 될 텐데."

관리인 아저씨는 팔짱을 끼고 무뚝뚝하게 말했다. 아타루 군의 엄마 아빠는 관리인 아저씨를 몰래 '악역 전문'이라고 부른다. 예전 드라마에서 악역을 도맡아 연기하던 배우를 쏙 닮았다면서.

"하지만, 아깝잖아요"라고 아야미가 입술을 삐죽이며 말했다.

"그럼, 재활용 숍에 팔든지."

"돈과 바꾸기는 싫어요. 다쓰야가 이것들을 산 돈의 출처가 원래 내 지갑이니까."

"허어? 그렇다면 더욱—,"

"그래도, 그건 비참하잖아요."

"하지만 당신, 남자한테 빌려준 돈은 돌려받기로 마음먹었다면서."

"그거랑 이건 별개죠."

이 대화도 아타루 군은 이해가 되지 않는다. 독자 여러분 중에도, '암, 그렇지' 하는 분이 있는가 하면 '글쎄, 모르겠네' 하는 분도 있지 않습니까?

아야미는 로우 테이블에 쌓여 있는 짐을 힐끗 보고, "이 중에는 다쓰야가 손님이던 시절에 준 순수한 선물이 섞여 있기도 하고요."

앞으로 5, 6년쯤 지나면 아타루 군도 이 말을 듣고 아야미의 직업이 어떤 쪽인지 바로 알아채겠지. 아직은 무리다.

"뭐, 당신 심정이 어떻든 간에" 관리인 아저씨는 그렇게 말하고 콧김을 풍성하게 내뿜었다. "여기 마키야마 씨는 그 마키야마가 아니고 다쓰야란 남자의 부모도 이 아파트에 없어요."

아타루 군 집은 '마키야마卷山'인데 다쓰야라는 남자의 성은 다른 한자를 쓰는 '마키야마牧山'라고 한다.

"그런 것 같네요."

"짐 챙겨들고 나가주세요."

"아이 참, 이 무거운 것들, 진짜 짜증나네."

아야미는 울상이 되어 입술을 삐죽거렸다. "여기서 처분해주실 순 없나요? 큰 아파트니까 주민도 수백 명은 될 텐데. 여기 펼쳐두고 각자 마음에 드는 걸 알아서 가져가라고 하면 금방 없어지지 않을까요?"

관리인 아저씨가 눈을 부릅떴다. "그렇게는 못합니다."

"왜요? 파는 게 아니라 공짜로 주겠다는 건데."

"옷이나 신발이나 액세서리처럼 적당히 가격이 나가는 것도 있잖아요. 무료라니, 상식적이지 않습니다."

아타루 군 엄마가 하는 말 중에 "친구한테 공짜로 뭘 받으면 안 된다"라는 것이 있다. "뒤끝이 좋지 않으니까"라고 엄마는 말한다. 관리인 아저씨도 그 말을 하고 싶은 걸까. 테디베어의 둥글둥글한 팔을 쓰다듬으며 아타루 군은 생각했다.

"그럼, 아주 싼 값을 매겨서 팔면 어때요? 백 엔이라든가, 비싸봐야 5백 엔이라든가."

"다른 데 가서 하세요."

"두어 시간이면 되니까 여기서 하게 해주세요. 매출은…… 그래요, 저기에 넣어서 기부할게요."

관리인실 출입구 옆 카운터에 '맹도견기금' 모금함이 놓여 있었다. 아야미가 그것을 가리켰다.

"나 혼자 결정할 수 있는 게 아닙니다. 최소한 관리조합 이사장님 허락은 있어야 해요."

“어떻게 하면 허락을 받아낼 수 있죠? 제가 가서 부탁하면 되나요?”

관리인 아저씨는 아야미의 집요함에 꺾여 이사장에게 연락했다. 10분쯤 후 이사장이 로비로 내려왔다. 백발머리에 늘 손으로 뜬 조끼를 입고 지팡이를 짚고 다니는 노인으로, 예전에 이 지역 상공회의소의 높은 지위에 있었다고 하던가.

“어디보자, 그래 무슨 사연인고?”

관리인 아저씨의 설명과 아야미의 부탁을 다 듣고 나자 이사장은 웃었다.

“뭐, 특별 바자회라 생각하면 되겠네. 시간은 오후3시까지로 하고 팔다 남은 건 당신이 회수해가시오.”

“네. 감사합니다!”

그렇게 결정되자 이사장은 아타루 군에게 웃음을 지어 보였다.

“안녕, 아타루 군. 학급이 폐쇄됐다며? 우리 손주가 되게 부러워하던걸.”

그러고 보니 이사장님 손자가 같은 초등학교 6학년생이었다. 아타루 군은 테디베어와 함께 꾸벅 인사했다.

“기왕 자리를 빌려주는 만큼 기부금은 많을수록 좋겠지. 관리인, 입주자용 게시판에 특별바자회 소식을 올리세요.”

그리하여 아야미는 졸지에 바자회를 열게 되었다. 물건을 펼쳐놓을 때 관리인 아저씨가 다시 “아타루 군은 이제 됐으니까 들어가”라고 했지만 아야미가,

"이 아이가 장난감 박사예요. 인형이 몇 개 있으니까 보여주고 싶어요"라고 붙들어 주었다.

공교롭게 다른 봉제인형이나 플라스틱인형은 인형뽑기나 캡슐뽑기에서 흔히 볼 수 있는 것이어서 아타루 군은 조금도 끌리지 않았다. 그런 것들은 크기에 따라 10엔, 50엔, 100엔으로 가격을 정했다. 테디베어에는 300엔을 매겼다.

의류나 액세서리 역시 아타루 군이 보더라도, 관리인 아저씨가 경계할 만큼 비싸 보이는 것은 없는 듯했다. 의류 중에는 정가는 비싸지만 이미 여러 번 입고 자주 세탁한 것, 혹은 제대로 관리를 하지 않고 얼룩이나 보풀이 많아서 값어치가 떨어져버린 것도 있는 듯했다. 대부분 백 엔이나 2백 엔, 두 점씩 있는 코트와 원피스가 각 5백 엔.

백 엔 정도라면 아타루 군도 용돈으로 살 수 있다. 머플러가 좋을까나. 손수건도 꽤 여러 점 있다. 하지만 테두리를 레이스로 처리한 것뿐이다. 엄마는 타월 천이나 거즈 손수건이 아니면 별 쓸모가 없다고 했었다.

입주자 전용 SNS 게시판의 힘인지 로비에 주민이 하나둘씩 모여들었다. 아타루 군은 안면이 있는 아주머니나 아저씨에게 "학급이 폐쇄됐어요"라고 설명하느라 지쳐버리기 전에 집으로 돌아갔다. 배가 고파 인스턴트 수프를 뜨거운 물에 녹이고 롤빵과 함께 먹었다. 아야미 씨는 점심식사를 어떻게 하려나, 생각하면서.

숙제를 마치고 오늘 저녁 아카네 짱에게 들려줄 『히무라 군』 다음 화를 미리 읽어두며 거실 컴퓨터로 SNS게시판을 보는데 2시쯤 되자 '특별바자회 완판 직전! 곧 종료합니다'라는 글이 올라왔다.

얼른 관리동으로 가보았다. 로비 방문객용 공간에 펴놓았던 물건들은 거의 다 사라지고 아야미가 주민 아주머니와 서서 이야기하고 있었다. 아주머니 팔에는 코트가 걸쳐져 있다. 까만 가죽 코트로, 커다란 깃이 두드러진 디자인이다.

"합성피혁이니까 비에 젖어도 괜찮아요. 소매에 있는 얼룩은 와인인가? 죄송해요."

아야미의 설명에 아주머니는 고개를 끄덕이며 "이 정도는 괜찮아요. 거의 새것 같은데 5백 엔이라니, 내가 다 미안하네요."

하고 방글방글 웃으며 물러갔다.

"어머, 아타루 군. 이거 좀 봐. 다 팔렸어."

텅 빈 종이봉지를 두드려 보이는 아야미도 기분이 좋아 보였다.

"총 5천 3백 엔이야."

"굉장하네요."

"그 테디베어도 팔렸어. 네 동생한테 선물로 주면 좋겠다고 생각했던 건데, 정말 괜찮겠어?"

가격을 매길 때, 이건 아타루 군에게 선물할게, 라고 했지만 애써 사양했었다.

"곰이라면 언젠가 직접 만들려고요."

아타루 군의 말에 아야미는 기억난다는 듯이 눈빛이 밝아졌다.

"오, 그래. 엄청 귀여운 걸 만들어 봐."

뒷정리가 끝나고 아야미는 관리인실로 갔다. 관리인 아저씨가 나와서 아야미가 5천 3백 엔을 모금함에 넣는 것을 지켜보았다.

"이사장님이 지폐로 바꿔주셨어요. 정말이지 처음부터 끝까지 친절하게 해주셨어요."

"오늘 이렇게 고생했으니 앞으로는 이런 일 없도록 조심하시고."

"네. 명심할게요."

아야미는 아타루 군 옆으로 돌아와 물었다. "너도 도와주었으니 음료수 정도는 내가 쏠게. 뭐가 좋아?"

로비 옆에 종이컵 음료가 나오는 자판기가 있었다.

"그럼, 코코아요."

"좋았어!"

아야미도 핫코코아를 골랐다. 둘이 나란히 소파에 앉아 달달한 음료를 맛보며 전면유리창 너머로 기울어가는 12월 태양을 올려다보았다.

"……내가 아타루 군 만할 때 말이야."

혼잣말처럼 아야미는 말했다.

"아빠가 커다랗고 하얀 개 인형을 사다주셨어. 우리 아빠는 술꾼이라 잔뜩 취하면 이상한 선물을 사오는 버릇이 있었거든."

그래서 아야미의 엄마는 늘 화를 냈고 아야미도 어이가 없었지만, 커다란 개 인형을 받았을 때는 몹시 기뻤다.

"그날 밤부터 같이 잤어. 우리 집은 애완동물 같은 거 키울 처지가 아니어서, 나에게는 그 봉제인형이 소중한 애완견이고 제일 친한 친구였어."

그때까지 친구가 없었거든.

"하지만, 반년쯤 지나서 부모님이 이혼했어. 아니, 실은 엄마가 날 데리고 아빠한테서 도망친 거니까 갈아입을 옷과 란도셀 정도밖에 들고 나오지 못했어."

커다란 하얀 개 인형과는 헤어지고 말았다.

"일 년 정도는 기억이 날 때마다 울었어. 몇 군데 전전하던 엄마가 숙소가 제공되는 일자리를 얻었지. 료칸 점원이었는데, 그 료칸에 고양이가 여러 마리 있었어. 귀여운 고양이를 콘셉트로 내세우던 료칸이었어. 나는 그제야 울지 않게 되었지."

하지만 집에 남겨진 쪽은 어떠했을까. 아야미 씨가 그리워 울지 않았을까. 아니면 다음 주인을 만나 사이좋게 지냈을까?

아타루 군이 물었다. "이름은 지어주지 않았나요?"

"응?"

"그 커다란 하얀 개 인형 말예요."

붙여줬지—라고 아야미는 대답했다. "하지만, 잊어버렸어."

그 눈이 반짝거렸다. 어쩌면 울음이 나오려고 하는 것인지도 모른다. 아타루 군은 그만 입다물고 있기로 했다.

종이컵을 들어 달달한 코코아를 다 마셨다. 그러자 옆에서 아야미가 불쑥 소리를 질렀다.

"어머나!"

그 바람에 아타루 군은 코코아로 사레가 들리고 말았다. 아야미가 당황하며 등을 두드려 주었다.

"미안 미안, 나 때문에 놀랐구나."

"억, 큭, 큭."

아야미는 아타루 군의 등을 쓸어주며 관리동 옆에 서 있는 은행나무 고목을 올려다보고 손으로 가리켰다. 전면유리 너머에 겨울 하늘을 등지고 고목이 우뚝 서 있다.

"저 나무에 혹시 다람쥐가 사니?"

너무 놀라 아타루 군은 다시 사레가 들렸다.

"다, 다, 다람."

"잠깐, 너 괜찮아?"

"다람쥐를 봤단 말예요?"

"응. 저기, 다람쥐 같은데. 설마 하늘다람쥐는 아니겠지? 아니면 쥐인가? 그러기에는 꼬리 모양이 전혀 달랐어. 틀림없이 다람쥐였는데."

행운의 다람쥐다. 은행나무 고목의 정령이다.

"잘 됐네요!"라고 아타루 군이 말했다.

"보기 힘든 거였어? 나, 운이 좋았나보네."

"네."

"지금까지 살아오면서 운이 좋았던 적이 없는데, 오늘부로 달라지려나."

아야미는 웃으며 그렇게 말하고 제 이마를 탁 쳤다. "내가 지금 초등학생한테 무슨 소리를 하는 거야, 누나란 사람이."

커다란 종이봉지를 쓰레기집하장에 버리고 아야미는 다이아맨션 사쿠가와를 떠났다. 아타루 군은 손을 흔들었다. 아야미도 뒤를 돌아보며 바이바이 해주었다.

혼자 남자 아타루 군은 은행나무 거목을 올려다보았다. 오랜 세월 이 자리에 서 있는 할아버지 나무. 바짝 말라 쩍쩍 갈라진 줄기, 겨울하늘을 향해 퍼져나가는 무수한 가지들. 그곳만 다른 생명의 굵은 다리라도 되는 양 몸부림치는 뿌리.

다람쥐는 보이지 않는다. 작은 귀도 갈색 몸뚱이도 풍성한 꼬리도.

그건 아마 아타루 군이 지금 이미 행복하게 살고 있기 때문일 것이다.

저녁식사 때 아타루 군은 가족 모두에게 오늘 있었던 일을 들려주었다. 아빠는 재미있어하고 엄마는 걱정하고 아카네 짱은 테디베어를 보고 싶어 했다.

"언젠가 오빠가 만들어줄게."

아타루 군은 동생에게 약속했다.

예정대로 아타루 군과 아빠는 금요일 밤 늦게 다람쥐 인형의 눈을 그려 넣었다. 꼼꼼하게 연습한 뒤 아빠가 붓펜으로 눈동자를 한쪽 또 한쪽 그려 넣고, 아타루 군이 살짝 손을 보고, 그것을 다시 아빠가 수정하고, 각도를 바꾸며 다람쥐의 표정을 확인했다. 두 사람이 충분히 만족할 때까지 한 시간 이상 걸리고 말았다.

완성된 펠트 다람쥐를 앞에 놓고 아타루 군은 연방 눈을 깜빡거렸다. 그리고 기분이 좋아져서 후후후, 하고 웃었다.

"왜?"

"잘 만든 것 같아서."

"그래. 최고 걸작이구나."

사실 아타루 군은 내심 생각하고 있었다. 이 다람쥐 얼굴, 왠지 신기하게도 살짝 아야미 씨를 닮은 것 같다고.

프레젠트 코트 머플러 무톤 부츠 ©작코

어스름한 저녁 이끼 낀 묘석에

새끼도마뱀

어스름한 저녁 이끼 낀 묘석에 새끼도마뱀

여름방학이 시작된 직후 새 집으로 이사하면서 겐이치는 자기 방이 생겼다. 3층 구석방으로 천장이 비스듬하게 떨어져 다락방 분위기가 난다.

"나는 고등학생이 될 때까지도 내 방이 없었는데. 겐이치는 좋겠다" 하고 아버지는 말했다.

엄마는 "정리정돈 잘 하렴"이라고 했다. "5학년이니까 잘 할 수 있겠지."

새 집은 지금까지 살던 아버지 회사의 사택에서 마을 중심부를 끼고 정반대 쪽에 있다. 전학은 하지 않아도 되지만 단골 슈퍼마켓은 바꿔야 했다. 엄마는 사택 사람들과 자주 얼굴을 보지 않게 돼서 잘 됐다고 아버지와 이야기했다.

"업자가 지어서 파는 주택은 하자투성이라고 헐뜯지 뭐예요."

"시샘하는 거니까 신경 쓰지 마."

예전에 철조망으로 빙 두른 공터와 낡은 창고가 있던 곳으로, 엄마 말로는 지주 집안에 상속이 이루어지면서 창고와 철조망이 철거되고 땅이 매물로 나왔던 것이라고 한다.

지금은 그 터에 주택 세 채가 들어섰다. 형태는 동일하지만 지붕과 벽과 난간의 컬러 조합이 조금씩 달랐다. 겐이치네는 한가운데 주택으로, 빨간 지붕에 베이지색 벽, 블랙초콜릿색 난간을 하고 있다. 오른쪽 집은 파란 지붕에 하얀 벽, 왼쪽 집은 초록 지붕에 캐러멜색 벽이며, 두 집 모두 난간은 알루미늄색이다.

집 구경하러 왔을 때 왼쪽 집에는 벌써 주인이 살고 있었다. 엄마는 컬러 조합이 제일 좋은 집이 남아 있어서 다행이라며 기뻐했다.

"우리 집과 인연이 있는 거야."

겐이치 방의 비스듬하게 떨어지는 천장에는 천창이 하나 있었다. 밑에서 긴 갈고리를 사용하여 여닫는다. 겐이치도 방법을 배우긴 했지만, 함부로 열면 안 된다고 엄마는 말했다. 천창 여닫는 건 엄마가 할 테니까.

천창을 열어 놓았을 때 책상 위에 올라가 까치발을 하면 천창 밖으로 머리를 내밀 수 있었다. 왼쪽 집에는 천창이 없다. 여기서 보는 풍경은 겐이치 한 사람만 누릴 수 있는 것이다. 그렇게 바라보는 풍경이 기분 좋아 뻔질나게 책상 위로 올라가다가 금방 엄마에게 들켰다. 엄마는 몹시 놀라 크게 화를 냈다. 그러나 겐이치와 마찬가지로 책상에 올라가 천창 밖으로 얼굴을 내밀어 보고는 "이거 꽤 재밌구나"라고 했다.

"얼굴 내밀고 구경하는 것까지만이야. 위험하니까 지붕 위로 나가는 건 절대 안 돼. 약속할 수 있지?"

겐이치는 약속했다. 애초에 그런 생각을 해본 적도 없었다. 천창이 아주 작았고, 만약 빠져나갈 수 있다고 해도 지붕 기울기가 너무 가팔라서 위험했기 때문이다.

주택 세 채 뒤쪽에는 작은 구릉이 있는데, 잡목림에 둘러싸여 있어 멀리서 보면 브로콜리처럼 보인다. 하지만 천창 밖으로 얼굴을 내밀고 둘러보니 나무들 사이로 작은 오솔길이 있었고 꼭대기에 오두막 같은 건물도 보였다. 저건 뭐지?

여름방학 중에도 영어회화 학원과 수영교실에 다니고, 친한 아이들 집에 놀러가 함께 피규어를 만들거나 게임도 하느라 겐이치의 하루는 짧기만 했다. 매일매일 즐거운 일만으로도 바빴다.

하루는 만들다 만 피규어를 마저 만들려고 친구 집에 도착해서 길가에 자전거를 세우고 있는데 친구 어머니가 현관으로 나와서 친구가 배탈이 나는 바람에 누워 있다고 말했다.

"병원에 가보니 바이러스성 장염이래. 겐이치 군한테 옮으면 안 되니까 미안하지만 다 나아서 연락할 때까지 기다리렴."

알았습니다, 라고 꾸벅 인사하고 겐이치는 다시 자전거를 탔다. 어느새 여름이구나 하고 생각하며 집을 향해 페달을 밟기 시작했다. 최근 매일같이 비가 내렸지만 오늘은 간만에 날이 맑아

더워도 기분은 좋았다. 그래서 뒤쪽 구릉에 올라가볼까 하는 생각이 불쑥 들었다.

구릉 탐험에 대해서는 피규어 친구와 이야기한 적도 있다. 지금 만들고 있는 '다이나믹 피규어 초호기'가 완성되면 새로 '크림존 타이푼'을 만들기 전에 함께 올라가볼래?

친구는 썩 달가운 표정이 아니었다. 너희 집 뒤에 있는 구릉은 예전에 나사공장 창고가 있던 곳이지? 거긴 어두컴컴하고 아무것도 없어. 벌레랑 뱀도 있고.

피규어 친구는 벌레를 몹시 싫어했다. 공원에서 놀다가 파리나 나방이 날아오면 기겁하며 도망칠 정도였다.

물론 집 뒤 구릉은 분위기가 어둡다. 하지만 지금은 한낮이고 집에서 엎어지면 코 닿을 곳이다. 겐이치는 경사가 급한 지붕 위로 나가보려는 생각은 해본 적이 없을 만큼 분별력이 있지만, 집 지붕에서 옆으로 보이는 그 잡목림을 혼자 탐험하지 못할 만큼 겁쟁이는 아니었다.

겐이치 집 뒤쪽에서 구릉에 오르기란 좀처럼 쉽지 않다는 사실쯤이야 알고 있다. 주택 세 채의 배후를 지키듯이 꽤 높은 담이 있기 때문이다. 그래도 구릉 둘레를 돌아보면 적당한 입구를 찾을 수 있을 것이다. 일단 집으로 돌아가 벌레 퇴치 스프레이를 뿌리고 올까 생각했지만 귀찮아서 그만두었다.

자전거를 달려 보니 브로콜리처럼 생긴 구릉 밑자락에는 주택들이 나란히 자리 잡고 있었다. 다만 집에서 2시 방향으로 오래된 콘크리트 계단이 보였다. 폭이 1미터가 채 안 되고 발판은 모서리가 부서져 있다. 근처 어느 집의 소유도 아닌 것 같았다.

겐이치는 자전거를 가드레일에 기대어 놓고 자물쇠를 잠근 후에 콘크리트 계단을 올려다보았다. 단층집 지붕 높이밖에 안 된다. 거기부터는 흙길이고, 적당한 경사의 오르막길을 잡목림 나무들이 터널처럼 뒤덮고 있다.

계단이 이런 상태로 방치되었다면 천창에서 조금 보이는 오두막 같은 건물도 아마 사용되고 있지 않으려나.

엄청 낡은 폐가라면 얼마나 멋질까. 아직 스마트폰이 없는 것이 안타까웠다. 스마트폰이 있으면 사진을 찍을 수 있고 탐험 동영상도 찍을 수 있을 텐데.

콘크리트 계단을 폴짝폴짝 뛰어 올라가 흙길에 진입하자 스위치를 끈 것처럼 주위가 갑자기 조용해졌다. 나뭇가지 너머로 주위 주택들의 지붕이 보인다. 베란다에 널어놓은 빨래도 보인다. 잡거빌딩의 간판이 보인다. 하지만 마을의 소음은 전혀 들리지 않는다. 새소리조차 들리지 않았다.

하나, 두울, 셋, 넷. 겐이치는 보폭을 크게 해서 올라갔다. 나무뿌리가 땅바닥을 꾸불꾸불 기고 있다. 움푹 팬 곳에는 병든 낙엽이 고여 있었다.

구릉 꼭대기까지 오르는 데는 그리 시간이 걸리지 않았다. 돌아다보니 방금 세워둔 자전거가 조그맣게 보였다. 꼭대기에는 피구 코트 절반만 한 공간이 있고 덤불이 그 주위를 둘쑥날쑥 에워

싸고 있다.

겨우 이 정도 높이인데 왜 이렇게 어두울까. 언덕을 오를 때는 내 머리보다 훨씬 컸던 잡목림 나무들인데, 이곳에서 보니 겐이치를 향해 몸을 웅크려 햇빛을 가로막고 있는 것처럼 보인다.

천창에서 보았던 오두막 같은 것은 꼭대기의 빈터 한가운데 있었다. 흰 페인트가 군데군데 벗겨진 백엽상이었다. 이 비늘창이 겐이치의 집 천창에서는 오두막의 일부처럼 보였던 것이다.

문은 반대쪽에 있는 것 같다. 백엽상 안에 뭔가가 둥지를 틀고 있는지도 모른다. 새였으면 좋겠지만 말벌이라면 무섭다.

백엽상 옆구리를 손바닥으로 만지며 빙 돌아보니 문은 떨어져 나가고 없었다. 이미 오래 전에 없어졌는지도 모른다. 백엽상 내부는 휑뎅그렁하고 모래만 고여 있었다. 흙과 곰팡이 냄새가 코를 찌른다.

나뭇가지 사이로 내려다보니 금세 겐이치의 집을 찾을 수 있었다. 천창이 열려 있다. 파란 지붕, 빨간 지붕, 초록 지붕. 똑같이 생긴 주택 세 채가 나란히 있는 것이 귀엽다. 파란 지붕 옆집 정원에 커다란 개집이 있는 것을 발견했다. 이사 온 뒤로 개 짖는 소리는 들어본 적이 없다. 개가 어지간히 얌전한 모양이다.

어디에 묶어 놓은 걸까? 개집에서 자고 있나? 꼭대기 빈터 가장자리에 서서 목을 길게 빼 보기도 하고 쪼그려 앉아보기도 하는 등 이리저리 자세를 바꿔가며 겐이치는 개를 찾았다. 구릉의 저쪽에는 길도 없고 덤불에 덮인 비탈이 급하게 떨어지고 있었다. 상체를 너무 내밀면 위험할 것 같아 균형을 잃지 않도록 조심했다.

그때 뭔가가 재빠르게 겐이치 운동화 위를 휙 가로질렀다. 깜짝 놀라 뒤로 펄쩍 물러나며 그것이 달려간 쪽을 쳐다보니 상대방도 땅바닥 위에서 동작을 딱 멈추었다.

도마뱀이다. 아주 작다. 꼬리가 길다.

잠시 겐이치도 도마뱀도 움직이지 않았다. 겐이치는 숨을 죽이고 왼쪽 발을 살짝 움직였다. 도마뱀은 달아나지 않는다. 오른쪽 발도 움직여 도마뱀에게 다가섰다. 한 발, 또 한 발. 그러자 도마뱀이 다시 도망쳤다. 겐이치는 뛰어서 쫓아갔다.

작은 도마뱀은 꼭대기 빈터 한쪽 구석에서 다시 멈췄다. 그 자리는 흙이 푸석푸석했다. 며칠 계속 쏟아진 비로 무너진 것일까?

쪼그리고 앉아 살펴보니 푸석푸석해진 곳에서 언덕 비탈 쪽으로 겐이치의 머리만 한 돌과 주먹만 한 돌멩이가 보였다. 잘은 모르지만 꼭대기 빈터의 구석인 이곳에서 밑으로 굴러 떨어지다 멈춘 듯했다.

푸석푸석한 흙에 멈춰 있던 도마뱀은 겐이치의 머리 그림자가 다가오자 다시 재빨리 달렸다. 그러더니 겐이치의 머리만 한 돌 위에 네 다리와 꼬리를 뻗고 납작 엎드렸다. 크고 작은 돌 두 개는 모두 이끼에 덮여 진초록 색이었다. 만지면 손가락 끝까지 선뜩하게 진초록으로 물들 것 같았다.

겐이치는 도마뱀을 향해 쯧쯧, 혀를 차 보았다. 반응이 없다.

가까이서 보니 눈이 동그랗고 대가리에 붉은 기운이 도는 귀여운 도마뱀이었다.

꼬리를 잡아 올려볼까 하고 땅바닥에 무릎을 꿇고 가만히 손을 뻗었다. 겐이치의 그림자가 움직이는 것을 느꼈는지 도마뱀은 다시 돌을 뛰어넘어 비탈로 사라져버렸다.

놓쳤네.

무릎과 양손을 짚은 채,

"재미없어라."

그렇게 소리 내어 말할 때 푸석푸석한 흙에서 뭔가가 반짝였다. 도마뱀 눈보다 작은 광채였다. 겐이치가 낮은 자세를 취하지 않았으면 알아채지 못했을 것이다.

방금 도마뱀 꼬리를 집어 올리려 하던 손가락으로 겐이치는 흙을 팠다. 축축하고 부드러워 쉽게 팔 수 있었다.

반짝거린 것은 렌즈였다. 직경 5센티미터쯤 되는 돋보기다. 본체는 바로 드러났지만 자루 끝 둥근 고리에 가죽 끈이 꿰어져 있어 그 가죽 끈을 좀처럼 파낼 수 없었다. 겐이치의 손톱 밑에 흙이 꽉 차고 말았다.

돋보기는 렌즈에 상처가 나 있었다. 가죽 끈은 썩어서 너덜너덜했다. 플라스틱 테두리와 자루는 전혀 손상이 없고 10센티미터쯤 되는 자루에 히라가나 다섯 자가 새겨져 있는 것을 볼 수 있었다.

'스즈키가이'

돋보기 주인의 이름일까. 그렇게 생각한 순간 겐이치는 당황했다. 주인 이름이 적힌 물건을 발견한 것이다. 그냥 주운 것이 아니라 발견한 것이다.

겐이치는 너덜너덜한 가죽 끈을 돋보기 자루에 정성스레 감고 잠시 망설이다가 바지주머니에 넣고 구릉을 내려왔다. 자전거 페달을 꾹꾹 밟아 집으로 돌아와 엄마에게 돋보기를 보여주었다. 어떻게 발견했는지 설명하자 엄마는 말했다.

"어머, 꼭 도마뱀이 안내해준 것 같지 않니."

듣고 보니 그런 것 같다고 겐이치도 생각했다.

"이름이 있으니 파출소에 맡기자. 주인을 찾았으면 좋겠구나."

엄마와 동네 파출소로 간 겐이치는 젊은 순경에게 어떻게 돋보기를 발견했는지를 다시 한 번 설명했다.

돌아오는 길에 슈퍼마켓에서 장을 보았다. 오늘 저녁은 미트볼 스파게티를 만들어줄게, 하고 엄마는 말했다. 기분이 좋았다. 좋아하는 스파게티를 생각하니 벌써부터 침이 고일 것 같았다.

아버지는 10시 지나서 귀가했다. 겐이치는 자기 전에 이를 닦으며 거품투성이 입으로 아버지에게 돋보기 이야기를 또 했다. 겐이치의 이야기를 들으며 아버지는 데운 스파게티를 먹었다. 그릇이 거의 비었을 때쯤 집 전화벨이 울렸다.

그리고 큰 소동이 시작되었다.

'스즈키가이'는 스즈키 가이라는 초등학교 1학년 소년이었다.

겐이치가 가본 적 없는 먼 대도시에서 부모님과 살았는데 5년 전 여름방학 중반, 그러니까 꼭 이맘때 서머스쿨에 갔다가 행방불명이 되고 말았다.

돋보기는 가이 군이 보물처럼 아끼던 물건이었다. 뭐든 관찰하기를 좋아하는 가이 군에게 할아버지가 입학 선물로 사주고 엄마가 가죽 끈을 달아 주었다. 가이 군은 돋보기를 늘 목에 걸고 다녔다. 행방불명되던 날도 걸고 있었다.

그로부터 1년 반쯤 지나 그 대도시의 다른 동네에서 이번에는 초등학교 2학년 소년이 행방불명되었다. 학교에서 돌아오던 소년이 어떤 차량에 탔다는 목격 정보가 있어 경찰이 대대적으로 수색하자 그날 밤 늦게 소년을 태운 차가 어느 편의점 주차장에서 발견되었다. 소년은 잠들어 있었고 운전석에는 아무도 없었다. 경찰이 편의점에 들어서자 손님 하나가 도망치기 시작했다. 수척하고 머리가 푸석푸석한 젊은이였다. 그 남자는 도로로 뛰어나갔다가 트럭에 치여 즉사했다. 소년은 무사히 부모 곁으로 돌아갔다. 수면제를 먹은 상태여서 깨어나기까지 꼬박 하루가 걸렸다.

소년을 납치한 젊은이가 살던 아파트는 겐이치의 동네 한쪽에 있었다. 그 아파트에서 여러 가지 물건이 발견되었다. 그중에는 가이 군이 서머스쿨에 가져갔던 배낭과 입고 있던 셔츠와 바지도 있었다.

하지만 가이 군은 발견되지 않았다. 가이 군이 늘 목에 걸고 다니던 돋보기도 보이지 않았다. 가이 군의 부모님은 아들이 돌아오기를 내내 기다렸다.

겐이치가 돋보기를 발견하여 파출소에 신고한 직후 경찰이 뒤쪽 구릉의 수색작업에 착수했다. 그리고 얼마 지나지 않아 가이 군의 유해를 발견할 수 있었다. 완전히 뼈만 남은 상태였다.

형사들에게 이런저런 질문을 받는 것이 겐이치는 무섭지 않았다. 하지만 엄마가 몹시 두려워했다. 아버지는 사람이 변한 것처럼 자주 험악한 표정을 지었다. 밤낮없이 인터폰이 띵똥띵똥 울리고 뻔질나게 전화가 걸려왔다. 부모님은 형사들과 상의하여 겐이치를 할아버지 댁에 보내 남은 여름방학을 보내게 했다. 할머니가 "퀴즈 프로그램은 봐도 되지만 뉴스 같은 건 안 돼"라고 해서 겐이치는 가이 군이 발견된 이후의 다양한 소동을 거의 알지 못했다.

딱 한 번 형사 한 사람이 겐이치를 만나러 할아버지 댁에 찾아왔다. 차에 치여 죽은 젊은이의 컴퓨터에 그 구릉 사진이 많이 남아 있었다고 한다. 형사는 그것을 프린트해서 겐이치에게 보여주었다.

"겐이치 군이 보았을 때도 이런 모습이었니?"

형사가 보여준 사진에는 겐이치의 머리만 한 돌과 주먹만 한 돌이 찍혀 있었다. 두 돌이 가가미모치둥글납작한 떡을 돌탑처럼 두 개 포개어 놓은 떡처럼 쌓여 있다. 위치는 그 구릉 꼭대기 빈터의 한쪽이 틀림없어 보였지만, 돌에는 이끼가 거의 끼어 있지 않았다.

"제가 보았을 때는 돌 두 개가 따로 떨어져 있었어요. 둘 다 이끼가 잔뜩 끼어 있었고요."

"이렇게?"

형사가 다른 사진을 꺼냈다. 두 돌은 여전히 포개어져 있지만 어느 돌에나 이끼가 절반 정도 끼어 있었다.

"아뇨, 이끼가 더 많이 끼어 있었어요."

그래? 하고 형사는 말했다.

"5년 사이 이끼가 늘어났구나."

겐이치가 아버지 회사의 사택에 살 때 옆집에 살던 중학생 누나가 사택 정원에 사는 빼빼 마른 길고양이에게 종종 먹이를 주곤했다. 겐이치도 자주 보았다. 그러던 어느 날 아침 고양이가 죽어서 무덤을 만들어주었다고 누나가 말했다. 사택 정원에 고양이를 묻고 그 자리에 둥근 돌을 몇 개 쌓아 놓았다.

—무덤 귀엽지?

누나는 울면서 합장했다. 겐이치도 양손을 모았다. 그때가 떠올라 형사에게 말했다.

"제가 가이 군의 무덤을 발견한 거군요."

형사는 조금 곤혹스러운 듯 눈썹을 움찔거렸다.

"무덤은 아냐. 가이 군의 무덤은 다른 곳에 제대로 만들었단다."

그런가? 비에 무너져버렸으니 제대로 된 무덤은 아니었다는 거구나. 하지만 그 돌은 두 개 모두 이끼에 완전히 덮여서 구릉 위 어스름한 곳에서 반들거리고 있었다.

2학기가 시작되자 평소처럼 학교에 갔다. 아버지가 데려다주었다. 피규어 친구 집에 놀러 갈 때는 엄마가 따라갔다. 겐이치 엄마와 피규어 친구의 어머니는 오랫동안 소곤소곤 대화를 나누었다. 반 친구 몇 명이 교실에서 겐이치가 해골을 발견했다고 떠벌리다 담임교사에게 호되게 꾸중을 들은 적은 있지만, 그것 말고는 특별한 일이 없었다. 10월에 들어서자 예전처럼 이웃 초등학생들과 등하교를 함께하게 되고 피규어 친구와 '크림존 타이푼'을 만들기 시작했다.

다만 엄마는 겐이치 방의 천창을 열어주지 않았다.

2학기 종업식이 끝나자마자 겐이치가 성적통지표를 들고 집에 돌아와 보니 손님이 와 있었다. 한 사람은 형사였고 다른 두 사람은 낯선 남녀 어른이었다.

거실에서 엄마와 마주앉은 그들은 눈이 빨갛게 부어 있었다.

"가이 군의 아버지와 어머니시다."

겐이치가 아무 말도 못하고 있자 가이 군의 어머니가 소파에서 일어나 다가왔다. 수척하고 겐이치 엄마보다 훨씬 나이 들어 보였다. 가이 군의 아버지도 머리카락이 거의 새하얬다.

"우리 가이를 찾아줘서 고맙다."

가이 군 어머니가 양손으로 겐이치의 손을 잡고 상냥한 목소리로 말했다.

그리고 겐이치는 엄마와 나란히 앉았다. 형사와 엄마, 가이 군의 아버지와 어머니는 이런저런 이야기를 나누었다. 누구도 큰 목소리로 말하지 않았다.

가이 군의 아버지와 어머니는 오늘 처음으로 뒤쪽 구릉에 올라갔던 모양이다. 빨리 와보고 싶었지만 좀처럼 그러지 못했다고 했다. 겐이치의 엄마는 종종 코를 풀거나 손수건으로 눈물을 닦았다. 가이 군의 아버지와 어머니는 울지 않았다. 거실은 따뜻했지만 왠지 두 사람만 추워 보였다.

"그런 곳에 묻혀 있었다니 너무 가여워요."

손수건으로 콧물을 찍어내며 겐이치의 엄마가 말했다.

"경찰분에게 들으셨겠지만, 우리 아이는 도마뱀을 쫓다가 돈보기를 발견했답니다. 작고 귀여운 도마뱀이었다고 하더군요."

가이 군 아버지와 어머니는 말없이 고개를 끄덕였다.

"아마 가이 군이 어린 도마뱀으로 환생해서 나 여기 있어요 하고 알려준 거겠죠. 우리 아이가 발견해서 다행입니다."

대화가 오가는 동안 겐이치는 내내 바닥만 보고 있었다. 도마뱀의 긴 꼬리와 돌에 납작 엎드린 모습, 그리고 붉은 기운이 도는 대가리를 떠올리며.

그로부터 이삼일 뒤의 일이다. 겐이치가 집 근처 교차로에서 신호가 바뀌기를 기다리는데 뒤에서 목소리가 날아왔다.

"겐이치 군."

돌아다보니 가이 군 어머니가 옆에 서 있었다.

"안녕. 집에 가니?"

저녁이라 벌써 어둑했다. 겐이치는 피규어 친구 집에 놀러갔다가 돌아가는 길이었다. 자전거 체인이 끊어져 그날은 걸어서 가는 중이었다.

가이 군 어머니는 코트에 머플러를 감고 있지만 역시 추워 보였다.

"오늘은 바람이 강하구나. 내가 차를 가지고 왔으니 집까지 바래다줄게."

그렇게 말하고 가이 군 어머니는 겐이치의 손을 잡았다. 요전번보다 강하게 잡고 끌어당기는 느낌이었다.

가이 군 어머니는 오늘도 구릉에 올라갔던 것인지 손이 얼음처럼 차디찼다.

"가까우니까 걸어갈래요."

겐이치가 그렇게 말해도 가이 군 어머니는 힘주어 끌고 갔다. 교차로 바로 앞에 하얀 승용차가 서 있었다. 거기서 뒷좌석 도어를 열고 겐이치를 안으로 밀어 넣었다.

가이 군 어머니는 얼굴이 새하얬다. 무엇인가로부터 도망치는 사람처럼 부리나케 차 앞으로 돌아가 운전석에 앉은 가이 군의 어머니가 찰칵, 하고 문을 잠그자마자 차를 출발시켰다.

집에 데려다준다고 했으니 겐이치의 집까지 가는 길을 알고 있을 것이다. 그렇게 생각하고 말없이 앉아 있는데 차량은 이내 엉뚱한 방향으로 달렸다. 겐이치는 가슴이 두근거렸다. 차 안은 따뜻한데도 몸이 차갑게 식어가는 느낌이었다.

"……이 길이 아니에요."

겐이치는 작은 목소리로 말했다. 작은 소리밖에 나오지 않았다.

가이 군 어머니는 대답이 없었다. 핸들을 쥔 채 앞만 보고 있었다. 그러다가 중얼거리기 시작했다. 띄엄띄엄밖에 알아들을 수 없었다.

"도마뱀이라니, 도마뱀이라니."

속삭이는 목소리였지만 날이 서 있었다.

"그런 걸로 환생할 리 없잖아."

너무해, 너무해, 하는 소리가 들렸다. 겐이치는 가이 군 어머니가 화가 나 있음을 알았다.

"너무해, 왜 우리 아이만."

그러는 동안에도 차는 겐이치의 집에서 멀어지고 있었다. 신호를 한 개, 두 개, 세 개 지나고 버스를 추월하고 겐이치 자전거가 달린 적이 없는 도로를 지났다.

가이 군 어머니는 핸들을 놓고 양손으로 얼굴을 문질렀다. 그리고 신음하는 소리를 흘렸다. 울고 있구나, 하고 겐이치는 생각했다.

"미안해요."

그 말밖에 생각나지 않았다. 미안해요, 미안해요.

차량은 속도를 높여 계속 달렸다. 겐이치는 무릎이 와들와들 떨리기 시작했다. 목이 꽉 잠기고 눈물이 나왔다. 울면서 미안해요를 반복했다.

"미안합니다!"

겐이치가 큰소리로 말하자 전방 신호가 푸른색인데도 가이 군 어머니는 급브레이크를 밟았다. 차량이 타이어 미끄러지는 소리와 함께 급정거하는 바람에 겐이치는 시트에서 굴러 떨어질 뻔했다.

운전석에서 가이 군 어머니는 양손으로 얼굴을 감쌌다. 도마뱀이라니, 도마뱀이라니, 너무해, 너무해, 하며 신음을 계속했다. 그리고 갑자기 핸들에 머리를 쾅 찧었다. 찧고 찧고 또 찧었다.

겐이치는 시트에 찰싹 들러붙으며 몸을 웅크렸다. 있는 힘껏 웅크려 보이지 않게 되고 싶었다.

가이 군 어머니가 천천히 고개를 들었다. 머리카락이 흐트러져 영화에 나오는 유령 같았다.

"너를 무섭게 하고 말았구나."

겐이치 쪽은 돌아보지도 않고 떨리는 목소리로 말했다.

"가이도, 살아 있었으면 너랑 같은 나이였는데."

룸미러에 얼굴이 비친다. 눈물에 젖은 볼에 머리카락이 들러붙어 있었다.

겐이치의 목소리는 목구멍 속으로 사라지고 말았다. 운전석 쪽을 볼 수도 없었다. 가이 군 어머니의 거친 숨소리가 무서웠다.

잠시 후 차가 움직이기 시작했다. 다음 신호등에서 좌회전하여 왔던 길을 돌아가기 시작했다. 가이 군 어머니는 흐트러진 머리 그대로 운전만 할 뿐 더는 아무 말이 없었다.

겐이치의 집이 시야에 들어왔다. 가로등 불빛에 빨간 지붕이 떠오른다. 겐이치는 심장이 터질 것 같았다. 빨리, 빨리, 빨리빨리 도착해, 도착해.

집 앞에 차를 세우고 가이 군 어머니가 잠금장치를 풀었다.

"직접 열 수 있니?"

겐이치는 대답도 없이 도어 손잡이를 당겨 문을 밀면서 데굴데굴 구르듯이 차를 내려 도망치기 시작했다. 필사적으로 달려도 전혀 앞으로 나아가지 못하고 집은 여전히 한참 멀리 있는 것처럼 느껴졌다.

간신히 현관에 도착해 인터폰을 급하게 계속 눌렀다. 집 안에 차임벨이 시끄럽게 울리는 소리가 들렸다. 발소리가 다가오고 문이 열렸다. 엄마가 깜짝 놀라 눈이 휘둥그레졌다.

"어서 오렴. 왜 그래?"

겐이치는 소리 내어 울었다.

앞치마를 두른 엄마가 흐느껴 우는 소년의 어깨를 꼭 안았다. 집 안에서는 저녁 뉴스가 들리고 있다. 모자가 현관 앞에 가만히 서 있는 것은 빨간 지붕 집. 양 옆에는 파란 지붕 집과 초록 지붕 집. 따뜻한 조명이 켜진 창문들 뒤로는 별도 없는 밤하늘이 펼쳐져 있고 어두운 구름이 멍하니 웅크리고 있다.

어스름한 저녁 이끼 낀 묘석에 새끼도마뱀 ⓒ세키조

푸르른 겨울날
먼 길 나섰다 만난 장송행렬

푸르른 겨울날 먼 길 나섰다 만난 장송행렬

"유코, 준비 됐니? 이제 출발해야 해."

아침 아홉 시가 지나 상복을 입은 엄마가 부르러 왔을 때 나는 오빠 방에서 오빠가 애용하던 컴퓨터의자에 앉아 스마트폰을 만지작거리고 있었다. 사유리 씨에게 연락할까 말까 망설이는 중이었다.

스마트폰을 얼른 덮어놓는 나를 보고 엄마는 내가 무엇을 하려고 하는지 짐작한 모양이다.

"그만둬."

그렇게 짧게 말하고 오비 모양을 확인한 뒤에 슬리퍼 끄는 소리를 내며 아래층으로 내려갔다.

오늘은 오빠 나리가와 슌의 장례를 치르는 날이다. 시청 앞 장례식장에서 고별식을 마치면 4킬로미터쯤 떨어진 화장장까지 유족과 조문객이 함께 관을 운구한다.

도보로 하는 전통적 장송행렬이다. 예전에는 말이 끄는 수레로 관을 옮겼지만 요즘은 전용 차량을 사용한다. 관을 담는 네 바퀴 달린 캡슐을 일인용 소형 차량이 끄는 것이다. 걸어서 따라가는 유족과 조문객을 고려하여 최고시속이 10킬로 정도밖에 안 된다고 들었다. 전용 차량을 구비한 곳은 우리 현에서도 장송행렬 관습이 남아 있는 이곳 장례식장뿐이라고 한다.

1월 중순 토요일, 하늘은 푸르게 개었다. 벌거벗은 겨울나무 꼭대기에 솜사탕을 찢어놓은 것 같은 구름이 한 조각 걸려 있다.

오빠는 자칭 '맑은 날'을 부르는 사람이었다. 어릴 때부터 소풍이나 운동회 때 비를 만난 적이 한 번도 없다는 것이 오빠의 자랑이었다.

불과 27년으로 끝나버린 인생. 맑은 날을 부르는 사람이라는 오빠의 자랑이 무색해질 일은 앞으로 영영 없을 것이다. 그것 말고 뭔가 자랑거리가 있었을 텐데 세 살 연하 동생인 나로서는 당장 떠오르는 것이 없다. 다만 오빠다운 맑은 날이라서 다행이라 생각하며 스마트폰을 검은 가죽 백에 던져 넣었다.

오빠가 죽은 것은 1주일 전 한밤중이었다. 집에서 차로 한 시간쯤 떨어진 이웃 도시로 가는 고갯길 급커브에서 가드레일을 들이받고 12미터 절벽 아래로 추락한 것이다. 운전석에 앉아서도 안전벨트를 하지 않았던 오빠는 목뼈가 부러져 거의 즉사했다고 한다.

나중에 경찰 조사로 알게 된 사실이지만 오빠는 이 고갯길 초입에 있는 편의점에서 화장실을 빌렸다. 그때는 차에서 내려 볼일을 본 후에 다시 차에 타자마자 안전벨트를 채우는 모습이 주차장 방범 카메라에 찍혀 있었다.

그러므로 사고 당시 안전벨트를 하지 않은 것은 본인 뜻이었을 거라고 했다. 시신에서 알코올이나 수면제는 검출되지 않았다. 사고 직전에 다른 이유로 다친 흔적도 없고 빈혈이나 뇌출혈처럼 의식을 잃어 운전을 못할 만한 질병의 흔적도 없었다. 결국 자살 가능성이 매우 높은 사고사였다.

안 그래도 한밤중에 일어난 사고여서 경찰의 연락을 받았을 때 아빠도 엄마도 나도 그야말로 악몽을 꾸는 심정이었다. 애초에 오빠가 차를 몰고 나간 것도 모르고 있었다.

병원으로 달려가 오빠 시신과 대면하고 핏기 없는 하얀 얼굴과 안도한 듯 편안한 표정을 보니 그제야 현실감이 몰려왔다.

"왜 이런, 성급한 짓을."

친척들에게 '돌로 쪼아 만든 장식물처럼 말없는 사람'으로 정평이 난 아빠가 낮은 소리로 중얼거렸다. 그러자 엄마가 울음을 터뜨렸다.

아마 나도 눈물을 흘렸을 것이다. 기억이 잘 안 난다. 다만 속으로 오빠가 '성급한' 것은 아니었어, 라고 말하고 있었다. 안간힘으로 버텨왔던 거야—.

어릴 때부터 이과 기질이던 오빠는 공학계 고등전문학교를 졸업하고 학교 추천으로 이 지역의 정밀기계 제조사에 취직했다. 끈기가 필요한 일이고 늘 새로운 정보를 찾아 공부를 계속해야 하며 잔업도 많을 뿐만 아니라 휴일도 없이 연수니 학습회니 하는 모임에도 참여해야 하므로 곁에서 보기에는 매우 힘들지 않을까 싶었지만 본인은 그 직업에 자부심과 보람을 느끼고 있었던 것 같다. 재직 6년차인 작년 초에는 소속 개발부서의 팀장 직책도 얻어,

"부하직원은 두 명뿐이지만."

하며 크게 기뻐했다.

나는 오빠가 화내는 얼굴을 본 기억이 없다. 폭소하는 얼굴도 알지 못한다. 비유하자면 잔잔한 물 같은 사람이었다. 본인도 잔잔한 물 같은 자기밖에 몰랐으므로 그 잔잔함을 어지럽히는 거친 파도가 일어나자 맥없이 삼켜져버린 것인지도 모른다.

사유리 씨는 오빠의 중학교 동창이다. 한동네에 살아서 우리 셋은 친하게 지냈다. 키가 168센티미터나 되는 사유리 씨는 배구부 주전선수에 공부를 잘하고 남녀 친구가 많아서 교사들도 인정해주는 학생이었다. 그런 사유리 씨와 친하다는 사실이 나는 매우 자랑스러웠고 오빠도 당시는 비슷한 마음이었을 것이다.

사유리 씨는 집에서 통학이 가능한 현립 고교로 진학했지만 대학은 도쿄로 유학했고 졸업 후에도 도쿄에서 직장에 다녔다. 고

향에 남은 오빠하고는 자연히 소원해졌다. 그러다가 재작년 2월 담임교사 환갑잔치를 겸한 동창회에서 두 사람은 다시 만났다.

그 뒤 10개월쯤 사귀다가—전차로 두 시간 반 거리였지만 장거리 연애라면 장거리 연애라고도 할 수 있었다—다음 정월에 사유리 씨가 귀향했을 때 두 사람은 헤어졌다. '헤어졌다'고 말하던 오빠의 분위기로 봐서는 심하게 다툰 분위기는 아니었다.

그 뒤 여름에 사유리 씨는 직장 선배와 약혼했다. 두 사람의 직장은 텔레비전에 늘 광고가 나오는 외국계 대형 보험사였다. 고향에서는 다들 알고 있었다.

오지랖 넓은 SNS 덕분에 그 경사스런 소식이 곧 오빠 귀에도 들어갔다. 오빠는 며칠간 바이러스성 위장염에라도 걸린 모습으로 출근했지만, 주말이 되자 갑자기 활발하게 움직이기 시작했고, 일요일 아침 일찍 외출한다 싶더니 저녁에 다른 중학 동창(무로 군, 문무를 겸비한 우등생으로 사유리 씨하고는 동아리 동료였다)의 부축을 받으며 귀가했다. 오빠는 볼거리를 앓는 것처럼 얼굴이 퉁퉁 붓고 오른쪽 눈꺼풀이 찢어지고 꾸덕꾸덕한 핏덩어리가 눈가와 콧구멍에 들러붙어 있었다.

무더운 밤공기 속에서 무로 군은 땀을 뻘뻘 흘렸지만 오빠는 궁상맞게 추위에 떠는 유령처럼 어깨를 움츠린 모습이었다.

"사유리 짱이 약혼자를 설득해서 경찰보다 저에게 먼저 연락해 준 덕분에 체포되지 않을 수 있었습니다."

무로 군은 그렇게 말하고 오빠 머리를 손으로 꾹 눌러 절을 시켰다.

"어머님과 동생에게 사죄해. 내일 아버님이 일어나시면 아침인사 전에 무릎 꿇고 사죄드리고. 네가 전과자가 되면 가족들 생활까지 엉망이 되는 기라."

무로 군도 도쿄의 대학에 진학해서 그대로 도쿄에서 취직했는데, 척 봐도 고향 동창들과는 달리 세련미가 있었다. '~기라'라는 이 지역의 독특한 사투리가 그다지 어울리지 않았지만, 오랫동안 써본 적이 없었을 텐데도 불쑥 입 밖으로 튀어나온 걸 보니 그만큼 동요했던 모양이다.

"이 녀석이 커다란 맥가이버 칼을 들고 있었는데, 제가 빼앗아 치워 두었습니다. 놀라지는 마세요, 아주머니. 휘두르지는 않았으니까. 사유리 짱 약혼자가 다행히 완력이 있는 사람이었어요. 맥가이버 칼은 아버님이 쓰시는 연장인 것 같은데, 내일 아침에 들러서 돌려드리겠습니다. 저도 오늘은 부모님 집에서 자거든요."

엄마는 억양 없는 목소리로 빠르게,

"고생 많았어요, 무로 군."

그렇게 말하고 옆에 있는 나까지 당혹스러울 만큼 머리를 연방 꾸벅꾸벅 숙였다.

나는 잠자코 오빠 팔을 잡고 현관 안으로 들어갔다. 오빠가 스스로 신발을 벗으려고 하지 않아 내가 쪼그리고 앉아 신발을 벗겨 주는데 뒤쪽 복도에서 삐거덕거리는 소리가 들렸다. 아빠가 잠에서 깨어 나온 것이다.

아빠는 나무인형처럼 멀거니 서 있는 오빠에게 말없이 다가가 주먹을 꽉 쥐고 오빠 얼굴을 때렸다.

이 지역에는 장송행렬 때 종이로 접은 바람개비들로 관 주위를 장식하는 오랜 관습이 있다. 전에는 같은 마을의 기혼 여성들만 종이 바람개비를 접을 수 있었다고 한다. 요즘에는 물론 그런 제한이 없고 장례식장 측에서 준비해 준다.

이 대목에서 궁금해하는 분들이 좀 있을 듯하다. 일본 어디에서나 관을 영구차에 실어 화장장으로 옮기고 유족과 조문객은 택시나 버스로 신속하게 이동하는데, 왜 이곳에서는 여전히 도보로 장송행렬을 하는 걸까.

이것은 본래 고인이 어린이나 젊은이일 경우 '금방 환생해서 돌아와야지'라고 스스로 다짐하도록 고인과 인연이 있는 장소나 경치 좋은 곳에 최대한 많이 들러서 화장터로 가는 관습이 있기 때문이다.

오빠의 장례 절차를 정할 때도 엄마는 무엇보다 이 관습을 중시했다.

"슌 짱과 인연이 있는 곳은 전부 들러서 가고 싶어요."

하지만 썩 내켜하지 않았던 아빠는 원하는 사람만 장송행렬에 참여하기로 하고 날씨가 궂으면 모두 차를 타고 이동할 수 있도록 준비해 둔다는 조건으로 마지못해 허락했다.

“옛날과는 달라. 사람들에게 괜한 부담을 주면 안 돼.”

장송행렬 경로도 아빠가, 여기저기 많은 곳에 들르고 싶어 하는 엄마를 꾸짖으며, 오빠가 통근에 이용하던 ‘오사토선’을 따라가되 걷기 편한 곳으로 정했다. 그래도 4킬로미터나 된다. 옛날 단위로 ‘1리 일본의 1리는 한국의 1리와 10배 차이난다’여서 성인 걸음으로 한 시간쯤 걸리지만, 북풍에 떨며 상복 차림으로 걸어가야 하므로 그보다 1.5배 정도로 생각해두는 편이 좋다.

오사토선은 동네 북쪽을 에워싼 구릉지 밑자락으로 나 있어서, 날씨가 좋든 나쁘든 산에서 내려오는 북풍이 매섭다. 그래서 아빠가 장례식장 직원과 상의하여 4킬로미터 도중 두 곳에 휴게소 겸 화장실을 확보하고 난로와 따뜻한 음료도 준비하기로 했다. 무뚝뚝하고 남들과 어울리기 싫어하는 아빠가 이런 식으로 배려하는 모습을 보여 나는 좀 뜻밖이라고 생각했다.

말수가 적고 업무나 취미도 여럿이 함께하는 것보다 혼자 차근차근 쌓아나가는 것을 좋아한다. 아빠와 오빠는 그 점에서 많이 닮았다. 아빠와 엄마는 직장 상사의 소개로 선을 보고 결혼했는데, 고모는 친척 모임이 있을 때면 어김없이,

“오지랖 넓은 상사 아니었으면 오빠 같은 사람은 평생 결혼 못했을 거야.”

하며 웃었다. 고모의 화살이 요즘은 오빠 쪽으로도 향하게 되어,

“슌 짱, 요즘은 직장 상사가 멋대로 맞선을 주선하려고 들면 사

생활 침해다 갑질이다 고소당하는 세상 아니니. 너는 아빠처럼 상사 덕 보긴 힘들 테니까 멀거니 앉아 있지 말고 직접 신붓감을 찾아야 해."

거침없는 목소리로 그렇게 이야기해도 오빠는 한 귀로 듣고 한 귀로 흘려버렸다. 우리 가족도 그런 일에 일일이 신경 쓰거나 하지 않았다. 지금은 여자를 만날 기미가 전혀 없는 오빠지만 언젠가 아빠처럼 인연이 닿아 결혼하리라 믿었으니까. 성실하고 착하고 번듯한 직장에 다니는 평범한 남자니까 역시 성실하고 착하고 평범한 여성을 만나겠지.

오빠가 사유리 씨와 연애하다가 결실을 맺지 못했을 뿐, 그만한 일로 인생을 그르치는 일은 있을 수 없다고 여겼다.

장송행렬은 스님과 아빠, 엄마, 나, 양가 친척 대여섯 명, 오빠의 직장 선후배, 고등전문학교 동창, 초등학교 때부터 알던 동네 친구들, 소방단 동료 등 스무 명가량이 함께했다. 엄마와 나 외에는 전부 남자였다. 나머지 친척과 조문객은 버스를 타고 화장장에 먼저 가 있을 텐데 그쪽은 외가 백모님이 준비해 주기로 했다.

스님은 사십대 전후의 혈색 좋은 사람으로, 키가 크고 어깨가 넓고 독경 소리가 낭랑했다.

"그럼 여러분, 이제 나리가와 슌 씨를 보내드립시다."

스님이 관 오른쪽에 서서 독경하며 걷기 시작했다. 관을 넣은 옮은 먹색 캡슐이 차량에 견인되며 덜컹 흔들리자 종이로 접은 바람개비들이 힘없이 뱅글뱅글 돌았다.

아빠가 영정을, 엄마가 위패를 가슴 앞에 들고 스님 반대편에서 걷는다.

나는 행렬 뒤로 물러나 고개를 숙이고 천천히 따라갔다.

조문객은 모두 준비성이 좋아 가죽구두를 스니커로 갈아 신거나 부츠를 신고 왔다. 엄마는 기모노 상복인데도 조리를 벗고 까만 바탕에 물방울무늬가 있는 스노우부츠로 갈아 신었다. 진기한 차림이다.

나는 처음부터 바지정장 상복과 검은 부츠에 검은 다운재킷을 입었다. 오빠의 회사 사람들은 출발할 때 일제히 회사 로고가 들어간 단체복 왁스드 코트를 입었다. 소방단 사람들도 방한복과 모자를 쓰고 장송행렬 앞뒤에서 따라갔다.

스님이 독경하는 틈틈이 손에 든 징을 쳤다. 건물 안에서는 금속성이던 음색이 밖에서 들으니 색다른 새가 지저귀는 소리처럼 들려서 신기했다.

처음 들른 곳은 오사토선 '데라자와역'이다. 이 로컬 전차선은 현지인의 발 노릇을 해서 적당한 운행 편수를 유지하면서도 기적적으로 적자를 면하고 있다. 다만 비용 절감에 안간힘을 쓰는지 역무원이 상주하는 역은 종점이자 차고가 있는 역뿐이고 나머지는 전부 무인역이다.

그런데 오늘은 상황이 조금 달랐다. 장송행렬이 역전 로터리라고도 부르기 힘든 작은 반원형 광장을 향해 걸어갈 때 역 플랫폼에 베이지색 전차가 정차해 있었는데, 출발하려는 기미가 없었다. 철도회사 긴급 차량이 노란 비상등을 깜빡이며 노선 옆에 서 있는 모습이 보였다. 작업복 입은 두세 사람이 선로를 돌아다니고 플랫폼에는 제복을 입은 역무원이 서 있다.

"무슨 일이 생겼나?"

친가 쪽 사촌 중에 나이가 가장 많은 사촌오빠가 행렬을 벗어나 역 개찰구 쪽으로 갔다. 나이 차이가 많고 상사에서 일하며 해외 생활도 경험한 이 사촌오빠는 오빠나 나와 그다지 친하지는 않은 친척이다. 그래서 설마 오늘 참석해줄 줄은 몰랐다.

사촌오빠는 플랫폼에 있는 역무원과 잠깐 대화하고 바로 돌아왔다.

"선로에 야생동물이 들어와 케이블을 파손해서 30분쯤 전부터 운행을 멈추었다고 합니다."

현재 오전 11시가 지난 참이다. 조문객 중에는 이 오사토선을 타고 온 사람도 있다. 정전이 오늘 아침에 안 일어나 다행이었다.

"그러고 보니 나리가와 군이 통근 전차 안에서 종종 너구리를 봤다고 했었지."

오빠네 직장 사람이 말했다. 그 옆에 있던 체구가 작은 사람도 고개를 끄덕이며 덧붙였다.

"너구리뿐만 아니라 미국너구리도 있었다며 사진을 보여준 적이 있죠."

계절에 따라서는 사슴도 나타납니다, 하고 친척 가운데 누군가도 말했다.

플랫폼 역무원이 장송행렬을 알아보고 이쪽을 향해 살짝 고개를 숙였다. 우리도 목례하고 다시 걷기 시작했다. 역무원이 경례로 전송해 주었다.

반원형 광장에는 페인트 벗겨진 벤치가 여러 개 나란히 놓여 있다. 멈춰버린 전차에서 내린 승객인지 겨울옷에 가방을 든 사람 몇 명이 하릴없이 벤치에 앉아 스마트폰을 들여다보거나 페트병 음료를 마시거나 볕을 쬐고 있었다. 장송행렬을 신기하게 바라보는가 하면 눈길을 피하는 모습도 보인다.

광장 한쪽에는 둥근 철쭉 화단이 나란히 있다. 그 사이에 여자애가 혼자 오도카니 서서 눈을 동그랗게 뜨고 우리 행렬을 쳐다보고 있었다. 고등학생—은 아직 아니겠구나. 중학교 2, 3학년? 동그랗게 친 숏컷, 체크무늬 머플러, 감청색 더플코트에 백팩을 맨 것 같다. 무릎 위까지 내려오는 플리츠 스커트 밑으로 옆에 라인 두 줄이 들어간 저지, 컬러풀한 농구화를 신었다.

북풍이 역사 지붕을 미끄러져 내려와 반원형 광장을 휘감으며 빠져나간다. 여자애의 똑바로 친 앞머리가 헝클어지며 이마가 드러났다

나와 여자애의 눈길이 마주쳤다. 내가 묵례하자 여자애가 힘차게 허리를 꺾어 응해주었다.

우리는 다음 무인역에 도착했지만 전차가 여전히 멈추어 있는지 개찰구에 '운행 중지'란 패찰이 세워져 있었다. 평소 역무원이

없으니까 누군가 급하게 와서 패찰을 꺼내놓았다가 운행이 재개되면 치우러 다시 오는 거겠지.

행렬을 따라 걷는 내내 현지 차량이나 주민과 마주쳤다. 선두에서 걷는 소방대원 한 사람이 만장을 들고 랜턴을 흔들어 신호를 해주고 있어서 문제는 없었다. 지나가던 택시는 길가에 멈추어 우리가 다 통과하기를 기다려주었다. 운전기사가 굳이 내려서 모자를 벗고 고개를 숙여주는 모습에는 놀라지 않을 수 없었다.

두 번째 무인역에서 5백 미터쯤 앞쪽에 지역 과수 농가가 공동으로 판매하는 과일 직판장이 있었다. 첫 휴게 지점은 직판장 주차장이었다. 행렬 앞쪽에서 걷던 소방단 사람이 뒤쪽으로 돌아와,

"저기 앞에 화장실이 있는 휴게소가 있습니다."

하고 알려주었다. 오빠의 고등전문학교 2년 선배로 소방단의 유령 단원이던 오빠와는 달리 지구 부단장을 맡고 있다.

불과 얼마 전 일인데 나는 이 부단장에게 고백을 받았더랬다. 성격이 전혀 안 맞아서 거절했지만, 부끄러워서 빼는 거라고 생각했는지 그 뒤에도 슬금슬금 접근하려고 해서 짜증스러웠다.

지금도 부단장은 나에게 유난히 따뜻한 목소리로 물었다.

"유 짱, 괜찮아요? 춥지 않아요?"

나는 말없이 고개만 까딱했다. 부단장은 그대로 내 옆에서 걸으려는 심산인지 곁으로 다가왔다. 나는 짐짓 자연스럽게 고개를 돌리며 뒤로 물러섰다. 그러면서 얼렁뚱땅 지금의 위치를 벗어날

요량이었다.

그러자 아까 데라자와역에서 보았던 여자애 모습이 시야에 날아들었다. 우리 행렬에서 10미터쯤 떨어져 따라오고 있었다.

여자애도 내 시선을 알아챈 모양이다. 걸음이 느려지다가 멈춰 섰다.

안타깝게도 전차가 운행을 멈추는 바람에 걸어서 목적지로 가려는 듯했다. 이 도로는 대부분의 구간에서 선로와 나란히 달리고 있으므로 이 도로만 따라가면 길을 잃을 일도 없고 전차 운행이 재개됐을 때 바로 알 수도 있다.

그래도 많이 춥고 걱정스럽겠지. 나는 시선을 돌리지 않고 그대로 성큼성큼 걸어서 상대에게 다가갔다. 여자애는 다시 눈을 동그랗게 뜨더니 턱을 당기며 긴장의 빛을 드러냈다.

"전차가 멈춰서 힘들겠구나."

나는 미소를 지으며 말을 건넸다.

"어디까지 가니? 우리는 지금 이렇게 장례를 치르는 중인데. 장송행렬을 위해 저기 앞쪽에 휴게소를 마련해 놨거든. 따뜻한 음료도 있고 화장실도 있으니까 괜찮다면 거기서 잠이 쉬어도 좋아."

여자애는 사악한 요정에게 혀라도 빼앗긴 양 입을 꼭 다물고 있다가 눈을 깜빡거리며,

"죄, 죄송해요" 하고 말했다.

북풍에 시달린 탓에 뺨이 새빨갛다. 아까는 몰랐는데 양손에

뜨개질한 것처럼 보이는 복숭아색 장갑을 끼고 있다. 분홍색이 아니라 복숭아색이다. 잘 어울리네.

"진심으로, 애도의 말씀을 드립니다."

여자애가 발을 모으며 반듯하게 고개를 숙였다. 순간 가슴이 찡해서, 나 역시 발을 모아 자세를 바로하고 인사했다.

"감사합니다."

고개를 드니 차가운 바람에 눈이 시리다. 눈물이 눈가를 적셨다. 슬퍼서 흘린 눈물이 아니라 북풍이 액화된 것일 뿐이다. 가까이서 보니 여자애 눈에도 눈물이 어려 있었다.

휴게소에는 과수원 사람들이 애도를 표하기 위해 기다리고 있었다. 우리 가족과는 이렇다 할 친분이 없지만 따뜻한 배려를 보여주었다. 마침 직판장에 과일을 사러 온 사람들도 장송행렬을 보며 합장을 하거나 예를 표했다.

그런 분위기 덕분인지 낯선 여자애가 곁에서 감주를 마시며 석유난로를 쬐고 있어도 뭐라고 하는 사람은 아무도 없었다. 아빠와 엄마는 난로 옆 스툴에 나란히 앉아 아직 절반밖에 걷지 못했는데도 지칠 대로 지친 듯 어깨를 떨구고 있었다.

"전차 운행이 어서 재개되어야 할 텐데. 어디까지 가니?"

감주를 후후 불며 나는 다시 한 번 복숭아색 장갑 여자애에게 물었다.

이 지역 아이가 아닌 것 같다는 짐작은 처음부터 하고 있었다.

근거는 없지만 왠지 그래 보였다. 그래서 뭐가 어떻다는 건 아니다.

다만 여기까지 오는 동안 그 아이가 맨 백팩에서 학교 이름을 보았던 것이다. 현청 소재지에서도 제일 유명한 현립 중고일관교였다.

만약 여자애 집이 학교에서 가깝다면 이 지역으로 오기 위해서는 국도를 운행하는 장거리 노선버스를 한 시간쯤 타고 와야 한다. 우리가 첫 번째 역전을 출발한 것이 11시 지나서였으니까 여자애는 적어도 아침 9시쯤에는 일어나 장거리 버스표를 샀으리라.

"이쪽에 친척이나 친구가 있나 봐."

네가 먼 데서 왔다는 걸 알아. 나는 넌지시 그렇게 전한 것이다. 여자애도 알아들은 기색이다.

"……나루타키까지, 가요."

오사토선 종점, 차고와 철도회사 건물이 있는 나루타키. 이 근방보다 번화한 곳이다.

"거기 친척이 살아요."

여자애 입가에 감주 건더기가 붙어 있다.

"친한 사촌이 있어서, 만나러 가요."

나는 "그렇구나" 하고 대답했다. 조금은 가벼운 말투였는지도 모른다. 여자애는 내가 납득하지 못했다고 받아들였는지,

"가출 같은 거 아녜요"라고 빠른 말로 덧붙였다. 눈빛이 초조해

보인다.

"어? 그런 생각 안 했는데."

나는 손가락 끝으로 내 입가를 닦았다. 여자애도 자극을 받았는지 덩달아 똑같이 했다. 감주 건더기가 없어졌다.

"우리는 나루타키에서 다섯 정거장 앞에 있는 구야마역에서 꺾어 화장장 쪽으로 갈 거야. 그러니까 거기까지라도 같이 가자. 낯선 곳에서 여자애 혼자 걸어가면 위험하니까."

"아…… 감사해요…… 그럼 잘 부탁합니다."

"구야마에 도착하기 전에 전차가 다시 다녔으면 좋겠다."

"네."

우리는 함께 화장실에 다녀와 다시 장송행렬 맨 끝에 섰다. 그러자 낯선 여자애 모습이 아무래도 눈에 띄었는지 주변에 있던 조문객들이 힐끗힐끗 쳐다보았다. 마침내 행렬 앞에 있던 부단장이 다시 뒤쪽으로 와서 물었다.

"유 짱, 이 여학생은 누구야? 어머니가 궁금해하셔."

왜 부단장이 내 엄마를 '어머니'라고 부를까. 이럴 때는 '아주머니' 혹은 '유 짱 어머니'라고 해야지. 아니, 애초에 내가 당신에게 '유 짱'이라고 불릴 이유가 없잖아.

"오사토선이 갑자기 멈추는 바람에 걸어서 나루타키까지 간대요. 여학생 혼자 가는 게 걱정돼서 같이 가자고 한 거예요."

나는 단숨에 말하고 내 말끝을 붙잡듯이 덧붙였다. "오빠는 어려움에 빠진 사람을 외면하지 않는 사람이니까 이상하게 여기지 않았을 거예요."

부단장이 얼른 웃음을 만들며 대꾸했다.

"그건 유 짱 말이 맞아. 그래, 학생, 우리랑 같이 가자고."

여자애는 "고맙습니다"라고 공손하게 말했다. 그것을 끝으로 그 아이나 나나 부단장 쪽은 쳐다보지도 않았다. 부단장이 체념하고 행렬 앞쪽으로 돌아갈 때까지 어깨를 나란히 하고 말없이 걸었다.

잠시 후,

"—오빠세요?"

여자애가 작은 소리로 물었다.

"저 사람은 오빠 아냐."

"그게 아니라. 돌아가신 분요."

"아, 맞아. 응, 내 오빠야."

이대로는 대답이 어중간하다는 생각이 들어서,

"스물일곱 살이었어" 하고 덧붙였다. "너한테는 그냥 아저씨겠지만, 앞길이 창창한 사람이었는데."

여자애는 고개를 들고 앞에서 천천히 움직이는 엷은 머새 캡슐을 바라보았다. 찬바람 때문인지 눈을 가늘게 뜨고 있다.

이렇게 보니 약해 보이는 종이 바람개비들에 에워싸인 캡슐은 시청이나 현청 정원에 장식된 의미를 알 수 없는 조각상의 친척처럼 보인다. 오히려 관을 그대로 끌고 가는 것이 장송행렬답지 않을까.

"많이 아프셨나요?"

묻고 나서 여자애는 당황하는 표정으로,

"죄송해요, 이런 거 물어봐도 괜찮다면요" 하고 덧붙였다.

반듯한 아이구나. 잘 배웠네. 그렇게 생각한 순간 목숨을 버린 오빠도 생전에는 자주,

—가정교육을 잘 받아서 훌륭하게 컸네.

라는 칭찬을 받곤 했다는 사실이 생각나 가슴이 쓰렸다.

"사고였어."

숨을 토하며 나는 말했다.

"밤중에 운전하다가 과속을 해버린 모양이야."

여자애는 눈길을 내리고 작은 소리로 "죄송합니다"라고 말했다. 그 아이가 사과할 필요는 전혀 없는데 나도 왠지 "괜찮아"라고 말하고 입을 꾹 다문 채 걸었다.

다음 휴게소는 슈퍼마켓 주차장이었다. 점원들이 애써 텐트를 치고 열풍이 나오는 대형 난로를 두 대나 설치한 다음 기다려주었다.

엄마랑 아빠한테 할 얘기가 있어서 행렬 앞으로 갔더니 엄마는 친척에게 위패를 맡기고 화장실에 가고 아빠는 왠지 왼쪽 눈에서 눈물을 줄줄 흘리고 있었다.

"오다가 눈에 뭐가 들어갔다."

나는 백에서 안약을 꺼내 잠시 아빠 옆에서 상태를 살폈다.

잠시 후 뒤쪽으로 돌아오니 그 아이는 왁스드 코트를 입은 오빠 회사 사람들과 이야기하고 있었다. 아니, 사실대로 말하면 회사 사람들에게 이런저런 질문을 받으며 곤혹스러워하고 있었다.

"전차가 운행을 못하게 돼서—,"

내가 설명하려고 하자 오빠네 회사 직원들 가운데 땅딸막하고 온 얼굴에 여드름자국이 있는 젊은 남자가 묘하게 벼르는 표정으로 다가왔다.

"아녜요, 동생분! 이 아이는 올해 처음 출근하던 나리가와 선배가 치한으로부터 구해준 학생이라고요!"

침방울까지 튀기며 완전히 확신하는 투로 말했다. 다른 때였으면 나도 차갑게 대꾸했겠지만 지금은 놀라움이 앞섰다.

"그런 일이 있었어요?"

다른 남자들은 상황을 모르는지 곤혹스런 얼굴이다. 열을 내는 것은 땅딸보 여드름자국 남자뿐이었다.

"그때 나도 같은 전차를 타고 있었거든요."

그의 말에 따르면 오빠는 붐비는 전차에서 치한을 만나 울상을 짓고 있던 여자애를 지켜주었다. 오빠가 여자애를 만지던 손을 붙잡아 번쩍 쳐들어 올리고,

—당신, 다음 역에서 내려.

라며 차갑게 쏘아붙였다는 것이다.

"하지만 역에 도착하고 문이 열리는 순간 그놈이 도망쳐버려서…… 뚱뚱하고 머리가 벗겨진 기분 나쁘게 생긴 중년남자였어

요."

피해자 여중생이 부끄러워했기 때문에, 오빠는 역무원에게 알리지 않고 그 자리에서 헤어졌다고 한다.

나는 복숭아색 장갑을 낀 여자애 얼굴을 보았다. 그녀는 눈을 깜빡거리다가 등에 멘 백팩을 앞으로 돌려 학교 이름이 새겨진 부분을 땅딸보 여드름 남자에게 보여주었다.

"저는 이 학교 학생이에요. 이 동네에 온 것도 처음이고 오사토선 전차를 탄 것도 오늘이 처음입니다."

그러니까 사람 잘못 보신 거예요, 라고 말했다.

땅딸보 여드름 남자 얼굴에서 핏기가 가시고 여드름자국이 더 도드라져 보였다.

다른 남자들은 난처한 듯 거리를 두었다.

"에…… 아무튼 선배는 정의로운 사람이었어요. 도움 받은 학생은 아마 평생 못 잊을 겁니다."

땅딸보 여드름자국 남자가 입술이 일그러지도록 입을 다물었다. 마치 고집스런 중학생 같다.

"—진짜 좋은 선배였다고요."

결국 그런 말을 남기고 남자는 우리 곁을 떠났다.

복숭아색 장갑을 낀 여자애가 백팩을 뒤로 돌리며 나에게 말했다.

"훌륭한 오빠셨군요."

마침 그때 출발한다는 목소리가 들려왔다. 나는 이를 핑계 삼아 아무런 대답도 하지 않은 채 여자애의 백팩을 가볍게 쓰다듬으며 슈퍼마켓 주차장을 함께 벗어났다.

화장장은 구야마역 북쪽 고개를 50미터쯤 올라간 곳에 있었다. 완만한 오르막이지만 걷다 지친 부모님은 힘들 수 있을 것 같아 걱정스러웠다.

택시를 부르는 게 좋을까. 그런 생각을 하며 행렬을 따라 걷는데 오사토선의 두 량 편성 전차가 우리를 따라잡으려는 것처럼 달캉달캉 달려와 구야마역 플랫폼에 멈추는 것이 보였다.

"아, 복구됐구나."

케이블을 망가뜨린 너구리인지 미국너구리인지 흰코사양고양이인지는 어떻게 되었을까.

"다행이다. 전차는 30분마다 와서 다음 차가 올 때까지 기다려야 하지만, 대합실이 있으니까."

여자애와 이야기하는데 부단장이 다시 뒤로 와서,

"잘 됐네. 나루타키까지 걸어가려면 힘들 텐데" 하고 웃음을 보였다.

"네. 고마웠습니다."

새삼 인성이 좋은 아이구나, 라고 생각했다. 학창 시절의 자신을 떠올리면 도저히 비교할 수조차 없다.

부단장은 콧방울을 부풀리며 나에게 말했다. "유 짱, 노인들이 많이 지치셔서 우리 차를 불렀어. 유 짱도 그걸 타지그래."

예나 지금이나 인성 좋은 아이는 못 되는 나는 "아, 네"라고만 말하고 여자애를 재촉해서 장송행렬을 벗어났다.

"역으로 가려면 이 계단을 올라가야 해."

정취 없는 콘크리트계단이다. 오빠의 관을 넣은 캡슐은 계단 앞을 지나 조금 앞쪽에서 우회전하여 화장장으로 가는 오르막길을 오른다.

지붕이 없는 계단이어서 여자애나 나나 또 북풍에 눈이 시려 눈물이 났다.

"감주, 잘 먹었습니다."

"그래, 조심해서 가."

"네."

"나루타키 방면은 반대쪽 플랫폼이야. 이쪽 플랫폼에서 타면 데라자와역으로 돌아가 버려."

"알겠습니다."

여자애가 표를 사서 개찰구를 빠져나가는 것을 확인하고 나는 계단을 내려갔다. 장송행렬은 고개 밑에 멈춰 있고 부단장이 불렀다는 '우리 차'로 보이는 낡은 라이트밴 차량에 부모님이 타는 중이었다.

나는 계단 밑에 잠시 서서 백에 손을 집어넣어 스마트폰을 꺼냈다. 안테나가 세 개 뜬다. 충전도 충분히 해서 왔다.

사유리 씨에게 전화할까.

그때 짧은 경적소리가 두 번 울렸다. 한겨울 대낮의 맑은 공기 속에서 그 소리는 놀랄 정도로 크게 들렸다. 나는 흠칫 현실로 돌아왔다.

낡은 라이트밴이 언덕을 오르기 시작했다. 뒤따라 장송행렬도 움직였다. 옯은 먹색 캡슐에 겨울햇살이 반사된다. 바람개비가 뱅글뱅글 돈다.

이제 거의 다 왔다. 스마트폰을 다시 집어넣고 나는 걷기 시작했다.

화장장은 몇 년 전에 재단장을 마쳐서 어디나 반짝거렸다.

오빠의 관이 화구에 들어간 뒤 우리는 스님의 독경을 들으며 합장하고 대기실로 물러났다. 새 건축자재 냄새가 나는 밝은 공간에서 잠시 조문객들에게 차나 맥주를 따라주며 돌아다녔다.

"고생하셨습니다."

"와주셔서 고맙습니다."

"많이 추웠죠. 따뜻한 걸 좀 드세요."

"맥주 더 따라드릴까요? 차보다 커피가 좋을까요? 직원에게 물어볼까요?"

나는 주변머리 좋은 동생 얼굴을 하고 선선하게 이야기하며 움직였다.

"유 짱, 너도 다리 아플 텐데 잠시 앉아서 쉬어라."

내내 스님과 이야기하던 큰아버지(최고령자로 90세나 된다)가 이제야 생각났다는 듯이 위로해준 것을 계기로 나는 영정과 위패 옆에 앉아 있는 부모님에게 말했다.

"화장실에 다녀올게요."

"유코, 아까 커피 얘기 했었지?"

엄마는 안색이 많이 좋아져 있었다. 역시 걷는 동안 추웠던 것이다. 대기실은 따뜻하고 아빠는 조금 졸린 것처럼 보였다.

"응, 커피 달라고 할까?"

"슌 짱에게 주려고. 맥주보다 커피를 좋아했으니까."

오빠 영정 앞에 거품 꺼진 맥주잔이 공양되어 있었다.

"알았어."

나는 대기실을 나와 바로 옆에 있는 직원에게 커피를 부탁하고 곧장 화장실을 향해 걸었다. 화장실 표시판이 커다랗게 붙어 있어서 헤맬 일은 없었다. 걸음을 늦추지 않고 화장실 앞을 그대로 통과했다.

오늘 화장장은 한산해서 우리 외에 한 건밖에 없었다. 그쪽 대기실은 건물 반대쪽이다. 복도에는 아무도 보이지 않았다.

나는 현관 로비로 돌아왔다. 멋진 휴식용 소파세트가 있고 현지 목재업자가 기증했다는 나뭇결 선명한 거목 테이블이 묵직하게 놓여 있었다.

로비 앞면은 유리로 마감되어 외부 주차장과 진출입로, 정원수와 나무들 사이의 보행로가 내다보였다. 나는 그곳에서 백 안의 스마트폰을 꺼냈다.

안테나가 하나밖에 뜨지 않다가 금방 사라져버렸다. 언덕 위는 전파가 약한 것이다.

주차장으로 나가보자. 볕이 잘 드는 곳이라 눈이 부실 정도였다. 상의를 더 입지 않아도 괜찮겠지. 몇 분만 통화하면 되니까.

나는 스마트폰을 들고 밖으로 나갔다. 공기는 차갑고 바람은 거세게 불어왔다. 주차장에는 소형버스 두 대, 전세택시 두 대가 서 있었다. 부모님이 타고 올라온 라이트밴은 보이지 않았다.

안테나는 아직 하나밖에 뜨지 않는다. 구야마역으로 올라가는 계단에서는 세 개였는데. 하고 싶은 말을 다 하기도 전에 통화가 끊기는 것은 싫다. 언덕을 중간까지 내려가 볼까—.

잰걸음으로 보행로를 지나 언덕 위에 서자 저 아래쪽 구야마역 플랫폼에 복숭아색 장갑에 체크무늬 머플러를 두른 여자애가 보였다. 이쪽을 바라보며 플랫폼 벤치에 앉아 있다. 마치 외국 인형 같다.

"뭐 하니?"

숨을 헐떡이며 묻는 나에게 여자애가 되물었다.

"무슨 일이세요?"

"아…… 우리 오빠는 지금 화장 중이야."

그래서 기다리는 거야, 라고 나는 말했다.

여자애는 고개를 끄덕이더니,

"저도, 오빠분 보내드리고 나서 가려고요."

여기서 지켜보고 있어요, 라고 말했다. 그러고는 복숭아색 장갑의 손가락을 펴서 언덕 위 화장장 건물을 가리켰다.

"저 네모나게 튀어나온 게 굴뚝이래요. 슈퍼마켓 휴게소에서 어떤 사람이 하는 이야기를 듣고 알았어요. 최신식이라 연기가 나와도 예전과 달리 필터로 정화해서 새하얀 수증기처럼 나온다고."

연기가 피어오르면 오빠가 하늘로 올라갔음을 알 수 있을 것이다.

나는 여자애의 커다란 눈을 쳐다보았다.

"오빠 가는 길을 왜 지켜봐주는 거지?"

감주를 대접받아서라면 그렇게까지 은혜를 느끼지 않아도 될 텐데.

여자애의 시선이 흔들린다. 복숭아색 장갑에 싸인 손가락이 꼬물꼬물 움직였다.

"……사실은, 친척 집에 가는 거 아니었어요."

친한 사촌을 만나러 가는 것은 아니었다.

"나루타키에 아빠가 살아요. 지난달 돌아가셨지만."

여자애의 부모는 그 애가 유치원 때 이혼했다. 여자애는 엄마를 따라가고 아빠는 이혼의 원인이 된 외도 상대와 재혼하여 새 가정을 꾸렸다.

"엄마와 나 단둘이 살고 있고, 엄마는 열심히 일해서 나를 키워주세요. 아빠는 재혼한 사람과 아이 셋을 낳고 꽤 행복하게 산 것 같지만."

작년에 심각한 병을 발견했는데 투병한 보람도 없이 지난달 초에 사망했다고 한다.

“연락은 받았지만, 엄마는 장례식 같은 거 참석하지 않아도 된다고 했어요.”

그때는 여자애도 엄마 말이 옳다고 생각했다. 이제는 아무 관계도 없는 사람이니까.

“엄마와 나를 버린 사람이니까. 위자료를 깎고 양육비도 거의 준 적이 없다고 엄마는 내내 화가 나 있었어요.”

그런 사람 장례식에 왜 가야 하니?

그런데 시간이 지나고 보니 역시 제대로 작별을 고했어야 하는 거 아닌가 하는 생각이 들었다. 그것은 어쩔 수 없는 감정이고, 참는다고 참아지지 않는 재채기나 트림 같은 것이었다.

제일 친한 친구에게 물어보니 이런 대답이 돌아왔다.

—나라면 장례식에 갔을 거야. 하나밖에 없는 친아빠니까.

“엄마는 이혼해서 남남이 되었지만 나는 딸이니까. 부녀지간이니까.”

아무리 이기적이고 박정한 아버지라도. 변변히 양육비도 주지 않는 무책임한 아버지라도.

“하지만, 엄마한테는 그런 얘기를 할 수 없었어요.”

그건, 말 못하지. 나는 고개를 끄덕였다. 여자애와 나란히 플랫폼 벤치에 앉아 저렴하게 코디한 상복의 넓적다리로 시선을 내리고.

데라자와역 방면인 이쪽 플랫폼에는 우리밖에 없었다. 건너편

나루타키 방면 플랫폼에는 몇 사람이 띄엄띄엄 흩어져 기다리고 있었다. 오사토선에서도 승객이 가장 적은 역이다. 그래서 화장장이 있는 건지도 모른다.

“그래서…… 아빠가 살던 집을 찾아가 향이라도 공양하고 싶었어요.”

오늘은 동아리활동이 쉬는 날이지만 엄마한테는 동아리 연습이 있다고 거짓말을 하고 아침 일찍 집을 나섰다고 한다.

“농구부?”

“네. 어떻게 아세요?”

“신발.”

나루타키 방면 전차가 왔고 플랫폼에 흩어져 있던 사람들을 모아서 떠났다.

이쪽 플랫폼은 그늘이어서 아무래도 몸이 식었다. 나는 두 팔로 내 몸을 꼭 안았다.

“이런 데까지 혼자서 오고, 무섭지 않았어?”

전혀요, 하고 여자애는 눈동자를 빙글 돌리며 대답했다. 북풍에 도는 바람개비. 고인을 조문하는 하얀 종이 바람개비. 아직 세상의 때를 모르는 흰자위.

“하긴 잠깐 구글링 하면 지도를 볼 수 있으니까.”

“네. 부고가 팩스로 왔는데, 거기 집 주소가 적혀 있어서, 헤매거나 하지 않고 올 수 있었어요.”

다만 오사토선이 너무나 변두리 전차노선이어서 웃음이 나왔다고 한다.

“게다가 선로에 너구리가 나타나고 전차는 멈춰버리고.”

“너무 시골스러워서 미안.”

나는 웃었다. 여자애도 웃었다. 둘이 함께 웃는 것은 이번이 처음이었다.

“역무원이 정전으로 잠시 운행할 수 없다고 해서 역을 나왔다가 오빠분의 장송행렬을 만난 거예요.”

장송행렬을 만나면 고개 숙여 조의를 표하고, 보통은 그것으로 끝낼 텐데, 왜 따라왔니?

“왠지는…… 모르겠어요.”

그냥 ‘모르겠다’가 아니라 언어로 표현하려고 하면 알 수 없게 되어버리는 경우가 있다. 붙잡을 수 없게 되고, 놓쳐버리고 마는 것이다.

“여기서 오빠분을 보내드리고 나면 집으로 돌아갈 거예요.”

이제 나루타키에는 안 와도 될 것 같다. 여자애는 작은 소리로 그렇게 말했다.

“아빠 집에 찾아가면 엄마한테 미안해서 갔다는 걸 계속 숨겨야 하니까, 가지 않아도 된 거, 잘 된 거예요.”

그렇게 말하고 정말로 무거운 짐을 내려놓은 듯 한숨을 지었다.

“오빠분 덕분이에요. 역시, 어려움에 빠진 학생을 구해주는 정의로운 분이세요.”

여자애의 들큼한 숨이 섞인 그 말이 나를 흔들었다.

오빠가 죽은 뒤 내내 몸 밑바닥에 꾹 눌러둔 생각들이 마개가 뽑히고 소용돌이 틀며 치밀어 올라왔다. 세탁조가 돌아가는 듯한 소용돌이다.

나는 조소를 흘리며 고개를 들었다. 여자애 얼굴을 보지 않고 플랫폼의 점자 블록을 응시하며 말했다.

"우리 오빠 말이야, 어려서부터 알던 여자 친구를 깊이 짝사랑해서 고백했지만 거절당했어. 그래도 포기하지 못하고 스토커 비슷한 짓까지 하다가 결국은 그 여자 앞에서 죽겠다느니 소동을 일으키는 바람에 친구한테 붙들려서 돌아왔어. 사실은 그런 한심하고 초라한 자신이 싫어서 자살해버린 거야."

이런 자초지종은 오빠가 죽은 뒤에야 알았다. 무로 군을 통해서 사유리 씨의 위로의 말을 듣고, 사죄인지 변명인지 항의인지 알 수 없는 설명을 들었다. 그동안 오빠와 사유리 씨가 실제로는 어떤 관계였는지 액면 그대로의 진실을 우리 가족은 몰랐던 것이다.

두 사람이 은사의 환갑연에서 재회한 것은 사실이다. 하지만 그다음부터는 오빠가 해준 설명과 달랐다. 오빠는 백 퍼센트 거짓은 아닐지언정 사실을 많이 왜곡했다.

겨우 10개월조차도 오빠와 사유리 씨가 사귀었던 것은 아니다. 오빠가 사유리 씨에게 고백할 당시 사유리 씨에게는 결혼을 약속한 애인이 있었다. 나중에 약혼까지 했다. 그래서 사유리 씨는 오

빠의 고백을 분명하게 거절했지만,

—친구로 만나는 것도 괜찮아.

오빠는 그렇게 말하며 물고 늘어진 것이다. 문자나 라인으로 하루에 몇 번이나 연락하고 SNS를 빠짐없이 확인하고 휴일에 갑자기 집에 찾아오고 데이트나 쇼핑하러 나가는 사유리 씨를 쫓아다니기도 했다.

—이제 그만둬주었으면 좋겠어. 나는 너랑 사귈 수 없어.

사유리 씨가 계속 거절해도 오빠는 온화하게 웃으며,

—친구라도 상관없다니까.

그 말만 반복할 뿐이었다고 한다.

오빠가 가족에게 사유리 씨와 '헤어졌다'고 보고한 것은 사유리 씨 애인이 화가 나서 오빠와 단둘이 만나 담판을 지었을 때였다. 오빠는 상대방에게 압도되어 '다시는 사유리 씨에게 접근하지 않겠다'는 서약서를 썼던 것이다.

그때 물러섰으면 얼마나 좋았을까. 수치스러운 실연의 상처도 언젠가는 회복될 터였다. 오빠도 더는 이런 관계가 힘들다는 것을 뼈저리게 느꼈기 때문에 순순히 서약서를 썼을 테니까. 탈선한 차량은 일으켜 세워서 다시 달리게 하면 된다. 천천히 달린다 해도 과거는 조금씩 멀어져갈 것이다.

이 사랑은 맺어질 수 없다. 일방적인 열정은 가망이 없다. 체념해라, 포기해라, 그만해라.

그런데 사유리 씨가 그 애인과 마침내 약혼했다는 소식을 듣자 오빠는 끝내 탈선하여 전복되고 말았다.

그날 밤 사유리 씨의 연락을 받고 달려온 무로 군은 오빠가 커다란 맥가이버 칼을 휘둘러 사유리 씨를 위협했다고 믿고 있었다. 하지만 사실은 그게 아니었다. 오빠는 "마지막으로 한 번만 만나 달라"고 해서 불러낸 사유리 씨 앞에서 제 목을 그으려고 했던 것이다.

어쨌거나 어리석은 짓은 분명하다.

아빠에게 맞아 앞니가 부러지고 현관 바닥에 피를 뚝뚝 흘리면서도 오빠는 울지도 않고 신음소리도 없이 꼬마 석상처럼 입을 꾹 다물고 있었다. 그 후 가을이 지나고 겨울이 오고 새해가 밝고 눈이 내리고 차량과 함께 절벽에서 자살해버릴 때까지 오빠 머릿속에 어떤 생각이 있었는지, 가슴에 어떤 감정이 고여 있었는지 우리는 알지 못한다.

안간힘으로 버텨오긴 했지만 지칠 대로 지쳐버렸다. 이제 이 차량을 일으켜 세워서 다시 운행할 수는 없다. 맺지 못할 연애를 시작하기 이전의 온전한 자신으로는 돌아갈 수 없다.

그런데도.

—첫 출근 날 여중생을 치한으로부터 구했다니.

나는 더욱 힘주어 내 몸을 꼭 안았다.

"착한 오빠였던 거야."

옆에서 복숭아색 장갑 여자애가 고개를 끄덕했다. 나는 마음먹고 토해냈다.

"바보이긴 했지만. 대책 없는 바보였지만. 우리 오빠도 너희 아빠도."

오빠를 그렇게 바보로 추락시켜버린 사유리 씨를 떠올렸다.

"오늘, 전화할까 생각했었어."

—오빠는 이제 관에 들어갔어요. 지금 화장장 화구에서 재로 변하고 있어요. 이제 다시는 사유리 씨를 괴롭힐 일이 없을 겁니다. 부디 안심하시고 행복하세요.

딱 그 말만 해주고 싶어서.

"네 덕분에 그런 불쾌한 전화를 걸지 않을 수 있었어. 고마워."

여자애가 다시 한 번 고개를 끄덕하자 눈물인지 콧물인지 알 수 없는 영롱하게 맑은 물방울이 한 방울 떨어졌다.

그녀는 "아" 하는 소리를 냈다.

"흰 연기가 나오고 있어요."

복숭아색 장갑의 검지가 화장장의 네모난 돌출부를 가리켰다. 저것이 굴뚝이라니, 누가 말해주지 않으면 알 수 없을 것이다.

저런 곳을 통해서 오빠는 천국으로 올라간다. 천국 맞지? 지옥은 아니지? 이제 벌은 충분히 받았습니다. 목숨으로 죄를 갚았습니다. 착한 일도 했고요.

플랫폼의 벨이 울리기 시작했다. 표시판 패널이 팔랑팔랑 뒤집혀 데라자와 방면 전차가 도착한다고 알린다.

우리는 벤치에서 일어섰다. 베이지색 전차가 멈추었다. 차량 내부는 텅 비었고 내리는 손님도 없다. 여자애가 탔다.

"안녕."

나는 손을 흔들었다. 문이 닫히고, 멀어져가는 차량 안에서 여자애는 처음 눈이 마주쳤을 때처럼 고개를 꾸벅 숙여 인사했다. 이제는 목소리가 들리지 않을 텐데도 그제야 통성명도 하지 않았음을 깨달았다.

전차가 떠나자 정적이 돌아왔다. 플랫폼에 나는 혼자였다. 화장장 굴뚝에서 피어오르는 흰 연기는 허공에 사라지고 있었다.

푸르른 겨울날 먼 길 나섰다 만난 장송행렬 ◎세이가

올해도 같은 밥 같은 찬을 먹는 따뜻한 봄날

올해도 같은 밥 같은 찬을 먹는 따뜻한 봄날

"정말 멋진 곳이네요. 역시 현지 주민이 알려주는 정보는 달라."

"길을 잃고 헤맨 덕분이지."

"그렇다면 나의 길치 기질 덕분이겠네요."

"당신, 지도에 까막눈인 건 학창시절부터 변함이 없군."

"지카를 낳은 뒤로 입맛이 달라졌잖아요. 달라지는 김에 길치 기질도 좀 달라졌으면 얼마나 좋아."

"그거랑 이건 전혀 다르지. 이제 내가 안을까? 지카가 완전히 잠에 빠져서 꽤 무거울 텐데."

"저 전망대까지 가서 교대해요. 그런데 하필 이럴 때 잠들어 버린담."

"차만 타면 잠에 떨어지는 건 나랑 똑같군. 소풍 가는 버스에서도 자버릴 정도였으니까."

"훌륭한 유전자네요. 하지만 지금은 좀 깨어나 주면 좋으련만. 이 풍경을 보여주고 싶은데. 21세기의 첫 봄 풍경이잖아요."

"어차피 세 살 이전 일은 기억 못해."

"지카는 잊어도 우리는 기억하겠죠. 지카에게 이 풍경을 보여주었다는 거."

"내년엔 지카에게도 그 유채튀김을 맛보게 해줄 수 있으려나."

"유채는 쌉싸름해서 어른 입에나 맞지. 근데 음식 얘기뿐이군요."

"유채무침은 먹어본 적이 있지만 튀김은 처음이야. 내 입맛에는 두릅보다 유채가 더 맞나봐."

"솥밥도 맛있었어요. 그 식당도 길을 헤맨 덕분에 알게 된 거잖아요."

"그래. 다음에 또 가자고."

"튀김 맛있었죠?"

"그래, 맛있네. 역시 지카는 입맛이 어른스럽더군. 다섯 살배기가 유채튀김 맛을 알잖아."

"지카는 그냥 튀김이 좋을 뿐이에요. 무침은 먹지 않았잖아요."

"나, 자완무시일본식 계란찜 요리도 좋아."

"엄청 큰 자완무시였지? 오, 지카, 전망대에 거의 다 왔구나."

"이 길은 언제 포장된 거지? 전에 왔을 때는 덤불길 같았는데."

"그러게요. 하지만 주위 유채밭은 다행히 하나도 변하지 않았어요."

"솥밥 맛도 안 변했고."

"당신은 늘 음식 얘기뿐이네요."

"지카, 전망대에 올라가자. 계단이 위험하니까 아빠가 안아줄게."

"나, 계단 잘 올라가."

"그럼, 엄마랑 손잡고 올라가자. 한 단, 두 단, 세 단, 자, 도착했습니다!"

"와아 높다아~. 멋지다!"

"유채꽃과 복숭아꽃, 파란 하늘과 하얀 구름!"

"노랑과 분홍과 파랑과 하양이네."

"난간이 녹슬었군. 여보, 지카 손 다치지 않게 잘 봐줘."

"네. 당신도 이리 와서 보세요."

"잠깐만. 자, 두 사람 이쪽을 봐봐. 할아버지 할머니에게 사진 찍어서 보내드리자."

"네? 잠깐만요."

"왜?"

"이 전망대는 우리들만 아는 곳으로 남겨두었으면 좋겠어요."

"어째서?"

"뭐랄까……."

"아, 알았어."

"미안해요."

"아니, 괜찮아. 특히 오늘은 아버지와 어머니가 그런 말씀을 하셔서, 도모미뿐만 아니라 장인어른하고 장모님한테도 결례였지."

"아뇨, 그만한 일로 섭섭해하시지 않아요. 손주 란도셀을 친할아버지가 사주든 외할아버지가 사주든 무슨 상관이에요. 우리 부모님도 개의치 않을 거예요. 다만, 여기는 우리 가족만 아는 비밀의 화원이었으면 좋겠어요."

"맛있는 솥밥도."

"유채튀김과 무침도."

"아빠, 엄마, 저기 전차가 지나가."

"그렇구나. 특급인지 신칸센인지. 빠르네."

"어, 여기부터 차량은 통행금지로군."

"여기 주차장이 생겨서 그런가 봐요. 전망대도 다시 산뜻하게 페인트칠을 한 것 같아요."

"그러네. 다시 선명한 컬러로 칠했어. 요전번에 온 게 언제였지?"

"지카가 다섯 살 때였죠. 벌써 3년이나 지났네요."

"난 기억 안 나, 엄마."

"그 솥밥과 유채튀김 팔던 식당은 기억나지?"

"그 커다란 자완무시."

"가격이 아직도 변하지 않았으니 대단하지. 엄마 아빠는 네가 태어나기 전부터 다녔던 식당이란다."

"좀 더 자주 오고 싶지만 여기 하나 보려고 오기에는 교통이 좀 불편한 곳이라서."

"괜찮아요. 시댁에 내려올 때마다 나의 유일한 낙인데…… 아, 미안해요. 적절하지 못한 말이었네. 특히 오늘은—."

"괜찮아. 아버지 1주기라고 해서 특별할 건 없잖아."

"지카, 그렇게 뛰어다니지 마. 그러다 넘어질라!"

"예에—."

"1주기가 무사히 끝나서 나도 마음이 놓여. 장례식 때는 다자키 삼촌 내외가 얼마나 휘젓고 다니셨는지."

"오늘은 두 분 다 얌전하셨어요."

"장례 끝나고 형님이 단단히 잡도리해주신 것 같아. 어머니와 형과 내가 있는 이상 삼촌 내외한테는 아버지 유산이 한 푼도 넘어가지 않을 테니까."

"다자키 아주머니는 아저씨의 후처가 맞죠?"

"맞아. 사실 나이도 남편보다 도모미에 더 가깝지."

"우와! 그건 좀 심하다. 나, 이제 겨우 서른넷인데."

"다자키 아주머니는 마흔셋이야."

"네? 그분이? 쇼크네! 엄청 쇼크야! 아까 먹은 솥밥이 넘어올 것 같아."

"그것만은 참아줘."

"아빠, 엄마, 빨리 빨리!"

"곧 갈게~."

"……화내지 말고 들어주었으면 좋겠는데."

"갑자기 왜 그래요?"

"만약에, 만약에 말인데, 만일의 상황이 벌어지면, 나는 우리 셋이 여기로 돌아올까 생각하는데, 도모미 생각은 어때?"

"셋이라니, 누구랑 누구?"

"나와 도모미와 지카."

"만약에 만일의 상황이 벌어지다니, 그게 뭔데요?"

"그러니까 말이지."

"그런 얼굴 아니면 하지 못할 말이에요?"

"뉴스 보면 짐작이 가지 않아?"

"……네?"

"리먼 쇼크로 우리 회사도 엄청 타격이 커. 내 동기가 인원이 많아서 어쩌면 우리 동기들이 정리해고 대상이 될지 몰라."

"……당신이?"

"나뿐만 아니지."

"그럼, 도쿄에서 새 직장을 찾지 않고 고향으로 돌아오겠다는 거예요? 형님 회사에서 자리를 준대요?"

"농기계에 대해서는 아는 게 전혀 없지만."

"하지만, 여기로 돌아온다는 건 그런 의미잖아요? 아니면, 달리 일할 데가 있어요?"

"없어."

"……."

"아버지가 돌아가시고 어머니는 낙담하셔서 그렇게 확 늙어버리셨어. 앞으로는 형과 형수 세상이야. 형은 믿을 수 있는 사람이고, 당신, 형수랑 마음이 잘 맞는 것 같으니까 아버지가 좌지우지하던 시절보다는 훨씬 낫다고 생각하는데."

"……."

"그런 얼굴 하지 마."

"당신이 정리해고 당하면 나도 파트타임 그만두고 풀타임으로 일할래요. 지금 사는 아파트를 떠나고 싶지도 않고. 우리 부모님한테 말씀드리면 조금은 도와주실 거고."

"……."

"그런 얼굴 하지 말아요."

"아빠, 엄마, 진짜 진짜 진짜 예쁘다. 빨리 와서 봐봐~."

"아, 다행이야. 여기서 보는 풍경은 변하지 않았어요."

"3년 만인가? 작년에는 아무래도 여기 올 상황이 아니었으니까."

"솥밥 식당도 그대로여서 다행이에요. 변함없이 자완무시는 대짜였고."

"주인아주머니는 건강해 보였지만 주인아저씨는 조금 수척해 보이지 않아?"

"대지진 이후로 거의 장사를 하지 못했다고 하잖아요. 손님이 돌아온 것도 바로 얼마 전이고."

"그렇군……, 그러고 보니 사찰 묘지에서도 묘석이 여러 기 쓰러져서 난리도 아니었대. 그 식당처럼 현도 변에 있는 사찰 말이야."

"나, 먼저 가 있을게요. 전망대 앞 난간에 망원경이 있는 것 같아요."

"넘어지지 않게 조심해."

"예에~."

"사찰 묘지 얘기는 어머니한테 들었어?"

"아뇨, 형님한테 들었죠. 한동안 친정 쪽이 난리도 아니어서 여기 묘지까지는 신경 쓰지 못했대요."

"당연하지. 형수님 친정집이 거의 다 떠내려갔다고 하잖아."

"그래도 다친 사람이 없어서 다행이에요. 키우던 개도 옆집 아주머니가 데리고 대피해주셨대요. 아, 그래서 말인데, 형님은 그렇게 경황이 없었는데 시어머니는 왜 우리 묘지 복구하러 가지 않느냐고 역정을 내셨대요."

"늙으신 분이라 상황을 몰랐던 게지."

"힘쓰는 일 못하는 여자가 가봤자 묘석을 일으켜 세울 수 있는 것도 아닌데 말예요. 왜 안 가니, 절에서 신도 모임이라도 열리면 다들 우리 집안 묘지를 보고 손가락질하지 않겠느냐고 시어머니는 매일 투덜투덜 잔소리를 하셨대요."

"……하긴 연세가 연세시니까."

"형님에게는 미안하지만 우리가 멀리 살아서 다행이에요. 당신 전직도 잘돼서 정말 다행이었고."

"지카가 듣겠다. 그만해."

"당신이 불쑥 고향으로 돌아가겠다고 하던 그때를 잊지 못해요."

"결국 정리해고당하기 전에 잘 갈아탔잖아."

"내가 엄청 반대했으니까요. 내가 조금이라도 타협하는 모습을 보였으면 지금쯤 당신 고향집 옆에 싸구려 집을 짓고 형님 대신 내가 묘지에 근로봉사하러 갔겠죠."

"그렇게 안 되었으니 잘된 거잖아."

"그렇게 안 되도록 내가 버텼던 거죠. 지카, 위에서 보는 풍경이 어떠니?"

"여기서는 360도를 다 둘러볼 수 있어요~. 간토평야는 역시 평평하네요. 그런데 저 분홍색 융단 같은 곳은 무슨 꽃이 피어 있는 거죠?"

"복숭아꽃이겠지."

"설마. 저건 꽃잔디 같은데. 아니, 제비꽃인가?"

"전에 왔을 때도 저랬나요? 그냥 잡목림이었던 것 같기도 한데."

"다 갈아엎고 꽃밭으로 만든 거 아냐? 이 전망대도 꽤 유명해졌으니까. 아는 사람은 아는 명소라고."

"다다 군도 트위터에서 여기 사진을 본 적이 있댔어요."

"학급위원 아이 말이지? 아버지가 건설회사에 다닌다는."

"그런가? 난 몰라요."

"두 사람 다 잠깐 조용히 하고 저 굉장한 꽃바다를 즐기시죠."

"아빠, 백 엔짜리 동전 있어요? 이 망원경으로 보고 싶어요."

"백 엔? 자, 여기."

"이 망원경 좀 봐 봐요. 저 분홍색 융단에 하얀 꽃으로 글자가 적혀 있지 않아요?"

"……그러네."

"Remember 3.11."

"잠깐, 다른 사람들이 왔네. 지금까지 여기서 다른 관광객을 만난 적이 없었는데. 아, 예. 실례합니다…… 조금 실망이다."

"엄마는 뭘 실망까지."

"좋은 타이밍이라 물어보는 건데, 지카는 정말 중학 입시 준비하지 않아도 되겠니? 중고일관교중학교와 고등학교를 통합하여 6년제로 운영하는 학교에 진학하면 대학 입시는 느긋하게 생각할 수 있는데."

"왜 지금이 좋은 타이밍인데요?"

"다다 군 이름을 들으니까 생각난 거야. 걔네 엄마는 다다 군의 형 둘을 모두 국립부속에 밀어 넣은 헬리콥터 맘이니까."

"헬리콥터 맘……."

"나는 메구와 같은 중학교에 가고 싶어요. 같이 경음악부에 가입하기로 했고."

"집에서도 가깝고 말이지."

"하지만, 우리 지역 공립중학교 중에서는 꼴찌에서부터 세는 게 빠른 학교잖니."

"좋은 중학교에 입학해도 공부 안 하면 똑같아요. 게다가 앞으로 세상이 어떻게 될지 아무도 모르잖아요. 아빠가 다니는 직장은 부흥경기동일본대지진 후 복구와 재건으로 촉발된 경제 활황와는 상관없어 보이고 또 정리해고 같은 게 있을지도 몰라요. 무리할 거 없이 공립이면 충분해요, 나는."

"……."

"……."

"아빠나 엄마나 목소리가 꽤 컸다니까요."

"중학교 동아리 활동하느라 바쁘구나. 오늘은 정말 괜찮았던 거야?"

"네. 방과 후에다 주말까지 연습하면 역시 곤란한 것 같아요. 그래서 오늘은 휴일로 하기로 했어요."

"휴일? 2학년이 되면 너와 네 친구들이 중심이 되겠구나. 연습량도 늘어날 테고."

"여름방학 끝날 때까지는 3학년이 은퇴하지 않으니까 우리는 계속 잔심부름꾼이에요. 그보다, 정식으로 인사드리지 못해서 마음에 걸렸어요. 클라리넷 고마워요, 아빠. 내 악기를 가질 수 있다니, 꿈만 같아요."

"천만에. 중고일관 사립학교 학비에 비하면 아무것도 아니지."

"그런 말, 엄마 앞에서 하면 안 돼요. 엄마 없는 데서 말하는 것도 미안한 느낌이고."

"그러네. 미안."

"엄마는 지금쯤 도착했으려나."

"어떻게든 솥밥과 유채튀김을 먹고 갈 수는 없을까 하고 출발 직전까지 전차 시간을 알아보고 있었는데."

"여기 역에는 특급이 서지 않으니까 엄마 고향으로 가려면 몇 번을 갈아타며 엄청 돌아가야 하잖아요. 그 식당이 그렇게 좋을까."

"맛난 거 먹고 기운 내서 가고 싶었겠지. 썩 내키는 자리도 아니니까."

"나, 모르는 척하고 있었지만……."

"다 들었니?"

"실은 귀에 못이 배길 정도였어요."

"무슨 그런."

"이쿠치 씨라는 분, 처음부터 그다지 느낌이 좋지 않았거든요. 마유미 이모는 왜 그런 남자가 좋다고 할까 의아했어요."

"역시 모녀지간이구나. 엄마도 똑같은 말을 하더라."

"엄마는 더 대놓고 말했겠죠. 마흔 되기 전에 시집가고 싶어 안달이 나서 변변치 못한 남자를 붙잡은 거 아니냐는 식으로."

"사실 변변치 못한 남자지. 두 번이나 결혼했고, 자식이 셋이나 딸린 것도 숨겼으니까."

"그런 거, 감추려고 들면 감출 수 있다는 게 무섭네요."

"지카도 조심하렴."

"상관없어요. 난 아마 결혼하지 않을 거니까."

"뭐야?"

"결혼해서 행복해 보이는 사람이 주변에 없잖아요. 우리 집이나 친척뿐만 아니라 친구네 집을 봐도 그래요."

"그건…… 행복해 보이지 않는 게 아니라 일일이 행복해 보이려고 애쓰지 않아서 그런 것뿐 아닐까."

"그런 거예요? 나는 잘 모르겠어요."

"지카도 이런 얘기 할 나이가 되었구나."

"나이 먹을 만큼 먹었어요. 하하."

"전망대에 올라가자. 동전도 준비해 왔으니까."

"……아빠, 아쉽네요. 그 백 엔 망원경이 없어졌어요."

"그렇구나. 받침대만 남고, 뭐야, 이거, 섭섭하네."

"동전 회수하러 오기가 귀찮았나?"

"회수하러 오는 비용이 더 들었을지도 모르지."

"애초에 여기 주인은 누구죠?"

"공유지겠지만, 의외로 사유지일지도 모르지. 실은 심령 스폿이었다거나."

"그만해요. 최악이야. 아니, 너무 무례해요. 망원경은 없지만 그 꽃밭은 보이지 않을까요? Remember 3.11."

"아, 잘 보이네……."

"왠지 차분해지네요."

"지진이 일어나던 날, 기억하니?"

"열 살 때였으니까 다 기억하죠. 반 아이들이 모두 책상 밑으로 들어갔어요. 옆자리 아이랑 평소엔 별로 친하지도 않았는데 서로 손을 꼭 맞잡고."

"지카가 백 살까지 살다가 저세상에 갈 때까지 그런 일은 절대 일어나지 않게 해 달라고 아빠가 늘 기도하고 있단다."

삐릭.

삐릭삐릭.

"엄마가 문자를 보냈구나."

"뭐라고 하셔요?"

"도착해보니 할아버지 인연으로 부탁한 변호사가 먼저 와 있어서 전부 의뢰하기로 했다고."

"마유미 이모에게는 그편이 좋겠네요. 할아버지도 이제 연세가 연세라 허리도 아프시고 이쿠치 씨를 때리려고 들다가는 오히려 다치실 걸요."

"엄마도 여기 오고 싶었단다. 솥밥 식당은 변함없냐고 묻는구나."

"어련하시겠어요."

"지카가 그렇게 웃으니 엄마 젊을 때랑 똑 닮았구나."

"그다지 기분 좋은 말은 아니지만 좋다고 해 둘게요. 안 그러면 우리 아빠가 울 테니까."

"여기 오는 거 정말 오랜만이네요. 3년 만인가요?"

"지난번엔 지카와 나 둘이 왔었지. 지카가 중1 때."

"아, 맞아요. 나는 친정집에 가 있었죠. 마침 마유미에게 복잡한 일이 있었을 때였어요!"

"그랬지. 그래서 나는 3년 만이지만 도모미는 5년 만인가 6년 만인가."

"그래서일까. 이 전망대, 많이 초라해진 느낌이 들어요. 어딘지 지저분해졌고."

"나도 그렇게 느꼈으니까 도모미 기분 탓은 아냐. 한때는 벽과 철골에 페인트칠을 다시 하고 동전 망원경을 설치하고 테이블과 스툴도 있었는데 말이지."

"주인이 바뀐 걸까요? 주차장도 지저분했잖아요."

"거기는 그냥 주차용 공터더군. 기계도 전부 철거되고."

"이런 곳에서도 시간은 흐르는군요."

"하지만 풍경은 변하지 않았어. 역시 멋지군."

"저 끝없는 유채꽃밭, 몇 포기나 될까."

"다 헤아릴 수 없을 정도지. ……왜 그렇게 웃어?"

"어머, 당신은 못 들었어요? 지난달 마유미와 모리무라 씨를 불러서 식사를 했잖아요. 그때 어머니가 모리무라 씨에게 마유미의 어디가 그렇게 좋으냐고 물었더니 그 사람, 진짜 진지한 얼굴로 마유미 씨의 장점은 다 헤아릴 수 없을 정도입니다, 라고 대답했잖아요."

"기억 안 나. 그 중화요리집에서?"

"그래요. 베이징덕 먹으면서."

"내가 그때 과음했었나?"

"아버지와 당신이 기분이 좋아서 소흥주를 추가했으니까."

"장인어른, 많이 기뻐셨을 거야."

"나도 기뻤어요. 이제야 마유미도 혼자가 아니게 되어서 진짜 한시름 놓았죠. 우리 부모님도 젊지 않으니까."

"지난번에 지카와 둘이 여기 왔을 때……."

"그러고 보니 지카가 백 엔 망원경이 없어졌다고 실망했었죠."

"나한테 그러더군. 자기는 결혼하지 않을 거라고."

"음."

"주위에 결혼해서 행복해 보이는 사람이 없다면서."

"중2병 걸린 아이답네요."

"처제가 행복했으면 좋겠군. 지카가 생각을 바꿀 만큼."

"중년에 초혼 커플이잖아요. 아기 낳는 건 힘들어요. 그저 둘이 열심히 벌어서 아파트라도 사면 좋잖아요."

"……그러고 보니 오늘 솥밥, 맛이 조금 싱겁지 않았어? 덜 짭짤하다는 뜻이 아니라 맛이 덜하다고나 할까."

"어머. 당신도 그렇게 느꼈어요?"

"응. 그 처음 보는 직원이 지은 걸까?"

"아니, 조리는 주인이 했어요. 그 새 얼굴은 주인아주머니 동생이래요. 주인아저씨가 수술하느라 병원에 입원한 동안 식당 일 도와주러 와 있다고 했어요."

"오늘 그런 이야기를 했었어? 손님이 많아서 인사하고 주문 받느라……."

"이야기한 게 아니라 내가 주인아주머니 트위터를 팔로우하고 있잖아요. 거기서 안 거예요. 주인아저씨가 입원한 건 세 달 전이고 아주머니 동생분은 그 전부터 와서 일을 돕고 있었어요. 도쿄 카레가게에서 일하다가 그쪽은 그만두고 집도 이쪽으로 이사했대요."

"그래? 난 몰랐네. 그 식당이 트위터도 해?"

"검색해보니 트위터가 떠서 나도 처음에는 깜짝 놀랐어요. 원래 정기 휴일이 따로 없는 식당이었는데 주인이 병을 앓게 된 뒤로는 아무래도 갑자기 문 닫는 날도 생기게 되고, 그래서 단골손님이 헛걸음하지 않게 소식을 올리게 되었다고 해요."

"솥밥이 싱거워진 것은 주인이 병원에서 싱거운 환자식만 먹은 탓인가."

"튀김은 바삭하고 맛있었어요. 집에서 튀기면 절대로 그렇게 되질 않거든요."

"이런 풍경을 보면서 음식 얘기만 하고 있네."

"품위 없어라."

"그건 아니지. 여기서 심호흡을 하면 아래 세상의 꽃향기를 가슴 가득 들이마실 수 있잖아."

"그렇다고 특별히 좋은 일도 없잖아요."

"……그런가."

"미안해요. 나, 복 달아나게 하는 여자예요. 특히 요즘은."

"왜 그래, 갑자기."

"나름대로 반성하고 노력하고는 있는데, 왠지 잘 안 되네요."

"나는 도모미에게 특별히 불만 같은 거 없어."

"그거야 당신이 워낙 참을성이 많으니까. 지카한테도 한 소리 들었어요. 엄마는 늘 불평뿐이고 자기밖에 모르는 여왕님이라고."

"그건 중2병이 아니라 고2병이군. 엄마 마음 다치게 하는 말을 툭툭 던지고 싶은 나이지."

"오늘 지카가 여기 같이 오지 않은 것도 나 때문이에요. 지난주부터 냉전이에요. 몰랐어요? 하긴 당신은 바쁘니까."

"무엇 때문에 다퉜어?"

"여러 가지예요. 지카는 엄마가 성격이 나쁘대요. 늦도록 결혼 못한 이모를 무시하고 아빠가 부서를 옮겨도 작업만 늘어날 뿐 월급은 안 오른다고 불평하고 할아버지의 전동 접이식 침대 살 돈도……."

"당신이 사드렸잖아? 파트타임으로 벌어서."

"엄마가 너무 생색내고 거만하게 굴어대니까 외할아버지랑 외할머니가 불쌍하대요."

"……저 풍경이나 봅시다."

"나 같은 게 쳐다보면 꽃들만 불쌍하죠."

"어허, 바보 같은 소리를."

"그래요, 바보예요. 어리석고 심술궂고 말도 심하고."

"꽃밭을 봐. 올해도 Remember 글자가 보이려나."

"아아, 꽃은 변함이 없네요. 경치도 달라지지 않았고."

"내가 기억하기로는 여기 와서 비 맞은 적이 없어요. 흐린 날도 없었고. 늘 화창했잖아요."

"평소 우리 행실이 착실해서지. 하지만 솥밥은 섭섭하군."

"폐점을 알리는 안내문은 안 보느니만 못했어요. 눈물이 날 것 같아."

"이 전망대가 결국 폐허로 변하고 있는 것도 아쉬워요."

"두 사람 다 난간에 기대지 마. 녹슬어서 부러질지도 몰라."

"여기 오는 것도 올해가 마지막이네요. 주위를 빙 둘러보고 어디 달리 좋은 장소가 없는지 찾아봐요. 당신, 쌍안경 가져 왔죠?"

"아빠, 쌍안경 샀어요?"

"망년회 빙고게임에서 당첨됐어. 2등상이었지. 간사가 조류 관찰을 좋아하는데, 그쪽 사람들에게 인기 있는 물건이래."

"……그거, 넓은 범위를 한눈에 보는 데는 안 어울리잖아요?"

"Remember 글자는 잘 보이네."

"지카, 동아리 합숙도 다시 여기로 올 거지? 다음 달이라고?"

"합숙은 황금연휴에 할 것 같아요. 나는 그 전에 탈퇴할 거지만."

"동아리를? 왜?"

"테니스는 전혀 치질 않거든요. 모여서 맨날 술이나 마시고. 시간 낭비예요."

"너희 대학에 경음악 동호회는 없어?"

"있지만, 걔네들은 힙합만 하거든요. 힙합을 싫어하는 건 아닌데 나는 클라리넷 주자잖아요."

"가와기타 군도 같이 탈퇴하는 거야? 두 사람 교제는 어떻게 하고?"

"그것도 모르겠어요. 그 사람은 남자끼리 몰려다니는 걸 좋아하니까."

"뭐, 지카가 원하는 대로 하렴. 아무튼 남자한테 휘둘리는 건 안 돼."

"요전번 외할아버지 제사 때 마유미 이모랑 그런 이야기를 하고 있는데, 외할머니가 나한테 너무 자기 좋을 대로만 살면 마유미처럼 결혼이 늦어질 거라고 뭐라고 하시지 뭐예요."

"어머머."

"할머니가 그런 말씀도 하시는 분이더라고요. 늘 방실방실 웃고, 이런 말은 죄송하지만 얌전하기만 한 분이라고 생각했는데."

"설마 얌전하기만 하시겠니? 이 몸을 낳은 어머니신데."

"그거, 자랑할 일인가?"

"외할아버지가 돌아가셔도 전혀 기가 죽지 않으시잖아요. 친할머니는 할아버지가 돌아가시자 확 늙으셨는데. 우리 외할머니한테는 그런 사랑스러운 면이 없어요."

"앞으로는 하고 싶은 말 다 하며 사는 건가."

"신경 거슬리면 말대꾸해도 괜찮아. 엄마도 그렇게 할 테니까."

"알았어요. 나도 엄마 딸이니까, 말대꾸라면 자신 있어요."

"두 사람, 꽃밭이나 좀 보시지."

"아, 그렇지."

"여기 디디면 위험하려나. 아, 위험하네. 안 되겠다."

"엄마, 그 백팩 무겁겠다. 차에 두고 오지 그러셨어요."

"이거? 음…… 여기서 먹으면 좋겠다 싶어서 가져온 건데, 테이블도 없고 바닥도 지저분해서 어렵겠네. 차에 가서 먹자."

"먹자니, 뭔데?"

"도시락."

"도시락?"

"직접 만들어 봤어요. 주인아주머니가 솥밥 레시피를 공개해놨거든요."

"솥밥을 가져온 거야?"

"설마요. 집에서 밥을 지어 주먹밥으로 만들어 타파에 담아왔어요. 유채절임도. 튀김은 내가 서투르고 기름 튀는 게 무서워서 못 했어요. 미안."

"……괜찮아요, 엄마. 주먹밥이면 여기서 그냥 먹어요. 여기서 먹고 싶어요."

"그래. 잠깐 기다려 봐. 깔개가 될 만한 걸 찾아올 테니까."

"그 식당 솥밥 맛은 아니에요. 레시피대로 만들었지만 똑같은 맛은 안 나죠."

"그래도 추억의 맛이잖아요. 다음엔 내가 집에서 커다란 자완무시를 만들어봐야지."

"그 식당의 자완무시는 엄청 컸지. 그것만은 주인아주머니가 직접 만들었는데, 미리 주문해두면 오다마키무시우동을 넣어 만든 대형 자완무시를 만들어줬대. 좀 더 일찍 알았으면 좋았을 텐데."

"주인아저씨가 타계했다던데, 할아버지와 거의 같은 시기에 돌아가셨겠네요."

"그래. 입원 치료를 반복하다 돌아가신 것 같아. 주인아주머니도 많이 힘들었겠지."

"부부가 꾸리던 식당이었으니 문 닫기가 괴로웠겠어요."

"아드님이 있는 것 같은데, 적어도 트위터에서는 거론되지 않았어. 뭔가 사정이 있는지."

"우리, 그 식당에서 솥밥에 유채튀김과 유채절임을 많이도 시켜 먹었는데 주인 내외에 대해서는 아는 게 거의 없이 지냈네요."

"여보, 이거 깔고 앉는 건 어때."

"응? 이건 뭐죠? 어디 있었어요?"

"전망대 안 선반 뒤에."

"플라스틱제인가? 이상하게 생겼네."

"뭐, 튼튼해 보이니 괜찮겠죠. 엄마, 도시락, 도시락."

"잠깐, 먼저 물티슈로 위를 닦으렴."

"고마워요, 엄마."

"이 전망대와 작별하는 회식이네."

"헤어져도 봄과 꽃은 저기 그대로 있을 거야."

"와, 맛있다. 잘 먹겠습니다~!"

올해도 같은 밥 같은 찬을 먹는 따뜻한 봄날 ◎헤이와

산을 내려가는 여행 역마다
꽃이 피어나네

산을 내려가는 여행 역마다 꽃이 피어나네

근무하는 병원 중정에 매화가 터지기 시작할 즈음, 스다 하루에春惠는 어머니 가즈코의 편지를 받았다. 어머니는 수신인 이름을 '하루에春江'라고 잘못 적었다.

작년 12월 타계한 외조부 미야마 소지로의 유언장이 있다, 상속 절차를 위해 친족이 모두 모이기로 했으니 하루에도 손주의 한 사람으로서 그 자리에 참석하라는 내용이었다. 그리고 한가로운 글을 덧붙여 놓았다.

'가족여행으로 종종 가던 가리하라 온천의 기센칸稀泉館에 모두 묵을 예정이며, 거기서 할아버지 추억을 떠올리며 유언장 내용을 확인할 것이다.'

달필이고 편지 쓰기를 좋아하는 어머니 글씨는 어딘지 긍지에 찬 것처럼 오른쪽으로 들린 모습이어서 척 봐도 당신의 필체임을 알 수 있다.

—유언장이라.

하루에는 입술을 살짝 오무렸다.

외조부는 유서 깊은 광학기기 제조사에서 정년까지 일하고, 이후 몇 년은 자회사에서 이름뿐인 임원으로 있다가 퇴직금을 받고 은퇴했다. 사는 아파트의 대출 상환도 끝난 상태였다. 어머니와 이모와 외삼촌이 모두 장학금 없이 사립대를 졸업했으니 한창 일할 무렵의 외조부는 수입이 꽤 좋았을 것이다. 다만 저금이 얼마나 되는지, 보험 같은 것은 어떻게 되어 있는지 하루에는 아는 바가 전혀 없고 알 기회도 없었다.

외조부는 타계했지만 외조모는 건재하다. 자식은 셋. 장녀가 하루에의 어머니 가즈코이고 세 살 아래로 외삼촌이 있고, 다시 두 살 터울로 이모가 있다. 외조부의 유산을 상속하는 사람은 일단 그들 네 사람일 터이고 손주에게는 권리가 없으리라 생각하지만, 바로 그래서 유언장이 필요한지도 모른다.

—어쨌든 나하고는 관계 없는데.

하루에는 외조부와 소원했다. 사랑받은 기억도 없다. 뭐, 그거야 외조부하고만 그랬던 건 아니지만.

어머니를 닮아 활발하고 예쁜 장녀와, 닮은 정도를 넘어 어머니를 쏙 뺀 화사한 미모의 삼녀 사이에서 하루에는 눈에 띄지 않는 차녀로 자랐다. 외삼촌에게는 아들이 둘, 이모에게는 (역시나 미녀인) 딸이 하나. 그러므로 미야마 소지로에게는 손주가 여섯 명인 셈이다. 하지만 내역을 살펴보면 인간 다섯과 하루에라는 이름의 유령 하나로 이루어져 있다고 할까. 이런 취급을 하기는 외조모도 마찬가지였고, 어떤 일에서나 외조모와 어머니에게는 결코 거스를 줄 모르는 외삼촌과 이모도 사정은 비슷하다.

26년 전 7월에 하루에가 태어났을 때 친조부 내외는,

—우리 집안 생김새로구나.

라며 크게 기뻐했다고 한다. 그러나 어머니는 시부모와 마음이 맞지 않았고 아버지는 회사에서 외조부의 부하였으니 아무래도 매사 미야마 집안을 우선하기 마련이라 친조부모와는 교류가 뜸해지다가 마침내 완전히 끊기고 말았다. 그리고 연이 끊긴 부계 혈통 얼굴로 태어난 하루에의 존재감 역시 유령이 되었다는 내력이 있다.

물론 하루에가 이렇게 생각을 정리하기까지는 마음고생이 많았다. 지금 돌아보면 괜한 마음고생이었던 것 같다.

자식은 부모를 선택할 수 없고 부모에게도 취향이라는 것이 있다. 하루에 어머니 같은 양갓집 규수 기질이 다분한 여자는 자기 취향으로만 살아가므로 그 어머니가 썩 마음에 들어 하지 않는 자식은 운이 없는 것이다. 하지만 그 불운을 불행으로까지 몰고 갈지 말지는 본인에게 달렸다. 하루에는 어려서부터 그걸 의식하고 스스로를 구하는 길을 찾아냈다.

언니의 근심과 동생의 무시를 무릅쓰고 캠퍼스 라이프를 포기하며 조리사전문학교에 입학한 것은 일찍 자립하기 위해서였다.

원래 요리를 좋아했고, 직업을 빨리 잡으려면 조리사가 제격이었다. 그리고 처음부터 병원이나 학교, 돌봄 시설 쪽으로 목표를 좁혀 확실한 일자리를 찾을 생각이었다.

졸업하고 바로 취직한 곳은 공공양로원인데, 심술 고약하고 보스 기질이 있는 고참 때문에 고생도 많았다. 그래도 때려치우지 않고 버틸 수 있었던 까닭은 꿈에서도 염원한 끝에 자기 힘으로 얻은 원룸 아파트를 지키고 싶었기 때문이다. 핏줄이 닿는 가족에게 내내 구박을 받아온 만큼 타인의 구박 따위는 번거롭기는 해도 두렵지는 않았다.

3년을 일하고 지금의 직장으로 옮겼다. 전 직장의 고생을 보상받듯 새 직장은 상사나 동료가 다 좋은 사람들이었다. 계속 병원이나 돌봄 시설에서 일할 생각이라면 이참에 영양사 자격증을 따는 게 어떠냐고 권해준 것도 지금의 상사였다. 전문학교든 대학이든 직장인이 배울 수 있는 야간 강좌를 개설한 곳이 있다고 알려주었다.

그 제안에 마음이 흔들렸지만 학비를 생각하니 역시 어려웠다. 매달 월급이 나오는 것은 고맙지만, 솔직히 말해서 박봉이었다. 애써 절약해 저축하는 것은 비상시를 대비하기 위함일 뿐 미래를 위해 투자할 여유는 없었다.

—만약 외할아버지 유산을 받을 수 있다면.

아니, 그런 일은 있을 수 없지.

그보다 가리하라 온천으로 가는 교통비와 기센칸 숙박비는 제

공해주는 걸까? 하루에는 읽다 만 편지를 이어서 읽어나갔다.

그 주 주말, 하루에의 마음을 읽은 것처럼 하늘은 아침부터 잔뜩 찌푸렸고 종종 생각났다는 듯이 빗방울을 뿌렸다. 특급기차에서 내려 가리하라 온천으로 가는 버스를 타고 가는 동안 빗방울은 가는 눈발로 변했다.

제발 높이 쌓일 정도로 내리지만 말아주세요— 하고 하루에는 기도했다. 일정을 마치면 최대한 서둘러 집으로 돌아가고 싶었다. 도로에 통행금지가 걸리거나 전차나 버스가 운행을 못하게 되면 곤란하다.

편지를 받고 어머니에게 전화를 걸어 보았더니 외할머니와 부모님과 이모, 외삼촌 등은 이미 유언장 내용을 알고 있다고 한다. 외할아버지 사십구재와 납골 법요를 마치고 유언집행인인 변호사의 입회 아래 이미 개봉했다는 것이다.

"그래서 다들 알고 있단다. 네가 참석하지 않아서 몰랐을 뿐이지."

연락이 없었으니 참석할 방법이 없었다. 어머니가 히쭉거리는 투로 말해서 하루에는 항변하지 않았다.

가리하라 온천 모임은 유언장 내용을 손주들에게도 공개하고 변호사가 작성한 '유산분할협의서'에 관련자 전원의 서명 날인을 받기 위한 것이었다.

"너는, 할아부지 손목시계를 받는단다."

어머니는 기분이 좋은지 재잘거리는 투로 말했다.

"현금은 아니지만 마음이 담긴 유품이지. 거기에도 서명 날인이 필요하니까 네가 안 오면 곤란해. 교통비와 숙박비는 대줄 테니까 뭐 공짜로 온천장에 묵을 수 있겠거니 생각하고 오려무나. 너한테는 이게 제일 반가운 소식 아니니?"

편지에는 '외조부'라고 적혀 있었지만 어머니에게는 '할아부지'가 평소 부르던 호칭이다. 외할머니나 동생이나 사촌들, 그리고 이모도 이 호칭을 쓴다. 외할아버지도 이렇게 불리는 것을 좋아하는 것 같았다.

기센칸은 이 지방에 출장이 잦았던 외할아버지가 발견한 숙소다. 아담한 전통 민가형이어서 분위기가 좋다. 실제로 가족이나 친족 단위로 묵곤 했다. 여름방학 때 1주일 묵은 적도 있고 새해를 그곳에서 맞은 적도 있지만, 하루에는 가족의 일원이라기보다 유령 같은 존재였으므로 특별한 추억이 없다.

하지만 온천물은 피부에 닿는 느낌이 좋아 마음에 든다. 음식도 현지 식자재를 풍부하게 써서 맛있다. 오늘도 하루에의 낙은 온천과 음식뿐이고, 그러고 보면 어머니 말은 사실이다.

숙소 현관에서는 기모노 입은 주인이 맞아주었다. 이걸 '도로오오시마泥大島 규슈와 오키나와 중간쯤에 있는 섬 오오시마에서 생산하는 기모노. 철분을 가미한 진흙물로 염색하여 검은 광택을 내는 것으로 유명하다'라고 하던가? 엷은 은회색 기모노이다.

"하루에 씨 맞으시죠? 교통편이 편치 않으셨을 텐데 잘 와주셨습니다."

흰 피부에 살집이 있고 눈가에 주름살이 있어서 웃으면 볼이 오타후쿠코가 낮고 볼이 동글게 튀어나온 여성 가면처럼 동글동글해진다. 기센칸 주인은 하루에가 초등학생 때부터 이런 모습이었고 내내 변하지 않았다. 나이를 가늠하기 힘든 모습 그대로다.

"안녕하셨어요. 여기 묵는 게 몇 년 만인지 모르겠네요."

"취직이 정해졌을 때 축하 여행차 가족분들과 오셨었죠."

그랬다. 그것은 분명 축하 여행이었다. 다만 하루에가 아니라 미국 대학에 입학한 동생을 축하하기 위한. 그때도 숙부 가족까지 모두 왔는데, 다들 미국 유학 이야기에만 열을 올렸다. 그런데 주인이 어떻게 그때를 기억하고 있을까.

"그렇다면, 5년 만이군요."

"네. 다시 뵙게 되어 반갑습니다. 친족분들은 모두 와 계십니다."

주인은 먼저 하루에를 객실로 안내해주었다. 노천탕에 가까운 1층 서양식 룸으로, 싱글 사양이다. 심플하게 정돈되어 있어 장식품이라야 침대 옆 벽에 걸린 작은 그림뿐이었다. 온갖 꽃이 가득 핀 봄의 산이 그려져 있다.

"수건을 내드리겠습니다."

주인은 짐을 내려놓고 나갔다. 하루에는 젖은 코트를 벗고 마른 수건으로 머리를 닦고 양말을 갈아 신고 모두 모여 있다는 식당으로 향했다. 가다가 양복을 입은 젊은 남자와 마주치자 상대가 걸음을 멈추고 목례했다.

"어서 오십시오. 지배인 구즈오카입니다. 오늘은 미야마 집안 분들이 저희 숙소 전체를 전세 내 주셨습니다. 편히 쉬십시오."

가리하라 온천은 겨울 여행지도 아니고 기센칸은 작은 숙소다. 그래도 통째로 전세를 내다니 뜻밖의 호사가 아닌가.

"고맙습니다."

하루에도 인사하고 상대방 얼굴을 힐끔 살폈다. 눈매가 주인을 닮아 보였다. 아드님일까?

반질반질하게 닦인 긴 복도를 걸어가자 담소하는 목소리가 들렸다. 어머니와 외삼촌, 그리고 사촌동생들일 것이다.

하루에는 식당으로 통하는 유리 칸막이 문을 열었다. 갑자기 목소리가 날아들었다.

"어? 왜 하루 짱이 여기 있어?"

동생 미소노는 언제나 남을 공격하는 타이밍이 기가 막히다. 세련되게 치장하는 것과 남 괴롭히는 데 능한 것도 어머니를 쏙 뺐다. 결국 이건 재능일까?

"괜한 소리 하지 마. 하루 짱, 오느라 고생했어."

언니 미사키가 미소노를 꾸짖어주었다. 변함없이 상큼하고 예쁘다.

"오느라 고생했겠네. 언니는 혼자 왔어?"

"응. 친정 일이니까 남편은 관여하지 않겠다고 해서."

언니의 세 살배기 아들 마사키는 신축한 자택에서 아빠와 집을 보며 공원에서 놀고 패밀리레스토랑에도 가고 저녁에는 게임을 할 거라고 한다.

언니 미사키는 (하루에 자신을 포함해서) 심술 고약한 가족 중에서는 예외적이라 할 만큼 온전한 감성을 가진 사람이고 배우자도 상식적인 남자다. 그래서 차녀 하루에를 냉대하고 툭하면 조롱하거나 괴롭힘의 대상으로 삼는 처갓집 분위기를 저어하는지 그다지 관여하려고 하지 않는다. 어린 아들도 처갓집에 보내고 싶어 하지 않는다. 하루에도 귀여운 조카가 이런 자리에 없는 것이 안심되었다.

주인이 커피를 가져와 식당에 좋은 향기가 가득 찼다. 커다란 테이블을 둘러싼 친족 일동. 외할머니, 부모, 외삼촌 부부와 대학생인 두 사촌남동생.

이모 부부와 재수생인 그 외동딸 사촌여동생은 약학대학을 지망하고 있다. 외삼촌네 사촌남동생 두 명은 모두 재수와 유급을 경험했지만 자격증 취득 같은 구체적인 계획이 있는 것도 아닌 듯했다. 이모네 사촌여동생이 더 성실하다.

언니 미사키는 임신을 계기로 직장을 그만두고 전업주부로 지낸다. 동생 미소노는 대학을 나와 아버지 연줄로 막 취직한 참이다. 작은 상사지만 해외 출장도 간다고 틈만 나면 자랑한다.

이 사람들과 얼굴을 마주하는 것은 외할아버지 장례 이후 처음이다. 정월에도 하루에는 집에서 혼자 지냈고 사십구재는 연락도 못 받았다.

—오늘을 마지막으로 다시는 안 봐도 되겠구나.

자리에 앉자 스스로도 놀랄 만큼 명료하게, 굵은 매직 펜 글씨처럼 선명하게 그런 생각을 했다. 차례대로라면 다음은 외할머니 장례가 있을 것이고 끝내는 부모도 떠나게 될 테지만,

—이젠 누가 죽든 상관없어.

가리하라 온천으로 오는 도중에는 이렇게까지 극단적으로 생각하지 않았는데.

방금 전 '왜 여기 있어?'의 효과일까? 그것이 낙타의 등뼈를 부러뜨리는 최후의 지푸라기 한 가닥이었을까? 그렇다면 동생 미소노에게 감사해야 할지도 모르겠다.

외할아버지가 타계한 뒤 조금 우울해진 외할머니였지만, 오늘은 건강해 보인다. 캐시미어 스웨터를 입고 어머니와 같이 앤틱 주얼리를 하고 화장도 했다. 어머니를 보니 온천이 아니라 어느 호텔 디너에라도 가는 패션이어서, 정성스럽게 꾸민 젤 네일이 반짝거리고 있었다.

아버지는 그림자 같은 사람이다. 직장 상사의 딸에게 반해서 열심히 고개를 숙이며 애원하여 결혼에 골인한 처지라 매사 장인한테 꼼짝도 못하고 아내의 안색을 살피는 인생을 택한 결과 그 존재감이 희박해져버렸다.

"중요한 모임인데 왜 늦었니."

그 존재감 희박한 아버지도 유령 하루에를 대할 때는 콧김을 뿜으며 꾸짖는다.

"다들 기다렸으니 먼저 사과부터 해라."

하루에는 순순히, 늦어서 죄송합니다, 하며 고개를 숙였다. 예전에 하루에를 대하는 친족들 모습을 보고 외삼촌 부인이 시쳇말로 '갑분싸' 역정을 냈던 일이 문득 떠올랐다. 그 뒤로 세월이 많이 흘러 외삼촌 내외도 다른 친족들에게 익숙해져버렸는지 특별한 반응 없이 커피를 마시고 있다.

"오늘은 변호사님이 안 오셨네요."

누가 대답해줄지 몰라 하루에는 테이블 위에 놓인 몇몇 서류철을 보며 말했다.

"서류 작성이 이미 끝났는걸" 하고 어머니가 대답했다.

"커피 타임이 끝나면 바로 서명을 하자."

잠시 후 주인이 필기구와 인주, 연습용 종이 따위를 가져다주었다. 그 참에 커피 컵을 내갔다. 역시 훌륭한 기모노구나, 하며 하루에는 잠시 시선을 빼앗겼다.

"자, 자, 잠깐 조용히."

어머니가 부드러운 손짓으로 유산분할약정서를 한 부 꺼내서 펼쳤다.

"에에, 할아부지가 남겨주신 재산은, 우선 할아부지 할무니가 사는 아파트. 그건 할무니가 상속합니다. 그리고, 생명보험 사망보험금도."

"누님, 보험금은 상속재산이 아니에요" 하며 외삼촌이 끼어들었다. "변호사님이 말했잖아요."

외삼촌과 두 아들은 꼭 마트료시카 같다. 제일 큰 것이 장남이고, 그다음이 차남, 제일 안쪽에 숨어 있는 것이 외삼촌. 크기가 다를 뿐 눈썹 움직임부터 콧방울 움찔거리는 것까지 종종 싱크로 되는 모습이 재미있다.

"뭐 어떠니. 모처럼 발표하는 김에 자세히 말해두려는 거다."

설명이 서투른 어머니가 오락가락하는 사이에 하루에는 깜빡깜빡 졸고 말았다.

외할아버지가 갖고 있던 예금과 투자신탁 등을 합한 총액, 외할머니가 받는 유족연금, 대여금고에 넣어둔 금화 컬렉션과 현금. 대여금고를 여는 절차가 얼마나 번거로웠는지—.

"오늘은 우선 할아부지 손주인 너희들에게 유품을 나눌 거야."

어머니가 그렇게 말하고 의자에서 일어나 식당 구석 테이블에 있던 천 가방을 들고 왔다. 하루에는 의자 삐걱거리는 소리에 졸음에서 깨어나 눈을 끔뻑였다.

폭넓은 바대를 댄 천 가방에서 어머니가 작고 하얀 종이상자를 하나하나 꺼내자 외할머니가 그 뚜껑에 붙어 있는 부전지를 일일이 확인하며 테이블 위에 놓기 시작했다. 사촌남동생들 앞. 사촌여동생 앞.

"이것은 미사키와 미소노 거다. 그리고, 이건 하루에 거."

하루에 상자만 유난히 크다. 다만 모서리가 뭉개져 있다.

"하나 둘 셋 하면 열어봐라!"

외할머니와 어머니가 신이 나서 말하고 아버지와 외삼촌과 사촌남동생들은 애써 웃음을 꾸미고 있고 이모는 사촌여동생과 뭐라고 속닥거리고 있다. 식당 출입구 유리문이 조금 열리고 주인이 얼굴을 비쳤다가 바로 사라졌다. 외할머니와 어머니의 흥분한 목소리가 신경에 거슬렸는지도 모른다.

어머니와 통화하며 듣던 대로 하루에의 상자에는 남성용 손목시계가 들어 있었다. 시계상자는 낡지 않았지만 시계 자체는 사용한 흔적이 많고 가죽벨트도 낡았다. 보증서도 들어 있는데, 거기에 따르면 일본 제조사의 디지털시계로 정가는 2만 8천 엔.

"할아부지가 애용하던 거란다. 산책하거나 바둑모임에 가거나 병원에 갈 때 늘 차던 시계지."

입에서 침방울을 튀기며 어머니가 말했다. 짝퉁 브랜드를 팔아넘기려는 노점 아줌마 같다. 그렇게 생각하니 우스워져서 하루에는 웃음을 감추려고 고개를 숙였다.

"와아, 예쁘다."

미사키가 소리를 지르고 사촌여동생도 내처 환호했다. 하루에를 제외한 손주 다섯 명이 받은 것은 모두 외할아버지의 커프스버튼이었다.

값비싼 물건이라는 것은 가까이서 보지 않아도 알 수 있었다. 금이나 백금이겠지. 거기에 다이아몬드, 에메랄드, 빨간 산호, 별갑, 진주 등이 박힌 커프스버튼 다섯 세트.

"그 새빨간 산호는 토사라고 하는 국산 혈적산호인데 요즘은 구하기 힘든 거란다" 하고 어머니가 자랑스레 말했다.

"우리 할아부지 멋쟁이였군요."

"실은 커프스버튼을 단추로 사용한 적은 없어" 하고 외할머니가 말했다. "할아부지 생일에 내가 선물한 게 시작이란다. 그 에메랄드가 그거야. 할아부지 탄생석이거든. 단골 보석점에서 디자인까지 맡겨서 제작한 거란다."

외할아버지는 몹시 기뻐했다. 이후로 외할머니와 둘이 그 보석점을 자주 찾았고, 생일이나 결혼기념일 같은 날이면 커프스버튼을 만들어 수집하게 되었다고 한다.

"너무 비싼 거라 매년 만들지는 못했지. 그 다섯 세트를 모으는데 20년이 걸렸으니까."

"이런 건 얼마나 하나요?"

사촌여동생이 받은 진주 커프스버튼을 가리키며 외숙모가 말했다.

"그거 말이지, 천연 진주야. 양식이 아니라고. 제작할 때는 50만 엔이었는데 요즘은 조금 더 비쌀지도 모르지."

"네? 그럼 이건요?"

미사키가 별갑 커프스버튼을 집어 올렸다.

"별갑은 워싱턴조약에 위배된다고 해서 이제는 수입할 수도 없지 않나요?"

"글쎄, 그건 모르겠지만, 그거 진품이다."

간단한 유품을 나누어주는 것이지만 값이 비싸기 때문에 모두에게 서명 날인을 받고 문서로 남겨두는 편이 좋다는 변호사의 조언이 있었다고 한다.

"할아부지도, 이건 전부 나중에 손주들 몫이 될 거라고 하셨단다. 소중히 간직하렴."

감정이 북받친 외할머니가 눈물을 흘리자 어머니가 호응해주었다. 하루에는 손에 든 손목시계를 뒤집어 가죽벨트의 버클을 풀고 왼쪽 손목에 차 보려고 했다.

그러자 미소노가 날카롭게 불렀다. "잠깐만, 하루 짱."

하루에는 손길을 멈췄다. 모두들 미소노를 쳐다본다. 동생은 하루에 손 맡을 손가락질했다.

"그 손목시계, 쓰러져 입원하시는 날까지 할아부지가 차던 거잖아요?"

자택 욕실에서 쓰러진 외할아버지는 앰뷸런스로 급히 병원으로 이송되어 사흘을 버텼지만 의식을 회복하지 못하고 타계했다.

"그래, 맞아" 하고 외할머니가 고개를 끄덕였다.

"그렇다면 할무니에게도 소중한 추억이 깃든 유품인데. 하루 짱이 냉큼 가로채도 되는 물건이 아니잖아요."

아니, 그건 아니지. 하루에가 달라고 요구한 게 아니다. 가로채다는 말은 너무 심하다.

"그럼, 어떡하나."

시계를 종이상자 위에 내려놓고 하루에는 외할머니 얼굴을 보았다. 나는 상관없어요, 유품 같은 거 안 받아도. 외할머니는 눈물 젖은 눈으로 어쩔 줄 몰라 하면서도 하루에의 눈을 보려고 하지는 않았다.

"하루 짱이 돌려주지 않겠다고 한다면."

미소노가 잡아먹을 것처럼 계속 말하자 하루에도 소리를 높였다. "난 돌려주지 않겠다고 말한 적 없어."

미소노는 아무 소리도 안 들리는 척했다. 물론 못들은 척하는 것이다.

"내가 사겠어. 얼마야? 돈 주면 되잖아, 하루 짱."

오랫동안 시달림을 받아봐서 적의 꿍꿍이가 뻔히 보이는 하루에였지만 역시 어이가 없어 말문이 막혔다. 이건 가혹하다. 악랄하다.

"정가는 2만 8천 엔이야" 하고 어머니가 말했다. 기다렸다는 듯한 말투였다. 외할머니에게 바짝 붙어 등을 쓸어주며,

"하지만 중고잖니. 1만 엔이면 충분할 거다."

그 말을 듣고 미소노가 의자를 빼며 "지갑 가져올게" 하고 자리에서 일어섰다. 그 뒷모습을 향해 하루에가 말했다.

"돈은 필요 없어. 시계는 할머니께 돌려드릴게요."

미소노를 무시하고 외할머니에게 미소를 지어 보였다.

"저는 마음만 받기로 할게요. 어머니, 그 서류 어디에 서명하면 되죠?"

하루에와 나란히 온천물에 몸을 담근 미사키가 온천물을 손으로 헤쳤다.

"만약, 내가 시댁에서 그런 일을 당했다면."

기센칸 노천탕은 삼나무 욕조에 네 첩 반쯤 되는 크기였다. 섶나무울타리 너머로 김이 피어올라 사라져간다. 하루에의 바람이 통했는지 눈도 비도 그쳤다. 지금은 꽁꽁 언 밤하늘에 구름만 두텁다.

"……분명히 며느리 학대겠지?"

하루에는 눈을 감고 온천물에 몸을 담근 채 대답을 하지 않았다. 언니가 같이 온천욕을 하자고 말해준 건 기뻤지만, 이런 대화는 달갑지 않다.

"요즘 세상에 며느리 학대라니, 자칫 위자료 소송감일 텐데, 하루 짱에 대한 그건 뭐지?"

언니는 분노만이 아니라 두려워하는 것처럼 보이기도 했다.

"나 말이야, 결혼하고 시댁이라는 낯선 가정을 알고 나니까, 우리가 정말 이상한 집안이라는 걸 알았어. 지금까지 알지 못했던 나도 이상한 사람이었다는 걸 알았고. 어머니는 심보가 비뚤어졌고 아버지는 무신경하고 미소노는 너무 사악해."

"말이 심하네."

눈을 뜨고 하루에는 웃어 보였다.

"하지만, 화내 줘서 고마워."

미사키는 고개를 돌려 하루에의 얼굴을 정면으로 쳐다보았다. 흔히 말하는 마담컷 숏헤어가 더운 온천수 때문에 머리에 착 달라붙어 있다.

"지금까지 하루 짱을 위해 아무것도 하지 않아서 미안해. 내가 맏딸로서 좀 더 확실하게 대처할 수 있었을 텐데."

"어느 누구도 아무것도 할 수 없었어. 그러니까 신경 쓰지 않아."

이 온천의 온수처럼 부드럽게 말한 것 같은데 언니의 눈빛이 차갑다.

"나도 유품 같은 거 필요 없어. 커프스버튼은 할머니한테 돌려줄 거야."

언니도 '할무니'라고 부르지 않는다. 언제부터 그랬을까. 알아채지 못했다. 솔직히 기쁘다. 언니가 하루에의 아군임을 보여주는 증거 같았다.

"그래봐야 갈등만 일어날 뿐이야. 그냥 가만히 있어줘."

"하지만……."

언니는 초조한 듯 온천수를 휘저었다.

"하루 짱은 분하지도 않아?"

"분하다느니 슬프다느니 그런 거 초월한 기분이야. 이상하다고는 생각했지만, 그것도 직장에서 일해 보니 알겠더라고."

그렇게 말하고 하루에는 욕조에서 일어나 노천탕에서 제일 높은 단에 앉았다. 다리를 뻗자 발끝에 뜨거운 온천수가 휘감겨온다.

"게다가 아무래도 맞지 않는 합이라는 게 있어."

그리고, 그 상대가 혈육인 경우도 있다.

"우리 집에서는, 나는 어머니랑 안 맞아. 그래서 어머니를 몹시 좋아하는 아버지하고도 안 맞고, 어머니를 쏙 뺀 미소노하고도 안 맞아. 그냥 그뿐인 거야."

"우리 어머니 멘탈은 왕따를 주도하는 중학생 멘탈이야. 누군가를 괴롭히지 않으면 자기 정체성을 유지하지 못하니까 하루 짱을 구박하는 거지."

미사키의 말투가 격렬해서 하루에는 걱정스러웠다. 독사처럼 주변 사람을 물다니, 언니답지 않다. 나중에 후회할 게 뻔하다.

"나는 친할머니와 얼굴이 닮았대. 그것도 미움을 받는 이유 가운데 하나겠지."

아버지의 어머니가 아니라 어머니의 시어머니. 그 표현이 맞다. 아버지는 어머니에게 푹 빠져서 아내를 통해서만 세상을 볼 수 있게 된 사람이다. 아내의 시어머니 시아버지가 본래는 자기 혈육이라는 사실은 오래 전에 망각했으리라.

"그런 건 이유가 될 수 없어. 자기 딸이고 얌전한 성격을 가진 아이니까 마음 놓고 구박할 수 있어서 하루 짱을 그렇게 대한 거야. 하루 짱을 비하하고 나랑 미소노는 높여주며 재미있어했던 거야."

"언니, 몸은 충분히 덥혀졌지? 그만 나갈까?"

미사키는 온천의 온기 속에서 입술을 일그러뜨렸다.

"도대체 왜 그러는 걸까."

목소리에 비브라토가 걸려 있다.

"나한테는 성실한 부모와 명랑하고 건강한 동생이야. 그런데 어째서 하루 짱을 구박해야 했을까."

"그럼 나한테 원인이 있을지도 모르지. 나 하나만 못생겼고 머리와 성격도 나쁘고."

"그런 소리 하지 마."

미사키의 눈가를 적시고 있는 것은 땀이나 온천물이 아니라 눈물인지 모른다.

하루에는 양손으로 온천수를 퍼 올려 세수를 했다. "와아, 매끈매끈해지네."

착한 언니를 괴롭히고 싶지 않다. 저녁 식사 자리에서도 미사키는 혼자서만 하루에를 배려해주었다. 주인도 서빙을 하던 직원도 토속주 소믈리에 역할을 해준 지배인도, 인사하러 나온 조리장도 단란한 가족 집단에서 하루에만 따돌림 당하고 있다는 사실을 알았을 것이다. 그 정도로 부자연스러웠다. 이제 언니가 그런 감정에 시달리게 하고 싶지 않다.

"괜찮아, 내가 적당히 거리를 둘 테니까. 언니는 이제 걱정하지 말고 형부랑 마 군이나 잘 챙겨."

이곳이 노천탕이어서 다행이었다. 하얀 김이 거짓말을 감춰준다.

노천탕을 나온 하루에는 언니와 헤어져 객실로 돌아가다가 프런트 앞을 지나쳤다. 시각은 오후 10시가 지나서 현관은 셔터가 내려져 있지만 프런트에는 불이 켜져 있고 주인이 뭔가를 기록하고 있었다.

"온천물이 좋네요."

그런 말을 건네자 주인은 미소를 짓고 목례로 답했다. 식당 쪽에서는 여전히 취기 어린 큰 목소리와 여자들 웃음소리가 들려온다. 거액의 유산을 물려받아 기분이 한껏 들떠 있는 사람들.

침대에 걸터앉아 스마트폰으로 내일 전차 시각표를 검색했다. 누구보다 일찍 일어나 돌아가 버리자. 아침 온천욕은 오전 6시부터니까 이용할 수 있다. 조식이 그렇게 일찍 나올 수 있을까? 특급열차보다 재래선을 타고 신칸센 역까지 나가는 것이 빠를 것 같다. 지금 미리 택시 수배를 부탁해둘까—.

그때 침대 옆 작은 테이블 위에 있는 내선전화가 울렸다. 받아보니 주인이었다.

"주무시기 전에 허브티를 드리려고요. 레몬그라스와 캐모마일이 있는데, 어느 쪽이 좋으세요?"

전에 묵을 때도 이런 서비스가 있었나? 역시 통째로 전세를 냈기 때문인가.

"캐모마일로 할게요."

"지금 바로 가져다드려도 될까요?"

"네, 부탁드립니다."

마침 잘 됐다. 이참에 택시 수배나 조식에 대해서 물어보자. 하루에는 객실에 있는 전기 포트의 스위치를 올렸다.

포트에서 김이 오르자 기다렸다는 듯 주인이 방문을 노크했다. 둥근 쟁반에 하얀 자기 티 포트와 컵, 벌꿀이 든 작은 피처, 종이 냅킨과 스푼, 그리고 생수 잔. 하루에가 쟁반을 받아들려고 했지만 주인은 방글방글 웃으며 실내로 들어섰다.

그녀가 창가 커피테이블에 둥근 쟁반을 내려놓고 돌아서서 자세를 바로 했다. 이 시각에도 주인의 기모노 깃은 반듯하기만 하다.

"스다 하루에 씨."

온화한 목소리로 그렇게 불렀다.

"주제 넘는 부탁입니다만, 지금 잠깐 시간을 내주실 수 있으세요?"

하루에는 여전히 객실 문을 잡고 있었다.

"네, 저어, 저도 부탁드릴 게 있어요."

"그럼, 문은 닫아주시죠."

주인의 볼이 오타후쿠처럼 동글동글해진다. 역시 나이를 짐작하기 힘들지만, 어머니보다는 연상이고 외할머니보다는 아래……일까?

"미야마 씨께서 부디 하루에 씨 이외의 친족들에게는 비밀로 해 달라시며 부탁하신 전언이 있어 전해드리려고 합니다."

나중에 시계를 보니 주인이 하루에의 객실에 있던 시간은 30분 정도였다. 하루에의 인생을 바꾸는 30분이었다.

이 싱글 베드 객실은 외할아버지가 좋아하던 방이라고 한다. 혼자 기센칸에 올 때마다 미야마 소지로는 이 객실에 묵었다.

"저 색지 그림도 미야마 씨가 그리신 겁니다."

벽에 걸린 것은 액자에 담긴 색지 그림이었다. 색연필로 그렸다.

"미야마 씨의 취미였어요. 근방에 산책하러 나가시면 종종 그곳 풍경을 그려 오시곤 했습니다."

다른 객실과 홀에도, 주인 자택에도 외할아버지 작품이 걸려 있다고 한다.

외할아버지가 그림에 소양이 있었다니, 하루에는 전혀 알지 못했다. 아마 외할머니도 어머니도 몰랐으리라. 아무도 알지 못했다. 외할아버지는 그런 소양을 가족이나 친족에게는 요만큼도 내비치지 않았다.

하루에도 어린아이가 아니므로 외할아버지가 종종 '혼자' 기센칸에 묵었고 취미로 그린 그림을 주인에게만 선물했다는 말을 들으니 두 사람의 관계가 어느 정도였는지 짐작할 수 있었다. 그래도 굳이 외할아버지하고는 어떤 관계였습니까, 라고 묻자 주인은 대답했다.

"진심으로 존경할 만한 분이었습니다. 저희에게 멋진 추억을 남겨주셨습니다."

멋진 추억. 네, 연인 관계였으니까요.

하루에는 낯이 뜨거워졌다. 테이블 위의 잔을 집어 들고 생수를 마셨다. 단숨에 절반쯤 마시며 참으로 용의주도하다고 생각했다.

"외할아버지와 친하셨군요?"

바보 같은 질문이었는데도 주인은 얌전히 눈길을 내리고 조용히 대답했다.

"면목 없습니다."

미야마 소지로가 아내와 세 자식에게도 비밀로 해왔던 인생의 기쁨이 이곳에 있었다.

—이게 무슨 일이람.

놀라움이다. 하지만 그냥 놀라움이 아니다. 이 느낌을 표현하려면 어떤 단어가 어울릴까.

—통쾌, 일까.

어머니 쪽 친척들이 하루에를 구박하며 재미있어했듯이 지금 하루에도 이 사실을 재미있어하고 있다.

외할머니도 어머니도 아름다운 미야마 집안의 가족이란 끈도.

다들, 꼴좋게 됐네.

하루에 씨— 하고 주인이 불렀다.

"부디, 이걸 받아주세요."

미야마 소지로는 하루에를 위해 하루에 명의의 예금통장에 대략 1300만 엔이나 되는 예금을 남겨두었다.

"10년 전 하루에 씨가 고등학교에 진학할 때부터 예금을 시작하셨어요. 이 지역 은행이고 당시는 요즘처럼 구좌를 개설하는

데 까다롭지 않았습니다."

주인은 통장을 펴서 보여주었다. 금액의 많고 적음은 있어도 전부 입금 기장이다.

몇 개월 혹은 반년에 한 번씩, 1만 엔 전후일 때도 있고 100만 엔을 넘을 때도 있다. 인출 기록은 전혀 없었다.

"인감도 있습니다."

구좌에 등록된 도장은 막도장이 아니라 작지만 정교한 것이었다. 성은 없고 '하루에春惠'라는 두 한자만 디자인되어 새겨져 있다. 물론 외할아버지가 주문해서 제작한 것이다.

"현금카드 비밀번호는 하루에 씨 생년월일입니다. 이 은행의 도쿄 지점이 도쿄역 마루노우치구치 옆에 있으니 한 번 가셔서 원하는 번호로 변경하시면 됩니다."

이만한 거액을 외할아버지는 생활비 밖에서 어떻게 마련했을까.

"주식투자를 하셨습니다."

이것도 금시초문이다. 외할머니도 어머니도 역시 모르겠지.

"전부 저를 통해서 하셨으니까 주변 분들은 모르십니다."

하루에는 침대에 앉아 있는데도 맥이 탁 풀릴 것 같았다.

외할아버지는 유서 깊은 광학기기 제조사에 근무했다. 엔지니어이고 상품 개발에도 관여했다. 그런 위치 덕분에 파악할 수 있는 정보도 많았을 것이다. 당신 명의로 직접 이용할 수는 없는, 지인에게 누설하면 법률에 저촉되는, 내부자 거래가 되어 버릴 중요한 정보.

하루에가 몸을 떨고 있자 주인이 입을 손으로 가리며 온화하게 웃었다.

"저도 주식에 조금 재주가 있답니다. 외할아버지는 떳떳치 못한 일은 전혀 하시지 않았으니 부디 안심하세요."

그렇게 믿고 싶다. 솔직히 외할아버지에게 감사드리고 싶다.

하지만 감사드리기에는,

—호화로운 커프스버튼은 다섯 세트밖에 만들지 않았으면서.

또 한 가지 물어야 할 것이 있었다.

"어째서, 저한테."

그 물음에 답하기 전에 주인은 포트의 열탕을 티 포트에 붓고 모래시계를 뒤집어 놓았다.

"언제나, 하루에한테는 미안하다고 하셨습니다."

—내가 딸을 잘못 키우고 말았어.

"당신 어머님은 어릴 때부터 마음에 들지 않는 친구를 괴롭히는 못된 버릇이 있었다고 합니다."

—나도 아내도 꾸짖었지만 바로잡을 수 없었어. 겉모양만 멀쩡하게 꾸미는 것 이상은 할 수 없었지. 내 가정은 속이 텅 빈 유리 세공품 같아.

하루에는 식당에서 유품을 나누기 시작할 때 유리문을 조금 열고 얼굴을 비친 주인의 표정을 떠올렸다.

다 알고 있었던 것이다. 하루에의 수난을.

"이 돈은 하루에 씨가 결혼하실 때 축의금으로 전했으면 좋겠다 하셨고, 그 전에 당신이 급사할 경우에는 저에게 대신 하루에 씨한테 전해 달라고……."

그 말에 하루에는 쓴웃음을 지었다. 내가 결혼 같은 걸 할 리가 없지 않나. 가정이라는 것, 가족이라는 것에 일말의 꿈도 희망도 품고 있지 않은데.

—하루에는 속이 찬 아이니까 거금을 받아도 샛길로 빠지거나 하지 않을 거야. 자기 인생을 더 낫게 만드는 데 쓸 거라고 믿어.

외할아버지는 그렇게 말했다고 한다.

"이 꽃이 만발한 산 그림 말입니다만."

문득 벽에 걸린 그림을 올려다보며 주인이 말했다.

"꽃들이 가득 그려져 있죠? 스무 종이나 되는 봄꽃이 산 위에서부터 차례대로 한 종씩 피어가는 겁니다. 봐요, 이 전차 선로를 따라서요."

얼굴을 가까이 하고 자세히 보니 주인 말대로였다. 산꼭대기부터 기슭까지 산허리를 빙빙 감듯이 노선이 이어져 있었다. 중간중간 호치키스 바늘만 한 전차역이 그려져 있고 역 주위에는 매화 혹은 복사꽃 혹은 유채꽃이나 튤립이 피어 있기도 했다. 산 아랫자락에서 퍼져나가는 평야에는 벚꽃 벌판이 운해처럼 이어져 있다.

아주 세밀해서 대충 봐서는 알아챌 수 없다. 그것이 이 그림의 매력이라고 봐도 무방하지 않을까.

"은퇴가 결정되었을 때 이 객실에서 그리신 겁니다."

그리운 듯 눈을 가늘게 뜨고 주인은 말했다.

"인생의 힘겨운 오르막길을 다 올라왔으니 이제는 느긋하게 내려가는 거야. 내려가는 여행길에는 꽃이 가득 피어 있지—라고 하셨어요."

그렇다면 이 그림 속의 외할아버지는 산꼭대기에 있겠지. 호치키스 바늘만 한 전차역에 어울리는 호치키스 바늘만 한 전차의 시트에 앉아 편히 쉬면서.

시트의 옆자리는 비어 있다. 외할머니를 위해서가 아니라 내 앞에 앉아 있는 이 사람을 위해서.

"저 같은 사람이 주제 넘는 말을 하는 것 같습니다만."

주인은 포트를 들어 올려 컵에 허브티를 따랐다.

"하루에 씨, 어릴 때부터 오늘까지를 인생의 가장 힘겨운 오르막길이었다고 보면 어떻겠습니까. 이제부터는 느긋하게 산을 내려가 널찍하고 따뜻한 곳으로 가는 거예요."

새 역에 도착할 때마다 새로운 꽃이 피어난다. 힘겨운 겨울도 괴로운 오르막길도 끝났다.

"자, 그건 그렇고, 내일 조식은 몇 시에 준비해드릴까요?"

주인이 나가고 컵의 허브티가 다 식을 때까지 하루에는 침대에 앉아 있었다. 머리 위에서는 묘하게 활기차고 충실한 봄날의 산 그림이 행복한 듯 흐드러지게 피어난다.

이듬해 4월, 하루에는 어느 대학 야간부에서 영양학을 공부하기 시작했다.

풀타임으로 일해도 통학할 수 있도록 교통편이 좋은 곳으로 이사도 했다. 그래도 직장과 학습을 양립시키기가 힘겨워서 뭔가 살짝만 어긋나도 허우적거리게 된다. 그날도 강의에 지각할 것 같아 뛰어가고 있는데 캠퍼스 내 산책로에서 눈에 익은 얼굴이 스쳐지나갔다.

상대방은 친구들로 보이는 젊은 그룹 속에 있었다. 하루에는 눈을 휘둥그레 뜨고 돌아다보았다.

—사람을 잘못 봤네.

한순간 사촌여동생인가 했지만, 성실한 그 아이라면 그나마 다행이겠지, 하는 생각도 했다. 하지만 이 대학에는 약학부가 없으니 그 아이가 있을 리 없다. 다행이다. 식은땀 나네.

기센칸에서 유품을 나눈 이래 하루에는 언니하고만 연락하며 지낸다. 다른 가족이나 친족과는 연을 끊었다. 어머니나 동생은 내가 연락을 끊었다고 언니에게 불평하는 모양이지만 상관하지 말라고 했다.

기센칸에도 그 뒤로 찾아간 적은 없다. 주인과 커다란 비밀을 공유하게 된 이상 더는 가까이하지 않는 것이 최선이다. 주인도 내 마음을 알고 있을 것이다.

그래도 이사한 사실은 알렸다. 그러자 곧 답장으로 소포가 왔다. 얄팍한 종이상자로, 열어 보니 빽빽이 안에 꽃이 만발한 산을 그린 색지가 나왔다.

메모가 한 장 곁들여져 있고 동글동글한 해서체로 이렇게 적혀 있었다.

'6월 말에 기센칸을 다른 사람에게 넘깁니다. 꽃이 만발한 따뜻하고 널찍한 곳으로 느긋하게 내려가는 생활 속에서 하루에 씨의 행복을 기원하고 있답니다.'

하루에는 그 액자를 침대 옆 벽에 걸었다.

알고 보면 외할아버지도 교활했다. 그래도 돈은 고맙다. 덕분에 하루에가 미래를 향해 나아갈 수 있으니까. 뒤돌아보며 누군가를 비난하는 것은 인생 낭비일 뿐이다.

밤에 베개에 얼굴을 묻으니 호치키스 바늘만 한 작은 전차역에 호치키스 바늘만 한 작은 전차가 멈추고 찌링찌링 징 울리는 소리가 들리는 것 같았다. 차창을 통해 웃는 얼굴이 보이는 한 쌍의 남녀에게,

—앞으로도 계속 비밀로 해드릴게요.

라고 속삭이고 하루에는 잠이 들었다.

산을 내려가는 여행 역마다 꽃이 피어나네 ◎하이슈

작가의 말

작가의 말

이 책을 선택해주신 여러분께 감사 인사를 드립니다. 참으로 고맙습니다. 이 장에서는 『구름에 달 가리운 방금 전까지 인간이었다』가 탄생하게 된 내력을 짧게 설명해드리고자 합니다.

벌써 14년쯤 지난 일이지만, 소설 출간 작업을 통해서 친해진 비슷한 또래들과 'BBK'라는 모임을 만들었습니다. 서너 달 혹은 반년에 한 번씩 노래방에 모여 노래를 하자. 매번 각자 반드시 신곡을 한 곡 준비해 와서 부르자. 그러면 최신음악에 적극적으로 귀를 기울이게 될 테고 노망을 막는 데도 도움이 될 게 분명하다—라는 취지의 모임으로, BBK는 '노망 방지 가라오케보케 보시 가라오케'의 약자입니다. 멤버는 총 15명.

한편 2012년 여름, 저는 『무서운 하이쿠』라는 책을 만났습니다. 작가이며 하이쿠 시인이자 번역가인 구라사카 기이치로倉阪鬼一郎 씨가 고금의 수많은 하이쿠에서 '공포'를 키워드로 골라낸 앤솔러지 하이쿠집입니다. 본문을 읽어나가면 바쇼부터 현대에 이르는 하이쿠 역사를 배울 수 있는데다 각 작품에 붙인 구라사카 씨의 자상하고 이해하기 쉬운 감상 및 해설이 훌륭하여 저는 깊이 감동했습니다.

마침 그 즈음 제 작업의 주축이 에도 괴담이어서 다양한 매체의 '공포' 표현을 흥미롭게 살펴보는 중이었는데, 이 『무서운 하이쿠』 덕분에 그때까지 전혀 접해본 적 없는 17자 하이쿠 세계에 매료되고 말았습니다. 다양한 하이쿠집이나 하이쿠 평론집을 읽어나가다 보니 저도 한 수 지어보고 싶어졌지만, 아무래도 초보자였던 만큼 어떻게 첫걸음을 떼야 하는지 알 수 없었습니다. 또 하이쿠는 애초에 '모임의 문예'라고도 불릴 만큼 여러 사람이 한 자리에 모여 창작하는 데 큰 의미를 둡니다. 혼자 끙끙거려서는 참된 의미의 하이쿠를 즐길 수 없습니다.

그래서 BBK 멤버에게 모임을 제안해볼까 하는 생각이 들었습니다. 흥미를 보이는 멤버가 몇 사람뿐이어도 괜찮겠다. 그렇게 생각하고 이야기를 꺼내보았더니 웬걸 모두가 기꺼이 찬동해주었습니다. 더구나 책으로 읽은 것이 전부인 저와는 달리 하이쿠 모임에 참여해보았거나 강사에게 배웠거나 창작 경험이 있는 멤버가 적지 않았습니다.

그런 연유로 BBK에는 '노망 방지 하이쿠모임하이쿠모임句會의 독음은 '구카이''이라는 의미도 담게 되었습니다. 그때부터 절차탁마하며 즐겁게 하이쿠 창작을 계속해왔는데, 저는 역시 태생이 소설가인지라 서툰 하이쿠를 지으면서도 어떻게 하이쿠를 소설 소재로 해볼 수는 없을까 하는 궁리도 하게 되었습니다.

그렇게 해서 착상한 것이 'BBK 하이쿠 모임에서 태어난 하이쿠를 제목으로 원고지 60~80매 전후의 소설을 써보자'라는 아이디어였습니다.

하이쿠 한 수를 제목으로 삼는다는 것은 그 하이쿠를 감상하거나 해석하는 것과는 다릅니다. 소설이 그 하이쿠 작자의 본의와 동떨어진 스토리를 담는 경우도 능히 있을 수 있습니다. 그래도 상관없다, 오히려 나의 하이쿠가 어떤 소설이 되는지 궁금하다며 멤버들 모두가 흔쾌히 허락해주어서 저는 이 아이디어를 실행에 옮기기로 했습니다.

그때 일찌감치 『봉봉 사이쿠ぼんぼん彩句』(본서의 원제)라는 제목도 정해두었습니다. 우리 BBK는 아직 평범한 하이쿠 작자들이지만 '봉봉' 과자처럼 섬세하고 어여쁘고 다채로운 하이쿠를 짓고 싶어 합니다. 그 하이쿠를 소재로 하는 저의 이야기도 다채로운 작품집이 되었으면—하는 염원을 담았습니다.

반갑게도 BBK 하이쿠모임이 활동을 시작하자 멤버의 가족분도 하이쿠 창작에 참여해주었습니다. 「마른 해바라기」의 작자, 배호俳号 요시코 씨는 배호 갸카 씨의 모친입니다. 갸카 씨는 고단샤에서 졸작 '얼간이' 시리즈 등을 편집해주셨고, 요시코 씨와는 당시 우연히 어느 비디오게임의 팬이라는 공통점이 있어 오래전부터 편지 등을 통해 교류해온 대선배였습니다. 그리하여 BBK 하이쿠모임에서는 요시코 씨가 모임의 사범으로 참여하여, 우리는 요시코 씨가 짓는 자유분방하고 환상적인 하이쿠에 번번이 가슴을 두근거리게 되었습니다.

이 작품집이 세상에 나오기 전에 요시코 씨가 세상을 떠난 것은 지금도 유감스럽기 짝이 없습니다. 마침내 책이 나왔습니다, 라고 보고드리고 싶은 마음입니다.

제1권의 12개 작품으로는 아직 멤버 전원의 하이쿠를 다룰 수 없어 2권, 3권으로 이어나갈 생각입니다. '봉봉凡凡 평범'한 시선과 친근한 일생에서 매력적인 색채를 찾아내는 하이쿠의 마음으로 창작을 계속해나가야겠다 생각하고 있습니다.

레이와 5년 4월 길일

미야베 미유키

하이쿠 작자 약력

요시코よし子

유연하고 자유롭고 살짝 공포스러운 시풍이 매력. 첫 하이쿠집 『마른 해바라기』를 상재하고 두 달 후에 타계. 향년85세.

하쿠로薄露

러시아 태생이라는 소문이 있는 히로시마 사람. 출판업에 종사해왔으나 요즘은 오로지 선술집과 철도와 고서점으로 세월을 보낸다.

작코若好

모 잡지사에서 소녀만화와 문예를 담당한 지 어언 40년. 와인과 영화만 있으면 살 (것처럼 보이는) 사람.

갸카客過

'샐러드 기념일' 7월 6일에 태어난 단가잡지 편집장7월 6일이 '샐러드 기념일'로 알려진 것은 1987년 출간된 베스트셀러 단가집 『샐러드 기념일』(다와라 마치俵万智)에서 유래한다. 소중한 사람이 맛있다고 칭찬한 사소한 일이 기념일이 된다는 의미로, 각종 상품 광고에 이 에피소드가 이용되면서 7월 6일은 샐러드 기념일로 널리 알려졌다. 평소에는 하이쿠보다 '77'이 많은 세계를 살고 있다하이쿠와 단가는 모두 일본의 전통적 정형시. 하이쿠가 '575'라면 단가는 '57577'로 하이쿠보다 조금 더 길다.

에리카玲香

서평가. 소설가 기타카타 겐조北方謙三 씨의 비서로 일하던 시절부터 노래방 멤버로 어울리던 지인과 하이쿠를 시작했다. 17자를 읊으며 꽃꽂이 하는 것을 좋아한다.

도쿠겐独言

결사結社 하이쿠 잡지를 내기 위해 주재자를 중심으로 모인 문학 집단에 적을 두고 하이쿠를 짓는 친구를 고스란히 흉내 내어, 초보답지 않게 BBK 하이쿠모임의 사회 및 진행을 맡고 있습니다.

곤보今望

아이치현 나고야시 출신. 작년에 정년퇴직. '하이진'을 향해 정진 중인 '히마진'입니다히마진'은 '한가한 사람', '하이진'은 '하이쿠 작가'.

하이슈灰酒

가고시마에서 태어나 일본 이곳저곳에서 성장. 지금은 도쿄 간다가와 옆에 서식 중. 술과 꽃을 좋아하고 이명증을 품고 사는 예순두 살.

세키조石丈

작년에 모 재단을 퇴직하고 요즘은 1인 편집대행사로 근근이 입에 풀칠하고 있습니다.

소신蒼心

출판사를 정년퇴직하고 세컨드 커리어로 40년 전 꿈에 도전하는 중! '성우, 가끔은 편집자'로 살아갑니다.

세이가青賀

게임 제작사 세가의 홍보 시절에 게임을 좋아하는 미야베 씨를 만나 하이쿠의 길로. 지금은 모 애니메이션회사 대표로 있습니다.

헤이와平和

시즈오카현 후지시 출신. 고구마소주를 좋아하는 예순살. 배호하이쿠 시인의 필명대로 평화를 지극히 사랑하는 사람입니다.

편집자 후기

두 가지 당부의 말씀을 드리고자 합니다. 가급적이면 '작가의 말'을 먼저 읽고, 그다음으로 본문, 그리고 마지막에 '편집자 후기'를 거들떠봐 주시면 좋겠습니다. 본문은 한꺼번에 후다닥 달리지 마시고 한겨울 서리를 견디며 긴 꼬치에 매달려 있는 곶감 빼 먹듯 한 편씩 야금야금 음미하신다면 그야말로 농축에센스와 같은 하이쿠 소설의 묘미를 제대로 즐기실 수 있을 거라 생각합니다.

이 책을 편집하며 신대철 시인의 '시학개론' 수업을 떠올렸습니다. '시란 무엇인가'에 대한 시인의 설명을 당시에는 대부분 알아들을 수 없었지만 한 가지만은 확실하게 기억하고 있어요. 요컨대 시는, 아름다운 꽃을 마주했을 때 '아름답다'는 단어를 사용하지 않고 그 '아름다움'을 표현할 수 있어야 한다는 것이었습니다.

소름이 돋는다, 뜨끔하다, 가슴이 두근거린다, 아연해진다, 기가 막힌다, 숙연해진다, 가련하다, 그리워진다…… 12수의 하이쿠를 보며 느낀 이와 같은 감상을 '뼛속까지 소설가'인 작가 미야베 미유키는 자신만의 언어로 표현하고 싶었겠지요. 불과 17음으로 꽃과 새와 바람과 달花鳥風月을 읊조리며 거기에 다양한 사람의 마음을 엮어내는 하이쿠의 풍부한 스토리성을 형상화해보고 싶었을 겁니다.

하이쿠를 소설에 활용하고 싶다는 이야기를 편집자와 나눈 것은 꽤 오래 전, 그러니까 2012년 BBK 회원들과 구회여러 사람이 자작 하이쿠를 제출하여 서로 돌려보고 평가하거나 배우는 모임를 열고 난 이듬해였다고 합니다. 당시에 하이쿠 고시엔고등학생 다섯 명이 한 팀으로 하이쿠를 만드는 힘과 감상하는 힘을 겨루는 대회을 소재로 한 소설은 어떨까, 하이쿠 결사에 대해 써보면 어떨까 하는 아이디어가 물망에 올랐지만, 둘 다 이미 훌륭한 작품이 나와 있기 때문에 선뜻 시도할 마음이 나지 않았던 모양이에요. 해서 과감하게 '하이쿠 자체를 제목으로 한 소설'을 쓰기로 한 것이죠. 이건 일본 문학사를 통틀어 전례가 없는 일이에요. 그리하여 봄, 여름, 가을, 겨울의 사계四季가 들어간 구절을 제목으로 한 12편의 소설이 탄생합니다.

그러나 하이쿠를 처음 마주하는 분들에게는 어떤 단어가 계절을 의미하는지 의아할 수도 있을 듯하니 살짝 설명해 보겠습니다. 가령 〈산산이 지는 것은 여물고자 함이니 복사꽃〉에서 계절감을 나타내는 말은 복사꽃(복숭아꽃)이겠죠. 벚꽃보다 조금 늦게 연분홍색 꽃을 피우니까 봄을 의미합니다. 〈외국서 찾아온 사위가 장인의 묘석을 닦네〉는 미리 묘석을 깨끗이 닦고 향을 바치며 성묘하는 오봉(8월 15일)을 의미하니까 여름이겠죠. 이런 식으로 12개의 소설이 어느 계절을 의미하는지 찾아보는 것도 재미있을 듯하니, 나머지는 여러분의 흥취를 위해 남겨두겠습니다.

이번 작품집은, 하이쿠를 모티브로 삼아 의료기술이 발달한 미래를 그린 에스에프나 겨울에도 시들지 않는 열매가 등장하는 판타지, 사다코를 연상시키는 존재와 맞닥뜨리는 호러 등 다양한 장르로 구성되어 있다는 점이 매력이지만 그런 가운데에서도 시댁에서 고립된 며느리, 남자친구에게 스토킹 당하는 여자, 바람 피우는 남편에게 계속 속는 딸의 삶을 엄마의 입장에서 쓴 이야기 등 여성의 슬픔과 고통을 바라보는 소설이 많지요. 『구름에 달 가리운 방금 전까지 인간이었다』를 발표한 직후 인터뷰에서 미야베 미유키는 다음과 같이 말했습니다.

"시대상을 반영하는 것이겠죠. 제가 지금 하고 있는 작업의 90퍼센트가 시대물이고 현대물을 쓴 건 정말 오랜만이거든요. 그래서인지 매일매일 뉴스를 접하면서 느꼈던 것들이 한꺼번에 쏟아져 나왔다고 할까요. 요즘은 예전보다 더 여성이 고통받는 사건들이 신경 쓰여서 여성의 슬픔과 고통에 공감하는 내용이 많아졌네요. 사회의 어둠을 들여다보고 거기서 이야기를 끄집어내는 일만큼은 계속 하고 싶습니다."

같은 인터뷰에는 미야베 미유키 작가가 밝힌 뒷이야기라고 할까 에피소드가 몇 개 더 있는데 그중 흥미로운 대목만 옮기자면.

1) 〈창밖 베란다에 키운 여주 커튼 열매는 두 개〉의 경우 원래 하이쿠에서는 여주 열매가 '세 개'였는데 부부가 등장하는 스토리

전개상 원작자에게 허락을 받고 '두 개'로 바꿨음.

2) 〈장미꽃잎 지는 새벽 두 시 누군가 떠나가네〉는 처음 하이쿠를 마주했을 때 떠나간 것이 사람인지 사람 아닌 것인지 알 수 없다는 점이 매력적이라는 생각이 들었기 때문에 소설에서 '사람이 아닌 뜻밖의 존재'를 등장시켜 하이쿠 작가를 기함하게 만들었다고 함.

3) 〈산산이 지는 것은 여물고자 함이니 복사꽃〉에 등장하는 그림책 작가 아만다 페리는, 『서랍 속의 왕국』을 찾는 독자들이 워낙 많아서 뒤늦게 밝힌 바, 아만다 페리도 『서랍 속의 왕국』도 백프로 창작임.

4) 소설의 말미에 다시 한 번 하이쿠를 실은 것은 이 책의 담당 편집자가 낸 아이디어였다고.

5) 올해로 예순셋, 작가 데뷔 36주년을 맞아 '하이쿠×소설'이라는 새로운 경지를 보여준 작가에게 '은퇴하지 말고 앞으로도 계속 놀라게 해달라'는 독자들의 요청이 쇄도한다고 합니다.

이에 화답하듯 작가 본인도 하이쿠와 소설의 컬래버레이션을 한 번 더 시도해보고 싶다는 의견을 피력했는데 이런 시도라면 얼마든지 환영하고 말고, 입니다.

끝으로, 미시마야 시리즈 대망의 9권에 대한 미야베 미유키 작가의 당부를 전하며 마치도록 하겠습니다. "이번 권에서는 오치카에게서 태어난 아이 덕분에 미시마야가 행복한 분위기에 휩싸이는 한편 도미지로의 인생에 전환점이 될 만한 사건이 발생합니다. 슬슬 세 번째 청자가 등장할 도움닫기라고 생각해 주시면 될 것 같아요. 이 변화무쌍한 백물어도 드디어 반환점을 돌고 있습니다. 옛말에 백물어를 하다가 중간에 멈추면 흉사가 생긴다고 하더라고요. 때문에 기어이 99화까지 써야겠습니다(웃음). 부디 마지막까지 지켜봐 주시길 부탁드리겠습니다."

미시마야 시리즈 9권 출간을 서둘러야겠다고 결심한,
삼송 김 사장 드림.

구름에 달 가리운 방금 전까지 인간이었다

초판 1쇄 발행 2024년 1월 31일

지은이 미야베 미유키
옮긴이 이규원

발행편집인 김홍민 · 최내현
책임편집 조미희
편집 김하나
표지디자인 이혜경디자인
마케터 마리
용지 한승
출력(CTP) 블루엔
인쇄 제본 대원문화사

펴낸곳 도서출판 북스피어
출판등록 2005년 6월 18일 제105-90-91700호
주소 (10595) 경기도 고양시 덕양구 동송로 23-28 305동 2201호
전화 02) 518-0427
팩스 02) 701-0428
홈페이지 https://blog.naver.com/hongminkkk
전자우편 editor@booksfear.com

ISBN 979-11-92313-47-4 (04080)
979-11-92313-16-0 (세트)

책값은 뒤표지에 있습니다.
파본은 구입하신 곳에서 교환해 드립니다